1일 1수,
대학에서
인생의 한수를 배우다

내 인생의 사서 四書

1일 1수, 대학에서 인생의 한 수를 배우다

내 안의 거인을 깨우는 고전 강독

신정근 지음

大學

21세기북스

새로운 시대
우리가 『대학』에 주목해야 하는 이유

『대학大學』은 1700여 자의 적은 분량으로 유학의 기본 가치를 요령 있게 안내하는 책이다. 이 때문에 주희는 『논어』, 『맹자』, 『중용』보다 『대학』을 가장 먼저 읽어보기를 권했다. 실제로 조선 시대 왕들이 정기적으로 공부를 하던 경연經筵에서도 『대학』은 자주 주교재로 쓰였다. 예부터 『대학』은 왜 이렇게 주목을 받았을까? 리더로서 올바른 방향을 정하고 국정을 이끌어가는 군주라면 문제가 생길 때마다 슬기롭게 해결할 수 있다. 이렇게 하려면 먼저 군주의 마음이 올바른 바탕에 뿌리를 내리고 있어야 한다. 『대학』에서는 이 방법을 삼강령과 팔조목으로 간명하고 논리적으로 제시하고 있다.

우리는 지금 18세기의 서세동점에 맞먹을 정도로 4차 산업혁명이라는 새로운 상황을 마주하고 있다. 우리는 근대의 정체를 몰라 헤매느라 근대화에 늦었다. 근대화의 지각생은 식민지, 전쟁, 압축 성장 등의 톡톡한 대가를 치르며 민주주의를 꽃피우고 다시 새로운 출발선에 서 있다. 우리는 지능정보화 시대에 어떻게 나아가야 할까?

리더, 인성, 배움
세 가지 키워드로 읽는 『대학』

이 책에서는 『대학』을 '리더, 인성, 배움' 세 가지 주제에 집중해 읽어보려 한다. 세 가지 주제는 오늘날 각자의 자리에서 자신에게 닥친 문제를 해결하고 미래를 개척해야 하는 사람들에게 중요한 과제이다. 우리는 일방적 지시를 그대로 따르는 분위기보다 수평적으로 의견을 공유하는 과정에서 상황에 따라 누구나 리더가 될 수 있다. 리더가 삶의 상식과 기본을 존중하는 인성을 갖출 때 문제를 해결하는 능력을 발휘할 수 있다. 이때 배움은 학교와 기관의 교육과정에 참여하는 활동만이 아니라 삶의 순간순간에 이전에 보지 못했던 모습을 깨달아서 자신을 넓혀가는 과정이라고 할 수 있다. 리더, 인성, 배움 이 세 가지 주제를 『대학』과 어떻게 접목시킬 수 있을까?

첫째, 리더는 『대학』을 비롯하여 사서四書에 나오는 군자君子, 대인大人, 인군人君, 사士, 인인仁人, 성인聖人 등을 재해석한 말이다. 우리는 지금 왕정 체제에 살고 있지 않으므로 '이상적 지도자'의 맥락에서 사서를 읽을 수기 없다. 따라서 리더는 자신의 삶과 활동에 대해 스스로 방향을 잡고 주위 사람과 보조를 맞추는 자율적 시민의 맥락으로 확대 해석될 필요가 있다.

이때 리더는 지위 개념이 아니라 주도 개념이다. 주도하는 리더는 조직에서 의사 결정의 맥락으로 이해된다. 리더의 의사 결정은 특정한 영역과 역할에 한정되지 않는다. 따라서 리더는 정치와 경제만이 아니라 일상, 스포츠, 예술, 문화, 취미 등 다양한 분야에서 나를 자율적으로 규제하고 주위와 공감하여 더 나은 세상을 만들기에 동참하는 사람이다. 이때 리더는 물론 행복한 삶과 공정의 가치를 지켜야 한다. 이렇게 보면 사람은 모두 리더일 수밖에 없다.

둘째, 인성은 『대학』을 비롯하여 사서에 나오는 도덕道德, 인의仁義, 효孝, 공公 등을 재해석한 말이다. 우리는 한 시대를 살아가면서 성, 연령, 지역, 취미, 가치관 등이 다른 사람과 어울리며 살아간다. 우리나라는 다른 나라에서 200~300년에 걸쳐 일어난 사회 변혁을 20~30년 만에 일구어냈지만, 압축 성장의 그림자가 아직도 우리 주변에 드리워 있다. 기성의 가치가 별다른 논의와 저항 없이 슬그머니 다른 가치로 대체되고, 자고 나면 도시의 얼굴이 바뀌었다. 이에 저항할 수 없는 거시적 영역의 변화를 그냥 수용한 결과, 오늘날 우리는 스스로 판단할 수 있는 미시적 영역에서 다양한 갈등을 겪고 있다.

최근에 이 갈등이 인성 교육의 필요성을 낳았다. 관행과 취미는 그렇다고 해도 상식과 기본에서 사람 사이 그리고 세대 사이에 생각이 엇나가게 되자 '각자 서로에 대해 알 건 알고 서로 지켜야 할 건 지켜야 하지 않겠는가?'라는 논의가 생겨났다. 그래야 상식과 기본이 살아 있는 사람 사이가 되고 예측 가능한 관계가 성립될 수 있기 때문이다.

셋째, 배움은 『대학』을 비롯하여 사서에 나오는 학學, 지행知行, 언행言行, 격물格物, 예禮 등을 재해석한 말이다. 사실 우리 사회에서 배움과 학습 그리고 공부 등이 너무 부정적으로 인식된다. 아마도 배움이 성적, 대입, 취업 등의 경험과 결부되어 고통스러운 과정을 떠올리게 하고 그 과정을 빨리 끝내야 한다고 생각하기에 그럴 수 있다.

사람은 늘 부족하고 불완전하기에 끊임없이 변화하는 상황에서 배우지 않을 수가 없다. 배워야만 이전에 했던 실수를 되풀이하지 않고 내재된 가능성을 찾아내서 미래를 설계할 수 있기 때문이다. 이때 배움이 주는 고통은 배우기 전보다 더 나아지기 위한 성장의 고통이다. 우리는 성장통을 겪으면서 지금보다 한 단계 더 위로 올라서게 된다. 이렇게 보면 배움은 현재의 나를 지켜서 미래의 나를 만나러 가는 초대장이라고 할 수 있다. 문제집과 텍스트 위주가 아니라 나를 둘러싸고 있는 모든 것으로부터 느끼고 배우는 열린 자세야말로 『대학』에서 진실로 강조하는 것이다.

『대학』을 읽어
'두터운 자아'를 키우자

나는 리더, 인성, 배움 등의 매락에서 『대학』을 읽으면서 우리가 얇은 자아thin self에서 두터운 자아thick self로 거듭나기를 바란다. 얇은 자아는 세상을 살면서 외부의 충격을 받으면 금세 강한 상처를 받아 스스로 버텨내지 못하고 무너진다. 반면 두터운 자아는 외부의 충격을 받더라도 얼마든지 흡수하고 또 적절하게 대응하여 스스로 지켜내면서 끊임없이 강해질 수가 있다. 우리가 인성과 배움을 통해 진정한 리더로 거듭난다면 두터운 자아를 가질 수 있다. 두터운 자아는 외부의 자극에도 불구하고 자신만이 옳다고 여기는 독선적 자아self-righteous self와 다르다.

우리 사회는 대입, 취업, 승진 등 새로운 단계에 들어서는 진입에 많은 관심을 쏟지만 막상 진입하고 나서 어떻게 할 것인가와 관련해서 '네가 알아서 하라!'는 식으로 방관한다. 이로 인해 진입에 대한 두려움이 실패할지도 모른다는 무대 공포증으로 나타나고 진입 이후에는 그렇게 노력했지만 별거 없다는 식의 우울증으로 나타난다. 자아가 한없이 작아지고 자존감이 끝없이 낮아진다. 사소한 일에도 벌컥 화를 낸다. 『대학』을 함께 읽다 보면 어떠한 자극에도 나를 지켜내고 앞으로 다가올 미래를 스스로 설계하여 어떠한 물음에도 대응할 수 있는 두터운 자아를 기를 수 있을 것이다.

하루하루 시간에 쫓기며 살면서 한 번에 완독하려고 하면 책을 손에 잡기가 쉽지 않다. 조금의 시간이라도 주어지면 편하게 책을 펼쳐 눈에 들어오는 곳부터 조금씩 읽는 방법도 좋은 책 읽기가 될 수 있다. 그렇게 읽다 보면 리더, 인성, 배움과 관련해서 생각을 정리해볼 수 있는 좋은 기회가 되리라 생각한다.

차
례

1강 – **위기**

인생에서『대학』을 만날 시간

2강 – **혁신**

어제보다 더 나은 나를 만나다

3강 – 인성
기본을 갖춘 자가 거인이다

4강 – 공감
두려움 없이 함께 가는 길

5강 – 통찰
파편을 엮어 전체를 보는 '힘'

9강 – 평정
마음이 바르면 몸으로 드러난다

10강 – 공정
치우치지 않으며 동등하고 편안하게

1일 1수, 50일이면 천년의 지혜가 내 것이 된다!

고전이 가치 있는 이유는 수천 년을 이어온 지혜의 보물 창고이기 때문이다. 하지만 과거의 문자를 그대로 읽는 일은 현실적으로 어려울 뿐만아니라 고전의 진짜 쓰임을 놓치기도 쉽다.『1일 1수, 대학에서 인생의한 수를 배우다』는 하루에 한 수씩 50일 동안 동양철학의 사서四書 중한 권인『대학』을 읽고 내 삶에 필요한 통찰을 얻는 책이다.

어떤 상황에서『대학』의 지혜를 활용할 수 있을까? 이 책은 인생에필요한 10개의 키워드를 선정하고 총 10강으로 구성해『대학』한 수와함께 곱씹어야 할 50개의 단어를 선별했다. 이는 고전을 읽는 하나의방법으로, 원문의 순서를 따라가는 것이 아니라 내 삶을 중심에 두고고전의 메시지를 끌어내 읽을 수 있도록 마련한 장치이다.

처음부터 차례대로 읽어도 좋지만, 인생의 굽잇길에서 그때그때 필요한 키워드를 골라 읽는 것을 권한다. 이렇게 하루에 한 수씩 곱씹으면 높은 벽처럼 느껴졌던 동양고전을 내 것으로 만들 수 있다.

이 책에서 안내하는 '입문-승당-입실-여언'의 4단계를 따라가다 보면 동양고전 속으로 빠른 걸음으로 진입하면서도 정확하고 깊이 있게『대학』을 이해할 수 있다.

『대학』에서 인생의 한 수를 배우는 법

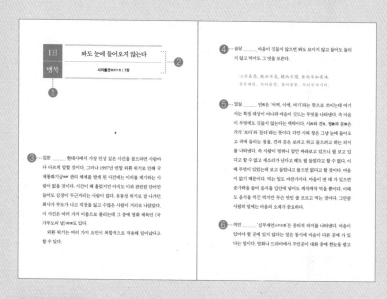

❶ 오늘의 키워드

❷ 오늘의 한 수: 빠르고 쉽게 이해할 수 있도록 원문을 압축하고, 원문의 번역과 달리 쉬운 말로 표현했다. 표제어의 출처는 주희의 『대학장구』 체제에 따른다.

❸ 입문(문에 들어섬): 원문이 현대적으로 어떻게 읽힐 수 있는지를 소개한다.

❹ 승당(당에 오름): 원문의 독음과 번역을 곁들여서 제시한다. 원문 중 해당 글자에 강조점을 찍어 표시했다.

❺ 입실(방에 들어섬): 원문에 나오는 한자어의 뜻과 원문의 맥락을 풀이한다.

❻ 여언(함께 이야기 나누기): 원문을 현실적인 맥락에서 재해석하고 삶에 적용하는 방안을 제시한다. 이 단계에서는 표제어의 한자음을 병기하지 않고 한자로만 표기한다. 조목의 내용을 읽고 한자음을 읽을 수 있는지 스스로 점검해볼 수 있다.

[일러두기]

· 50조목의 표제어 중에 47조목은 『대학』의 원문에서 뽑았고 나머지 3조목(11·12·24 조목)은 널리 주목받아온 주희의 『대학장구大學章句』에서 뽑았다.

· 『대학』은 글자 수가 1700여 자로 대략 『논어』의 10퍼센트, 『중용』의 50퍼센트의 분량이다. 이 책에서는 가급적 원문을 충실하게 다루고자 하여 『대학』의 대부분을 수록했다.

· 『대학』의 해석에서 정현과 공영달의 『예기정의禮記正義 대학大學』, 주희의 『대학장구』, 정약용의 『대학공의大學公議』와 『대학강의보大學講義補』의 풀이를 중심으로 다른 주석을 참조하여 『대학』의 원의에 부합하도록 원문을 번역했다. 본문에서 이 책의 내용을 인용하고 쪽수를 밝히는데, 참고문헌의 서지사항을 참조하면 된다.

· 필자의 전작이자 시리즈 도서인 『마흔, 논어를 읽어야 할 시간』과 『오십, 중용이 필요한 시간』의 표제어 페이지를 표시하여 함께 읽도록 안내했다. 이는 심화 독서의 방법이므로 두 책을 읽은 독자라면 시도해볼 만하다. 이를 통해 『논어』, 『중용』과 『대학』의 연계를 파악할 수 있다.

위기

인생에서 『대학』을 만날 시간

大學

1강은 우리가 『대학』을 만나게 되는 이유를 다룬다. 우리는 삶이 뜻하는 대로 풀려서 행복하기를 바란다. 하지만 현실에서 행복한 시간은 짧고 불행한 시간은 길게 느껴진다. 나는 어렸을 때 시골에 살았던 탓에 원하는 걸 얻을 수 없었지만 친구들이랑 산이며 들을 뛰어다니며 신나게 놀았다. 그때 부처의 '일체개고一切皆苦'라는 말을 들었다면 '부처님이 이렇게 재미있는 세상을 모르다니 단수가 나보다 한 수 아래네'라고 얕잡아 봤을 것이다. 그러나 진학, 이사, 대입, 민주화, 취업 등을 겪으면서 나는 학교 수업이 끝나고 운동장에서 실컷 공을 차던 시절과 다른 세상을 만나게 되었다. 걱정이 생기고 압박감을 느끼면서 말수가 적어졌다.

우리는 삶에서 성공과 행복을 초청하고 실패와 불행은 초청하지 않지만, 전자는 느리게 방문하고 후자는 늘 주위에 서성거린다. 초청객보다 불청객을 자주 만나게 된다. 이즈음에 이르면 부처의 '일체개고一切皆苦'가 세상을 잘못 본 게 아니라 핵심을 포착했다는 생각이 들게 된다.

어른이 되면 왜 행복보다 불행을, 쾌활함보다 우울함, 의미보다 공허함을 더 많이 느끼는 걸까? 외환 위기가 끝나면 모든 게 잘 될 줄 알았지만 고용 불안과 실업 대란으로 고달프고 다시 기후 변화에다 코로나19까지 위기 담론이 잦아들 기미가 없다. 상황이 이렇다 보니 어느 분야든 가리지 않고 다들 죽겠다고 아우성이다. 위기의 정체를 파악하여 완전히 극복하기 전에 또 다른 위기가 닥쳐오는 형국이다. 화불단행禍不單行이다. 다중의 위기를 겪더라도 그 정체를 파악하여 의연하게 대처하고, 더 나아가 위기의 도래를 사전에 파악하여 슬기롭게 벗어나려면 어떻게 해야 할까? 『대학』의 내용을 통해 그 실마리를 찾아보려고 한다.

첫째, 마음을 빼앗기면 다른 것을 봐도 분별하지 못하는 '맹목'을 피해야 한다. 맹목에서 벗어나려면 마음이 중심을 잡고서 돌아가는 사태를 제대로 포착해야 한다. 유혹이 더 많은 오늘날에 리더는 맹목의 위험성을 잘 분별해야 한다.

둘째, 사람은 사소한 '실언'을 할 수 있지만 하는 일을 송두리째 날려버리는 엄청난 사고를 쳐서는 안 된다. 언행에 심사숙고하여 즉흥적으로 대응하는 위험을 줄여야 한다. 요즘에는 언론보다 SNS의 위력이 더 무서우므로 리더는 성찰하는 습관으로 자신으로 인한 리스크가 생기지 않도록 해야 한다.

셋째, 사람은 뭐든 여유가 있을 때는 공과 사의 분별을 잘하지만 무엇에 쪼들리고 모자랄 때는 지켜야 하는 기준과 규칙을 어기는 '비리'를 저지르기가 쉽다. 처음에 "딱 한 번만 하자!"며 경계를 느슨하게 풀면 도덕적 해이에 빠지고 사회 통념을 가볍게 여기게 된다. 공직자에 대한 청문회 절차가 강화되고 기업에서 윤리 경영의 목소리가 높은 분위기 속에서 리더는 합리성과 규범을 중시하는 인성의 가치를 돌아봐야 한다.

넷째, 사람이 자신을 기준으로 하면 소통이 되지 않는다. 또 주위에서 뭐라고 했을 때 '망령'의 말이 나올 정도로 제 고집을 피우면 더더욱 고립에 빠지게 된다. 세대와 성 역할을 두고 소통이 끊임없이 강조되므로 오늘날 리더는 사람이 받아들이는 기본과 상식의 가치를 존중해야 한다.

다섯째, 맹목과 실수, 비리와 망령이 일어나는 위기가 나타나는데도 바뀌지 않는다면 인재人災와 천재天災가 동시에 나타나게 된다. 자신과 주위 또는 개인과 공동체가 헤어나기 어려운 '재앙'의 위기에 놓이게 된다. 이런 악순환을 벗어나려면 정심正心의 인성 가치를 돌아볼 필요가 있다.

<table>
<tr><td>

1日

맹목

</td><td>

봐도 눈에 들어오지 않는다

시이불견視而不見 | 7장

</td></tr>
</table>

입문 _____ 현대사에서 가장 인상 깊은 사건을 꼽으라면 사람마다 다르게 말할 것이다. 그러나 1997년 연말 외환 위기로 인해 국제통화기금IMF 관리 체제를 받게 된 사건에는 이의를 제기하는 사람이 없을 것이다. 시간이 꽤 흘렀지만 아직도 이와 관련된 단어만 들어도 심장이 두근거리는 사람이 많다. 유동성 위기로 잘나가던 회사가 부도가 나고 직장을 잃고 수많은 사람이 거리로 나앉았다. 이 사건은 여러 가지 이름으로 불리는데 그 중에 영화 제목인 〈국가부도의 날〉(2018)도 있다.

　외환 위기는 여러 가지 요인이 복합적으로 작용해 일어났다고 할 수 있다. 먼저 자본시장의 자유화가 진행되면서 단기간의 이익

을 노리고 별다른 제재 없이 국경을 넘나든 단기적인 투기 자본이
있다. 다음으로 기업이 재정의 안정성을 고려하지 않고 사업을 확
장하다 위기에 빠지면 자금을 댄 은행도 위기에 놓이는데, 정부가
막대한 공적 자금을 부어 부도를 막으려는 관행이 있다. 특히 은행
은 자신에게 불리한 정보를 공시하지 않고 유리한 사항을 떠벌리
는 도덕적 해이를 보이기도 했다. 금융시장의 안정을 위해 투기 자
본을 비롯한 다양한 위협 요인을 관리하는 시스템을 갖추지 못한
정부도 있다. 이러한 요인으로 인해 거시적인 경제지표가 양호했
음에도 누구도 예상하지 못한 국가 부도가 일어났던 것이다.

사건이 일어나고 시간이 지나면 사람은 "왜 몰랐을까?", "대비
를 할 수 없었을까?"라는 질문을 던진다. 국가 부도와 같은 엄청난
일은 일어나지 말았어야 했기 때문이다. 수많은 사람의 인생을 굴
절시키는 크고 작은 사건, 즉 왕조 멸망, 침략 전쟁, 기업 부도, 기
술 유출, 건강 이상 등에는 반드시 사전 징후가 있다. 리더가 그걸
눈치챈다면 대비할 수 있지만 그렇지 못하면 속절없이 당하게 된
다. 1997년의 외환 위기는 누구도 그 징조를 알아차리지 못했던
것이다.

"무슨 일이 있겠어?"라는 막연한 기대와 "지금까지 잘해왔잖
아!"라는 과도한 신뢰는 사실을 사실대로 보지 못하게 한다. 맹목
이 멀쩡한 사람의 눈을 멀게 하는 것이다. 재발을 막으려면 맹목에
서 눈을 떠야 한다.

승당 _____ 마음이 깃들지 않으면 봐도 보이지 않고 들어도 들리지 않고 먹어도 그 맛을 모른다.

心不在焉, 視而不見, 聽而不聞, 食而不知其味.
심부재언, 시이불견, 청이불문, 식이부지기미.

입실 _____ 언焉은 '어찌, 이에, 여기'라는 뜻으로 쓰이는데 여기서는 특정 대상이 아니라 마음이 깃드는 무엇을 나타낸다. 즉 마음이 무엇에도 깃들지 않는다는 맥락이다. 시視와 견見, 청聽과 문聞은 각각 '보다'와 '듣다'라는 뜻이다. 다만 시와 청은 그냥 눈에 들어오고 귀에 들린다는 점을, 견과 문은 보려고 하고 들으려고 하는 의지를 나타낸다. 즉 사람이 멍하니 앞만 바라보고 있으니 뭘 보고 있다고 할 수 없고 새소리가 난다고 해도 뭘 들었다고 할 수 없다. 이때 무엇이 있었는데 보고 들었냐고 물으면 없다고 할 것이다. 마음이 없기 때문이다. 먹는 일도 마찬가지다. 마음이 딴 데 가 있으면 숟가락을 들어 음식을 입안에 넣어도 깨작깨작 씹을 뿐이다. 이때도 음식을 먹긴 먹지만 무슨 맛인 줄 모르고 먹는 것이다. 그만큼 사람의 일에는 마음의 소재가 중요하다.

여언 _____ '심부재언心不在焉'은 중의적 의미를 나타낸다. 마음이 있어야 할 곳에 있지 않다는 말은 동시에 마음이 다른 곳에 가 있다는 말이다. 영화나 드라마에서 주인공이 대화 중에 한눈을 팔고 있을 때 질문에 제대로 대답을 하지 못하고 얼버무리는 장면을 상상하면 쉽게 이해할 수 있다.

인용문의 '不' 자를 다 빼면 글의 맛이 달라진다. "마음이 깃들면 보면 보이고 들으면 들리고 먹으면 그 맛을 안다." 不 자가 있는 원문과 不 자를 뺀 글의 차이는 무엇을 말할까? 무슨 일을 하든 마음이 핵심이라는 뜻이다. 이는 동양철학에서 아주 강조하는 말로, 순자는 "마음이 몸의 리더이다(心者, 形之君也)"라고 했고 왕양명은 "마음은 몸의 주인이다(心者, 身之主也)"라고 말했다.

마음이 깨어 있어야 사람은 상황이 어떻게 돌아가는지 두 눈으로 지켜보고 두 귀로 듣고 입으로 맛보아 전체적으로 파악할 수 있다. 리더가 교묘히 법망을 피해 부담해야 할 세금을 피하려 한다거나 다른 사람을 속여 이익을 한몫 챙기려고 하거나 가족의 편의를 위해 엄격한 규정을 느슨하게 풀려는 마음을 먹는다면 어떻게 될까? 리더의 마음은 지켜야 할 것에 집중하지 않고 하지 말아야 할 것에 온통 신경을 쓰게 된다. 사람은 한 사람이지만 마음이 두 가지 역할을 하여 자아가 분열되는 형국에 놓인다. 이렇게 되면 마음이 지켜야 할 곳에 집중하지 않으니 봐도 보일 리가 없는 것이다.

마음이 제 역할을 하면 부정과 비리가 끼어들 틈이 없다. 조선 시대 영조의 지시로 편집한 『어제자성편御製自省編』(1746)은 "마음이 한 몸의 주인이고 모든 변화의 근원이다. 마음이 이치와 일치하면 공정하지만 욕망에 끌려다니면 사욕을 밝힌다(一身之主, 萬化之本. 順理則公, 縱欲則私)"로 시작된다. 이 구절은 바로 부정문으로 진술된

『대학』의 인용문을 긍정문으로 바꾼 꼴이라고 할 수 있다. 그림으로 보면 〈윤두서 자화상〉(1710)은 이러한 의미를 완벽하게 재현하고 있다. 뚫어질 듯 응시하는 눈은 눈앞의 사태를 꿰뚫어보고 다른 어떤 것에 의해 휘둘리지 않는 공정의 마음을 나타내고 있다.

정치의 리더가 지지자의 환호에만 주목하고 반대파의 건전한 비판을 무시하거나 임기 연장을 위해 뒷감당을 하지 못할 대형 사업을 벌인다면, 기업의 리더가 자신의 재무 상태를 고려하지 않은 채 대출에 의존해 사업을 확장하려고 하고 선두 업체와의 기술 격차를 인정하지 않은 채 공학적으로 사업의 생태계를 바꾸려고 한다면 무엇을 봐도 눈에 들어오지 않는 '視而不見'이 될 것이다. 1997년에도 고위 공직자, 최고 경영자, 시민 중에 정권 말에 챙겨야 할 일을 챙기지 않거나 감시가 느슨한 틈에 사익을 공익으로 포장한 사람들이 있었던 탓에 그냥 징조도 넘기고 경계음도 듣지 못했던 것이 아닐까! 마음은 있어야 할 곳에 있어야 한다.

마음이 깃들면
보면 보이고
들으면 들리고
먹으면 그 맛을 안다.

한마디 말에 모든 것이 달렸다

일언분사—言僨事 | 9장

입문 _____ 먼저 가치 창출의 측면에서 이야기해보자. 국정을 운영하고 기업을 경영할 때 무엇이 가장 결정적일까? 달리 말해서 무엇이 긍정적 가치를 낳는 걸까? 2000년을 넘기고 얼마 되지 않아 한때 "천재 한 명이 만 명을 먹여 살린다"는 말이 화두가 된 적이 있다. 기업의 기술 격차가 줄어들수록 경쟁은 더 치열해진다. 어떤 사람이 누구도 생각하지 못한 '물건'을 생각해내서 시장에서 대박을 터뜨린다면 부가가치의 창출은 어마어마하다. 물건이 많이 팔리면 그만큼 고용의 창출 효과가 늘어나고 기업의 이윤은 기하급수로 증대할 것이다. 이 때문에 '열일' 하는 인재 확보에 열을 올리는 것이다.

'천재天才론'은 '과연 무엇이 상품의 가치를 창출하는가?'와 관련해서 논란이 있다. 특히 노동 가치설의 진영은 천재 경영이 허구라고 주장했다. 사람이 물질을 내심으로 노동을 한 것과 원래 물길에 없던 가치가 생겨난다는 것이다. 우리가 가게에 가서 돈을 주고 상품을 사는 것은 그 상품을 사용하면서 얻을 수 있는 가치가 있다고 생각하기 때문이다.

초점을 가치 창출이 아니라 조직의 의사 결정으로 바꾸어보자. 한 기업의 운명을 가를 제품 생산에 대한 투자 여부를 어떻게 결정해야 할까? 전 직원이 오랫동안 토론을 벌여 결정할까 아니면 그 분야에 오랜 경험과 좋은 성과를 낸 전문 경영인이 결정을 내릴까? 물론 업종마다 특성이 다르므로 결정 방식도 획일적이지 않다. 토론 방식은 전 사원이 주인 의식을 갖는다는 점에서 좋지만 시간이 너무 오래 걸리고 정보가 경쟁 업체로 유출될 수가 있다. 전문 경영인이 결정하는 방식은 효율성의 장점이 있지만 개인이 과도한 부담을 짊어져야 한다. 둘 중 어떤 방식이든 한번 결정을 내리면 결과가 좋든 나쁘든 반드시 돌아오게 마련이다.

우리는 매번의 의사 결정이 좋은 결과를 가져오리라 기대하지만 현실은 그렇지 않다. 전력으로 노력해도 결과가 나쁠 수 있는데, 리더가 언행에서 실수를 한다면 치명적인 손실을 가져올 수 있다. 한마디 말로 일을 그르칠 뿐만 아니라 기업을 망하게 하고 국가 경제에 커다란 충격을 줄 수도 있다. '오너 리스크'가 바로 이런 경우에 해당된다.

승당 _____ 한 집안이 사랑을 펼치면 온 나라 사람이 서로 사랑하게 된다. 한 집안이 양보를 하면 온 나라 사람이 서로 양보하게 된다. 한 사람이 이익을 탐하면 온 나라 사람이 혼란을 일으키게 된다. 한 집안 또는 한 사람과 온 나라의 감응 관계가 이와 같다. 이런 현상을 두고 "한마디 말이 일을 그르치고 한 사람이 나라를 안정시킨다"고 말한다.

一家仁, 一國興仁. 一家讓, 一國興讓. 一人貪戾, 一國作
일가인, 일국흥인. 일가양, 일국흥양. 일인탐려, 일국작

亂. 其機如此. 此謂 "一言僨事, 一人定國."
란. 기기여차. 차위 "일언분사, 일인정국."

입실 _____ 정현과 주희는 모두 일가와 일인은 한 나라의 군주를 가리킨다고 보았다(이광호·전병수, 270; 성백효, 39). 지금 이를 시민, 최고 경영자, 공무원, 정치인 등으로 확장해서 읽으면 원문을 훨씬 다채롭게 이해할 수 있다.

인仁은 보통 형용사와 명사로 쓰이지만 여기서는 동사로 쓰였다. 한자는 특정한 품사로만 쓰이지 않고 문맥에 따라 다양하게 쓰인다. 이러한 품사의 전성으로 인해 한문을 어렵다고 말한다. 반대로 품사의 전성을 터득하면 한문이 쉬워진다.

양讓은 '넘겨주다, 겸손하다, 양보하다'라는 뜻이다. 려戾를 정현은 '이익'으로 풀이하고, 주희는 '어그러진다'는 맥락으로 본다. 기

機는 '기계, 틀, 계기'라는 뜻이다.

　결국 한 집안 또는 한 사람이 어떻게 하느냐에 따라 서로 영향을 주고받아 온 나라가 함께 달라지는 측면을 가리킨다. 분償은 '뒤집히고 무너진다'는 뜻이다.

여언 ＿＿＿＿＿ '일언분사一言償事'를 글자 그대로 이해하면 다소 과장된 느낌이 든다. 국가와 기업은 복잡한 조직인데 어찌 한 사람의 말이 그 운명을 좌지우지할 수 있겠느냐는 반문이 들기 때문이다. 입문에서 이야기한, 무엇이 가치를 창출하는가에 대해서는 다양한 입장이 있으므로 어느 하나가 옳다 그르다고 단정하기 어렵다. 반면 의사 결정의 비중에 대해서는 나름 공감이 간다. 다양한 사람의 의견을 수렴해서 최선의 결정을 내려야 하는 자리에 있는 만큼 결론에 잘못이 있다면 '일언분사'의 재앙이 생길 수 있기 때문이다.

　리더십의 측면에서도 '일언분사'라는 표현이 결코 과장됐다고 할 수 없다. 역사적으로 임진왜란(한국과 일본 사이의 7년 전쟁)을 살펴보자. 도요토미 히데요시는 1590년에 전국시대의 혼란을 종식시켰다. 조선에서도 이 소식을 들었고 이후에 전개될 정세에 관심이 집중되었다. 선조는 1590년에 정사 황윤길(서인)과 부사 김성일(동인)을 대표로 하는 200여 명의 통신사를 파견했다. 귀국 후 황윤길은 전쟁이 일어나리라고 보고 대비 태세가 필요하다고 주장했고, 김성일은 전쟁이 없으리라고 보고 백성을 동요시킬 필요가 없다고 주장했다. 조정은 김성일의 의견을 수용해 전쟁에 대비하지 않았는데, 2년 뒤 전쟁이 발발하여 오판했던 대가를 톡톡히 치렀다.

이는 널리 알려진 이야기이다. 당시 조정이 김성일의 의견이 타당하다고 보았더라도 백성이 동요하지 않는 범위에서 대비 태세를 다지고, 또 황윤길이 쓰시마 섬에서 뎃포鐵砲(조총鳥銃)를 얻어 조정에 보고했을 때 방치하지 않고 연구하여 전력 증강을 착실하게 진행할 수 있었다. 이는 선조가 김성일의 주장을 수용한 뒤 아무런 준비를 하지 않은 현실과 엄청난 차이가 있다. 정부가 전쟁 대비의 유용론과 무용론을 듣고 상황의 전개를 면밀히 점검하여 최선의 방안을 도출해 국가의 안위와 백성의 안정을 위해 준비를 착실히 했더라면 역사 교과서에 나오는 전황과 다르게 전개되었을 것이다. 이래도 '일언분사'가 과장이라고 할 수 있을까?

반면 이순신은 수군을 지휘하면서 불리한 전황을 역전시키는 발판을 마련했다. 이순신이 혼자서 모든 성과를 일구어냈다고 할 수 없지만 그의 리더십이 조선의 멸망을 막는 데에 큰 기여를 했다. 이래도 '일인정국'이 과장이라고 할 수 있을까? '一言僨事, 一人定國'은 '일언성사一言成事, 일인난국一人亂國'으로 바꿔도 의미에는 변화가 없다. 이 구절은 의사 결정과 리더십이 개인과 조직, 국가의 운명에 커다란 영향을 미친다는 점을 여실하게 보여주고 있다.

한마디 말이 일을 그르치고
한 사람이 나라를 안정시킨다.

부정한 재산은 연기처럼 사라진다

패입패출悖入悖出 | 10장

입문 _____ 조직이 크든 작든 리더가 되면 자주 하는 말이 두 가지가 있다. 첫째는 "자신이 무슨 말을 해도 사람들이 잘 따라오지 않는다"이다. 둘째는 "뭔가 일을 하려면 사람과 돈, 즉 자원이 필요한데 늘 모자라서 탈이야!"이다. 리더는 자신에게 아무런 문제가 없고 주위 사람이 문제라고 생각하는 것이다. 조직마다 사정이 다르므로 일률적으로 말할 수 없지만 과연 내 탓은 조금도 없고 남 탓만 있을까?

첫 번째 경우에는 리더가 자신의 메시지를 전달할 때 표현과 설득 방식이 적절한지 점검해볼 필요가 있다. 리더는 자신이 평소 여러 차례 생각한 내용을 정리된 메시지로 던지지만 상대는 그 말을 처음 듣는다. 당연히 한 번에 메시지를 제대로 파악하지 못할 수 있다. 이때 리더는 메시지를 한 차례 던지기만 하고 알아듣지 못한다고 남 탓을 할 게 아니라 의미가 제대로 전달됐는지 확인하거나 남이 충분히 이해할 시간을 주어야 한다.

아울러 자신의 메시지가 과연 상식과 민심에 맞는지 살펴봐야 한다. 메시지의 의도가 아무리 좋다고 하더라도 상식과 민심에 어긋나면 상대는 메시지를 듣고도 움직이려고 하지 않고 우물쭈물한 상태로 머물러 있기 때문이다. 특히 리더는 표현에 사소한 실수만 있어도 주위 사람만이 아니라 시민 또는 소비자에게 큰 상처를 줘서 반감을 살 수 있다. "아 다르고 어 다르다", "오는 말이 고와야 가는 말이 곱다"는 말처럼 무심코 말을 내뱉지 않도록 미리 할 말을 신중하게 고르고 그 말이 상식과 민심에 들어맞는지 검토한 뒤 메시지를 내놓는다면 불통의 확률이 확 줄어들 것이다.

두 번째는 자원이 늘 부족해서 생기는 문제와 관련된다. 자원이 부족하니 자원을 어떻게 마련할지 생각하게 된다. 정당한 방법은 시간이 너무 오래 걸린다. 그러다가 임기가 다 간다고 생각하면 리더는 처음에는 고려하지 않던, '불법은 아니지만 민심에 어긋나는 방법'에 솔깃하게 된다. 무엇이라도 해야 하기에 경계심을 늦추게 되는 것이다. 이렇게 경계가 느슨해지면 처음에는 성과를 볼지 몰라도 결국 돌이킬 수 없는 결과를 만날 수밖에 없게 된다. 『대학』에서 이 문제를 어떻게 다루는지 살펴보자.

승당 _____ 이 때문에 리더의 말(지시)이 민심(상식)과 어긋나는데도 말을 그대로 밀고 나가면 듣는 사람도 그 지시와 어긋나게 돌려준다. 세금 정책이 민심과 어긋나는데도 세금을 그대로 거둬들이면 세금으로 내는 재화도 리더의 생각과 어긋나게 흩어져서 오래가지 못한다.

是故, 言悖而出者, 亦悖而入. 貨悖而入者, 亦悖而出.
시고, 언패이출자, 역패이입. 화패이입자, 역패이출.

입실 _____ 시고是故는 '이 때문에'라는 접속사로 쓰인다. 언言은 '말, 언어'라는 뜻이지만 여기서는 임금이 정사와 교화의 분야에서 내리는 지시나 명령을 가리킨다. 패悖는 '어그러지다, 벗어나다'라는 뜻이다. 역亦은 '또한'이라는 뜻이다. 화貨는 '재화, 물품'이라는 뜻으로 구체적으로 세금 명목으로 거둬들이는 재물을 가리킨다. 표제어는 "부정한 재화는 오래가지 못한다", "남에게 악하게 대하면 악한 보응이 있다"는 식으로 번역되어 좀 더 일반적인 의미를 파생시키기도 한다.

여언 _____ '패입패출悖入悖出'의 사례로 흥선대원군의 경복궁 중건 공사를 살펴보자. 임진왜란으로 조선 왕조의 정궁이 불탔다. 그 바람에 창덕궁이 정궁의 역할을 오랫동안 대신해왔다. 이래왔으니 경복궁을 중건하여 왕실의 위엄을 살리자는 이야기가 나오는 것은 당연했다. 문제는, 하필 서세동점으로 국제 정세가 급변하는 시점에 공사를 해야 하느냐였다.

흥선대원군도 경복궁 중건에 들어가는 재원과 인력 마련에 신경 쓰지 않을 수가 없었다. 그는 1865년(고종2)에 영건도감營建都監을 설치하며 경복궁 중건 공사를 추진했다. 재원과 인력은 요즘 말로 하면 증세가 아니라 통상 세금에다 자발적 기부와 참여로 조달하려고 했다. 초기에는 그의 의도대로 잘 풀려가는 듯했지만 불행히도 1866년에 화재가 발생하여 일 년간 준비해온 재목이 모두 불타버렸다.

사실 화재 사건은 그간 들인 노력을 무로 돌리는 일이었지만, 공사를 중단해야 하는지 신중하고 적극적으로 성찰할 만한 기회였다. 흥선대원군은 공사를 중단하자는 주위의 요구에도 아랑곳하지 않고 중건을 강행했다. 결국 모자라는 재원, 공사할 인력, 다시 모아야 할 재목의 마련이 문제가 되었다. 흥선대원군은 중건의 완공에만 사로잡혀 무리수를 두게 되었다. 원납전으로 관직을 사고팔고 사대문을 지나는 사람에게 문세門稅(통행료)를 거두고 토지 부가세로 결두전을 물렸다. 이도 부족하여 종래 돈에 비해 백 배의 가치를 부여한 당백전當百錢을 발행하기도 했는데, 실제 가치는 함량 미달이었다.

공사의 무리한 강행으로 7225칸의 경복궁이 새 모습을 갖추었고 고종도 1868년에 경복궁으로 돌아왔다. 얼마나 기뻤을까? 이때 궁이 천 년은 가리라고 생각했을지도 모르겠다. 하지만 42년 뒤인 1910년에 한일합병이 되자 경복궁의 건물 4000칸이 헐려서 일본으로 반출되었고, 1917년에 창덕궁에 화재가 일어나자 경복궁의 긴믈(권가)을 헐어 창덕궁을 재건하는 데에 썼다. 아울러 그 자신은 경복궁 중건 이후 조야의 강한 비판을 받아 1873년에 정계에서 물러나게 되었다. 그는 경복궁 중건이라는 공사를 위해 법과 민심을 고려하지 않고 마구잡이로 재원을 거둬들이면서 개인적으로 영광을 누리기보다 몰락의 길을 걸었고, 국가적으로 번영을 노래하기보다 망국의 길을 걸었다. 당시 집중했어야 할 일은 웅장한 궁궐을 멋지게 짓는 공사가 아니라, 급변하는 국제 정세의 요인이 무엇이며 그에 어떻게 대비할지에 대한 학습이었다.

최익현은 흥선대원군과 우호적 관계를 유지하다가 경복궁 중건을 비판하면서 서로 틀어졌다. 그는 36세에 쓴 「시폐사조소時弊四條疏」(고종5년, 1868)에서 "인군의 급선무는 덕업德業에 있고 공사를 일으키는 데에 달려 있지 않다(人君急務, 在於德業, 不係興作)"라며 아방궁처럼 토목공사를 벌이면 패망한다고 공사 중단을 요청했지만 "공사는 사세가 부득이하여 했고 문세는 전례가 있다(土木之役, 勢不可得而然也. 收斂門稅, 古有已例而然矣)"는 반응이 돌아왔다. 두 사람 중 과연 누가 『대학』의 취지에 맞고 누가 '悖入悖出'의 주인공일까?

민심과 어긋나는 일을 밀고 나가면
어긋난 결과가 돌아온다.

다른 사람이 싫어하는 걸 좋아한다

호인지소오 好人之所惡 | 10장

입문 _____ 사람이 처음 만나 잘 사귀다가 편해져 오래가기도 하지만 좀 있다가 불편해져 사이가 멀어지기도 한다. 시민의 대표를 뽑는 투표를 할 때도 마찬가지다. 지지하는 사람에게 표를 주고 그가 직무를 수행하는 중에도 여전히 그를 지지하기도 하지만 지지를 바꾸고 반대로 돌아서기도 한다. 왜 그럴까? 우리는 리더를 처음부터 속속들이 몰랐고, 시간이 가면서 서로 같은 곳을 보고 있는 줄 알았는데 그렇지 않다는 걸 확인하면서 태도가 바뀌기 때문이다.

『대학』이 태어난 시대에도 리더와 일반 사람 사이에 서로 바라보는 곳이 비슷한 경우도 있지만, 서로 다른 곳을 바라보는 경우도 있다. 특히 후자의 경우 리더와 일반 사람이 바라보는 곳이 전

혀 달라 서로 이해할 수 없는 지경에 이른 경우도 있다. 『중용』에
나오는 말로 한다면, "해괴한 주장을 하고 괴상한 짓을 벌인다"는
'1조목 소은행괴(『오십, 중용이 필요한 시간』, 18~21)'에서 등석鄧析은
객관적 진리를 부정하고 상황에 따라 옳고 그른 기준을 바꾸었고,
예양豫讓은 주군을 위한 복수를 하느라 숯을 삼켜 목소리까지 바꾸
는 극단적인 행동을 예사로 일삼았다.

　이렇게 극단적인 주장과 행위가 심심찮게 나타나자 "사람이란
무엇인가?" 또는 "사람의 본성이 무엇인가?"라는 근본적인 물음을
던지게 되었다. 즉 "리더는 사람들이 좋아하는 것을 좋아하고 싫어
하는 것을 싫어하면 될 텐데(4강 17조목 '민지소호호지' 참조), 도대체
왜 사람이 좋아하는 것을 싫어하고 싫어하는 것을 좋아할까?"라는
물음을 던진 것이다.

승당 _____ 사람들이 싫어하는 것을 좋아하고 사람들이 좋아하
는 것을 싫어한다면 이를 사람의 본성을 거스른다고 한다. 재앙이
반드시 그 사람에게 닥칠 것이다.

　好人之所惡, 惡人之所好, 是謂拂人之性, 菑必逮夫身.
　호인지소오, 오인지소호, 시위불인지성, 재필체부신.

입실 _____ 악惡은 '싫어하다, 미워하다'라는 뜻이면 '오'로 읽고,
'나쁘다, 사악하다'는 뜻이면 '악'으로 읽는다. 불拂은 '떨다, 닦다'처

럼 '청소하다'라는 뜻이지만 여기서는 '어긋나다, 벗어나다'라는 뜻으로 쓰인다. 재齏는 '묵정밭, 고목'으로 쓰이면 '치'로 읽고, '재앙'으로 쓰이면 '재'로 읽는다. 여기서 齏는 재앙이라는 뜻으로 재災와 같은 의미로 쓰인다. 체逮는 '미치다, 이르다, 뒤따라가 붙잡다'라는 뜻이다. 신身은 몸을 뜻하는데 여기서는 '문제가 되는 사람'을 가리킨다.

여언 _____ 바로 앞 3조목의 '패입패출'에서 살펴보았던 최익현의 또 다른 상소를 살펴보자. 그는 36세에 「시폐사조소」를 올려 경복궁 중건 공사의 부당성을 밝혔다. 5년 뒤(41세)에 또 「계유상소癸酉上疏」(고종10년, 1873)를 올려 국정 운영의 문제점을 조목조목 밝혔다. 이로 인해 최익현과 흥선대원군의 관계는 건널 수 없는 다리를 건너게 되고 대원군도 실각하게 되었다. 무슨 내용인지 간략하게 살펴보자(내용은 '한국고전종합DB' 참조).

> 정사는 옛 법을 뜯어고치고, 사람은 설익은 생각을 가지고, 대신이나 육경六卿은 속내를 터놓고 말하는 의논이 없고, 대간과 시종은 일 좋아한다는 비방을 피하려고만 합니다(政變舊章, 人取軟熟. 大臣六卿, 無建白之議. 臺諫侍從, 避好事之謗).

'정변구장政變舊章'에 대해 양자의 입장에 차이가 날 수가 있다. 하지만 이하에 대신과 육경, 대간과 시종이 확고한 주장을 내세우

지 못하는 엉거주춤한 상황에 있다. 흥선대원군이 질주를 하는데
도 그 누구도 제어할 수 없는 상태인 것이다. 브레이크 없는 질주
는 재앙으로 니이걀 수 있디.

조정에는 속론俗論이 버젓이 실행되어 정의가 사라졌으며 아첨하는 사
람이 뜻을 얻어서 곧은 선비는 떠나고 있습니다. 가혹하게 세금을 거
두기를 그치지 않아 민생이 짓밟혀서 결단되고 있고 윤리와 법도가 무
너져서 선비의 기운이 떨어지고 막혔습니다(朝廷之上, 俗論恣行, 而正誼
消, 諂侫肆志, 而直士藏, 賦斂不息, 生民魚肉, 彛倫斁喪, 士氣沮敗).

'속론자행俗論恣行'도 표현이 다소 거칠지만 무엇이 정의인지 논
의할 수 있는 기회조차 없었다는 비판으로 본다면 위기였다고 할
수 있다. 조정에 예스맨만 있고 '노'라고 할 수 있는 사람이 없는 상
황이다. 상황이 이렇게 전개되니 선비는 국정의 잘잘못을 따지지
못하고 서민은 고통을 받게 되었다.

공정하게 일하는 사람을 과격하다고 하고 사익으로 일하는 사람을 오
히려 잘한다고 합니다. 부끄러움이 없는 사람은 크게 좋은 때를 만나
고 지조가 있는 사람은 오히려 기운이 빠져 죽게 됩니다(事公者, 謂之乖
激. 事私者, 謂之得計. 無恥者, 沛然而得時. 有守者, 茶然而濱死).

최익현은 당시의 정국이 공과 사가 뒤집힌 상황에 있다고 보았

다. 불안한 정국에서 사람들도 시류에 따라 이리저리 마구 휩쓸리고 있었던 것이다. 최익현의 상소는 당시 엄청난 파장을 일으켰다. 상소의 내용은 "'사람들이 싫어하는 것을 좋아하고 사람들이 좋아하는 것을 싫어하여' '사람의 본성을 거스르고 있으므로' '재앙이 닥칠 것이다'"라는 『대학』의 내용과 일맥상통한다고 할 수 있다. 역사에 가정은 없지만 흥선대원군과 최익현의 움직임을 복기해볼 필요가 있다. 그렇다면 리더는 '好人之所惡' 해야 할까 아니면 '好人之所好' 해야 할까?

> 사람들이 좋아하는 것을
> 실행하고
> 사람들이 싫어하는 것을
> 하지 않는다.

5日	천재와 인재는 함께 찾아온다
재앙	재해병지災害並至 | 10장

입문 _____ 신분 사회에서는 리더가 좋은 사람이기를 바랄 수밖에 없다. 물론 맹자는 인민이 역성혁명易姓革命을 주장하여 나쁜 리더를 바꿀 수 있는 힘을 가지고 있다고 주장했다. 리더가 바뀌지 않으면 인민은 속절없이 나쁜 리더로 인한 고통을 겪을 수밖에 없다. 민주주의 사회에서는 시민이 투표로 리더를 뽑을 수 있다. 후보자들 중 자신이 나쁜 리더라고 주장하는 사람은 없다. 따라서 유권자들은 누가 좋은 후보인지 제대로 파악해서 리더를 뽑아야 한다.

어떤 사람이 좋은 리더가 될 수 있을까? 정치인, 관료, 사업가, 시민활동가, 전문가, 학자, 평범한 시민 등 어느 쪽이 좋을까? 정치인은 정치를 하면서 여러 분야의 사람을 만나 인적 네트워크를 만든다. 이러한 관계는 정치인의 성장에 도움이 될지 모르지만 당선 이후에 부정부패의 원인이 될 수 있다. 전문가와 학자는 높은 식견과 공적 마인드를 지니고 있지만 현실의 다양한 문제를 다루는 경험이 풍부하지 않다. 기업인과 사업가는 특정 분야를 개척하고 현실에서 성과를 내는 추진력을 갖추고 있지만 공사의 경계가 분명하지 않아 사회 통합에 걸림돌이 될 수 있다. 이러저러한 장점과 단점을 고려하면 짧은 기간에 좋은 리더를 식별하고 뽑는다는 게 여간 어려운 일이 아니다.

승당 _____ 나라의 어른이 되어 재정에 힘쓰다 보면 반드시 저절로 소인의 품성이 눈에 보이게 된다. 그런데도 리더가 정의에 따라 선정을 펼치고자 하면서 소인이 국정을 맡도록 한다면 여러 재해를 함께 당하게 된다. 이럴 경우 다소 좋은 성과가 있더라도 재해로 인한 어려움은 어찌 할 수가 없다.

長國家而務財用者, 必自小人矣. 彼爲善之, 小人之使爲國
장 국 가 이 무 재 용 자, 필 자 소 인 의. 피 위 선 지, 소 인 지 사 위 국

家, 菑害並至. 雖有善者, 亦無如之何矣.
가, 재 해 병 지. 수 유 선 자, 역 무 여 지 하 의.

입실 _____ 장長은 '길다, 오래' 등의 뜻으로 쓰이지만 여기서는 '어른, 우두머리, 어른 노릇하다'라는 맥락으로 쓰인다. 무務는 '힘

쓰다, 노력하다'라는 뜻으로, '일의 초점을 어디에 두다'라는 맥락으로 쓰인다. 소인小人은 군자 또는 대인大人에 상대되는 말로, 매사에 이해를 밝히거나 이익을 우선시하는 사람이 부류를 가리킨다. '피위선지彼爲善之'와 관련해서는 풀이가 다양하다. 주희는 문장이 빠졌거나 글자가 잘못됐다고 본다(성백효, 50). 피彼는 3인칭 대명사로 쓰이는데, 정현과 공영달은 군주로 보는 반면 정약용은 소인으로 본다(이광호·전병수, 285~286, 316). 여기서는 정현의 주석에 따라 옮겼다. 병竝은 '나란히, 아울러, 함께'라는 뜻이다. 수雖는 '비록, 그러나' 등 접속사로 쓰인다.

여언 _____ 신분 사회에서 군주는 최고의 의사 결정권자이다. 그가 자신의 의지대로 국정을 운영하려고 할 때 막대한 관료 또는 공무원 조직은 우군이 될 수도 있고 적군이 될 수도 있다. 유교의 가치가 왕성하던 시절에는 군주가 무엇을 하려고 해도 막대한 관료 조직이 성인과 조종의 법도를 들먹이며 반대해 실행하지 못하는 경우가 많았다. 물론 군주와 유교적 소양의 관료가 협력하여 선정을 펼치는 경우도 많았다.

양자의 관계가 원만하지 않으면 군주는 관료를 대신하여 자신을 도울 수 있는 존재를 찾게 된다. 역사적으로 보면 외척과 비서(환관)가 유교적 소양으로 무장한 관료 조직에 맞서는 조직으로 등장했다. 예컨대 십상시十常侍는 중국 후한 영제靈帝의 힘을 등에 업고 정권을 농락한 열 명의 환관을 가리킨다. 영제는 환관의 손에 자란 탓에 환관을 누구보다 믿을 만한, 국정 운영의 파트너로 삼았던 것이다.

십상시를 비판하는 주위의 경고에도 불구하고 영제는 오히려 십상시의 보호자 노릇을 했다. 급기야 그는 십상시의 수장인 장양張讓을 아버지, 부수장인 조충趙忠을 어머니라 부르며 따랐다. 상황이 이렇게 되자 십상시는 권력을 농단하고 매관매직으로 자신들의 배를 불렸으며 그것도 모자라 가족들에게 특혜를 베풀었다. 이들의 권력은 영원할 것 같았지만 비참한 최후를 맞았다. 중국의 삼국시대가 시작되기 전 원소元紹는 만인의 공적이 된 십상시를 주살하면서 정국의 중심인물로 부상했던 것이다.

영제가 처음부터 국정을 망치는 리더는 아니었을 것이다. 자신을 반대하는 유교적 소양의 관료보다 입에 혀처럼 구는 환관에게 기대면서 리더 노릇을 제대로 못 하게 된 것이다. 영제와 환관처럼 서로를 보호하는 관계가 되면 무엇을 하더라도 공적 마인드를 가지지 못하고 사적 인간관계를 돌보는 패거리 정치를 하게 된다. 이것이 바로 소인의 품성이 아무런 여과 없이 드러난 결과이다. 영제가 아무리 잘하려고 했다 하더라도 환관 정치 또는 소인 정치에 빠진 순간 천재와 인재, 즉 황건적의 난과 몰락의 길을 겪을 수밖에 없었던 것이다. 영제가 소인 정치를 그만두는 결단력을 발휘하지 못했기 때문에 후한의 제국은 몰락의 길을 피할 수 없었다.

현대의 사례를 든다면 베이루트 항구 폭발 사고로 세계의 관심을 받은 레바논을 살펴볼 만하다. 질산암모늄 2750톤이 폭발하여 최소 171명이 숨지고 6000여 명이 다치고 30~40명이 실종됐다고 알려졌지만 사고의 원인과 책임이 제대로 밝혀지지 않고 있다. 레바논 정부와 시민들은 국제사회에 도움을 청했고 국제사회도 이에 호응하고 있다. 그런데 시민들은 국제 원조가 정부로 가지 않고 시민사회로 직접 전달되기를 바랐다. 또 시민들은 사고 현장을 방문하여 위로하는 프랑스 대통령에게 환호하고 차라리 프랑스의 속국이 되기를 바란다는 목소리까지 나왔다. 물론 이는 레바논의 당시 상황이 절박하여 하는 말이지 모든 시민이 그런 생각을 하는 것은 아닐 것이다. 이러한 일은 정상적인 나라라면 너무나도 부자연스러운 현상이다.

이러한 현상의 밑바탕에는, 오랜 시간 종족 갈등을 겪은 레바논이 대통령과 군 참모총장은 마론파가, 총리는 수니파 무슬림이 맡는 것처럼 정부의 요직을 정파별로 나누기로 한 1943년 체제의 문제가 깔려 있다. 사정이 이렇다 보니 정부는 시민보다 종파의 이해에 따라 움직이면서 부정부패가 만연하게 되었다. 이러한 부정부패의 사슬에서 폭발 사고가 터지니 시민의 공분과 항의가 하늘을 찌르게 된 것이다. 이러한 상황에서 누가 행정을 맡더라도 '災害並至'의 상황을 피하기는 쉽지 않을 것이다.

리더는 정의에 따라 결정을 내려야 한다.

2강

혁신

어제보다 더 나은 나를 만나다

大學

2강에서는 1강에서 말한 위기로부터 벗어나려면 혁신에 나서야 한다는 이야기를 나누려고 한다. '지금 그대로'를 고집하면 변화를 놓쳐 자칫 공멸을 초래일 수 있다. 위기를 벗어나려면 '지금까지의 나'를 돌아보면서 시효가 지난 과거의 나, 시효가 남아 있는 현재의 나, 새로운 길을 개척할 수 있는 '미래의 나'를 구분해야 한다. 이것이 혁신의 시작이다.

유교의 핵심 문헌 『역경』에 보면 혁신을 다룬 내용이 있다. 바로 택화澤火 혁괘革卦이다. 위에 연못(물, ☱)이 있고 아래에 불(☲)이 있으니 부글부글 끓기 마련이므로 이전과 다른 일이 생겨날 형상이다. 또한 이전과 다른 형상을 '소인혁면小人革面', '대인표변大人豹變', '군자호변君子虎變'으로 표현하고 있다. 소인혁면은 실수를 부끄러워하여 얼굴빛을 바꿀 뿐, 다음에 똑같은 잘못을 한다는 것이다. 이렇다고 소인혁면이 최악이 아니다. 얼굴이 두꺼워서 혁면조차 하지 않는 철면피鐵面皮인 사람이 있기 때문이다.

표변豹變과 호변虎變은 각각 표범과 호랑이가 가을에 털갈이하는 것을 가리킨다. 모두 털갈이 후 확연하게 변화했다는 것이다. 헤어스타일과 복장을 바꾸면 당사자는 자신이 크게 변화했다고 생각할지 모르지만 정작 주위 사람들은 변화를 조금도 느끼지 못할 수 있다. 단순히 외형적인 혁신은 누구나 쉽게 알아차릴 수 있는 호변·표변과 다르다. 호변과 표변은 적폐를 일소해 이전과 이후가 판이하게 차이가 날 뿐만 아니라 아름답다는 말로 표현될 정도의 혁신을 말한다. 그렇다면 우리가 아름다운 호변을 하려면 어떻게 해야 할까?

첫째, 변화를 두려워해서는 안 된다. 과거의 계급 사회에는 신분이 있었지만 개인의 능력도 존중받았다. 신분제만으로 사회의 요구를 다 수용할 수 없었기 때문이다. 계급이 강조될수록 사회는 역동성을 잃기 쉽다.

변화의 양상과 강도가 더 심한 오늘날, 리더는 '불안감이 높은' 상황에서 판도를 바꾸는 도전에 나서야 한다.

둘째, 변화의 구체적 방향을 제시해야 한다. 혁신을 향한 움직임이 반복될수록 불안은 줄어들고, 자신감과 성취감은 높아진다. 지금에 안주하지 않고 미래를 위한 혁신이 더없이 요구되는 오늘날, 리더는 결의만 다질 게 아니라 주위와 함께 방향을 모색하여 '개선'의 진로를 제시해야 한다.

셋째, 변화로 일어날 미래의 결과를 명확히 제시해야 한다. 혁신이 진행되면서 방해 작용도 있지만 그 파고를 넘으면 돌이킬 수 없는 변화가 일어난다. 혁신의 방향대로 진행하면 작은 성취들이 쌓여서 이전과 다른 발전을 보이게 된다. 정확한 방향과 유효한 성과를 내야 하는 오늘날, 리더는 '쇄신할' 비전을 명확하게 제시해야 한다.

넷째, 변화의 의의를 이해시켜 두려움을 편안함으로 바꿔야 한다. 혁신은 상황의 긴급성과 변화의 강요에 의해 시작될 수 있다. 상황적 요소는 사람을 혁신으로 나아가게 하지만, 현재의 나와 미래의 나 사이의 긴장은 쉽게 사라지지 않는다. 혁신이 미래를 향한 필수불가결한 활동으로 여기지는 오늘날, 리더가 먼저 긴장에 사로잡히지 않고 혁신에 '편안함'을 느껴야 혁신이 제자리를 잡게 된다.

다섯째, 혁신하는 과정에서 신구 교체의 갈등이 일어날 수 있으나 과거를 지나치게 부정하여 그 성과를 허무하게 느끼게 해서는 안 된다. 혁신은 나와 우리 안의 과거·현재·미래의 요소와 가치를 잘 갈라서 취사선택을 할 때 전체가 그 방향을 공유할 수 있다. 혁신의 방향 제시만큼이나 설득과 소통이 중요한 오늘날, 리더는 걸림돌을 걸러내고 주춧돌을 세우고 디딤돌을 하나씩 올리는 '유신維新'의 길을 제시해야 한다.

정해진 운명은 없다

유명불우상惟命不于常 | 10장

입문 _____ 고대는 신분 사회였다. 아버지가 왕족이면 자식도 왕족이 된다. 아버지가 장군이면 자식도 장군이 된다. 아버지가 농사꾼이면 자식도 농사꾼이 된다. 이처럼 신분 사회는 사람이 태어나기 전에 모든 게 정해져 있다. 이는 조선 시대의 고전소설『홍길동전』에서 홍길동이 "아비를 아비라고 부를 수 없다"는 한을 드러내는 말에서 여실히 증명된다. 사람이 후천적으로 노력한다고 해서 신분에 변화가 일어나지 않는다. 엄격한 신분 사회라면 당연히 위와 같이 세습이 지켜지기 마련이다.

과거 동아시아는 과연 엄격한 신분 사회였을까? 꼭 그렇지는 않다. 신분이 주조主潮이지만 개인이 능력을 발휘하여 실적을 쌓으면 새로운 신분을 얻을 수 있었다. 계급 사회와 업적주의가 혼용된 사회적 특성을 지니고 있었다. 과거 동아시아는 계급의 세습과 능력의 발휘가 조화를 이루면서 그 사회 체제가 거의 2000년간 장기간 지속할 수 있었다. 이를 어떻게 알 수 있을까? 바로 '유명불우상惟命不于常'이 동아시아의 과거에 들어 있는 비밀을 풀 수 있는 열쇠라고 할 수 있다. 신분이 엄격하게 유지되는 사회였다면 '유명유상惟命有常' 또는 '유명불변惟命不變'이라고 했을 터이다. 천명이 바뀔 수 있다는 말은 천명에 바탕을 둔 계급이 영원하지 않다는 말이다.

승당 _____ 「강고」에 의하면 "천명은 정해져 있지 않다." 이는 선하면 천명을 새로 얻고 선하지 않으면 받은 천명을 잃는다는 사실을 말한다.

> 康誥曰, "惟命不于常." 道善則得之, 不善則失之矣.
> 강고왈, "유명불우상." 도선즉득지, 불선즉실지의.

입실 _____ '강고康誥'는 『서경』의 편명으로, 주나라 성왕이 강숙康叔을 위衛나라 제후로 분봉하며 주공周公이 경계해야 할 것을 일러준 내용이 담겨 있다. 유惟는 '생각하다, 꾀하다'라는 뜻이 쓰이지만 여기서는 문장을 시작하는 발어사로 쓰인다. 명命은 '운수, 목숨, 운명, 명령하다'라는 뜻인데, 여기서 천명天命은 하늘의 명령을 의미한다. 당시 리더는 사람이 뽑는 것이 아니라 하늘이 점지해준다고 생각했다. 상常은 '늘, 법'이라는 뜻으로 쓰이지만 여기서는 '바뀌지 않고 고정되어 있다'는 맥락으로 쓰인다. 도道는 '길, 이치, 도리'라는 뜻으로 쓰이지만 여기서는 '말하다, 가리키다'라는 맥락으로 쓰인다. 인용문이 끝나고 '도道'가 나오면 '무슨 내용을 말한다'는 뜻이다. 길은 어디로 나아가면 목적지에 이를 수 있다는 방향을 알려주는데, 이로 인해 길이 말한다는 뜻으로 쓰이게 된 것이다(『동양철학의 유혹』, 22~26 참조).

여언 _____ 유럽의 국경선은 근대에 그어졌다. 유럽의 전근대는 지금과 확연히 다른 양상이었다. 다양한 시기마다 제국이 등장했지만, 지금은 제국이 사라지고 국민 국가로 분할되어 정치적 공동체를 이루고 있다. 반면 동아시아 사회는 불분명한 국경선으로 인해 지금도 영토 분쟁을 벌이고 있지만 대체로 과거의 경계가 그대로 이어지고 있다. 아울러 동아시아는 문명을 건설하고 장기간에 걸쳐 그 문명을 지속해오고 있다. 그 때문에 동아시아는 근대 초기에 근대화의 지각생으로서 식민지 또는 반식민지의 고통을 겪었지만 오늘날 국제사회에서 당당하게 제 목소리를 내고 있다.

동아시아가 이렇게 오랜 문명을 유지하고 현대에서도 제 역할을 할 수 있는 비밀이 있다. 그것은 바로 "천명은 정해져 있지 않다" 또는 "천명은 영원하지 않다"는 천명의 가변성과 관련이 있다. 역사적으로 최초의 왕조가 천명을 받아 나라를 세웠다고 가정해보자. 그러면 천명을 받은 유일한 사람과 그렇지 않은 다수의 사람으로 구분된다. 즉 수명자受命者와 비수명자의 관계가 한번 정해지면 그 순간부터 바뀔 수가 없다. 이렇게 천명이 바뀌지 않는다면 다른 사람이 새로운 왕이 될 수도 없고 다른 왕조가 생겨날 수도 없다. 이것이 바로 앞서 이야기한 '유명불변'이라고 할 수 있다.

6조목에 소개된 『서경』의 '유명불우상'은 『시경』의 '천명미상天命靡常(「대아 문왕」)' 테제와 마찬가지로 "천명이 정해져 있지 않다" 또는 "천명은 영원하지 않다"는 의미 맥락을 나타낸다. 천명이 바뀐다면 어떻게 되는가? 최초의 한 왕조가 천명을 받아 나라를 세웠지만, 그 나라의 후손에 이르러 언젠가 천명을 잃고 나라가 망할 수 있다. 기존에 수명을 받은 왕조가 망한다면 누군가 새로이 천명을 받아 새로운 왕조를 열 수 있게 된다.

이처럼 천명의 비영원성 또는 가변성은 현 왕조가 망할 수 있다는 경계심을 갖게 하면서 도전자로 하여금 새로운 나라를 열 수 있다는 희망을 갖게 할 수 있다. 아울러 하늘(하느님)은 항상 특정한 사람과 그 왕조의 편을 드는 것이 아니라 지지를 철회하고 다른 사람을 선택할 수 있다. 즉 하늘(하느님)과 왕조 사이는 한번 맺으면 끊어질 수 없는 결속이 아니라, 상황에 따라 하나로 결합하기도 하고 둘로 나뉠 수도 있는 유연한 결속이다. 이로써 하늘(하느님)은 특정한 왕조에 주목하는 것이 아니라, 절대 다수인 생민生民의 삶에 주목하는 것이다.

천명의 비영원성은 계급 이동이 제한된 신분 사회에 역동성을 불어넣는 원동력으로 작동한다. 이 원동력은 리더로 하여금 상실에 대한 위기의식을 갖게 하여 자신에게 주어진 역할을 더 잘 수행하게 만든다. 또 유교적 소양을 가진 관료는 리더로 하여금 상실에 대한 위기의식을 환기시켜서 성찰의 기회를 갖도록 압박할 수 있다. 그렇지만 리더의 타락과 부패가 만연하여 더 이상 자정할 수 있는 기회를 살리지 못한다면 새로운 리더가 등장할 수 있다. 이렇게 동아시아는 경계와 지속으로 나아갈 수도 있고 망각과 몰락으로 나아갈 수도 있다. 몰락은 또 다른 수명受命과 건국을 낳는 계기가 된다.

새로운 수명과 건국의 반복은 동아시아 사회가 더 이상 참을 수 없는 고통을 계속 인내하지 않고 혁명으로 나아가게 만들었다. 이것이 바로 맹자가 주장한 역성혁명易姓革命의 논리이다. 역성혁명은 부도덕하고 타락한 권력이 주는 고통을 후천적으로 끝장낼 수 있는 정당성을 부여했다. 당할 이유가 없는 고통은 참지 않아도 괜찮다고 정당성을 부여하는 만큼 '惟命不于常'과 역성혁명은 찬란한 의미를 갖는다고 할 수 있다. 이로 인해 경쟁자가 출현할 수 있고, 도전과 응전의 사회적 역동성이 생겨날 수 있다.

위기의식은 성찰의 기회이다.

혁신은 나를 갈고닦는 것에서부터

절차탁마 切磋琢磨 | 3장

입문 _____ 사람은 더 나은 상태를 지향한다. 리더도 예외가 아니다. 사람은 누구나 무엇을 하고자 했다가 자주 그만둘 정도로 의지가 약하다. 또 좋으면 모든 걸 줄 수 있지만 싫으면 사소한 것도 아까워할 정도로 감정 변화가 심하다. 한두 번 실수를 하고서 다음에 '그러지 말아야지' 하면서 다짐하지만 비슷한 상황에 놓이면 옛습관이 그대로 드러난다.

사람이 지금보다 나아지기 쉽지 않다고 해도 지금보다 더 나빠지지 않기도 쉽지 않다. 보통 사람도 자기 관리를 못하면 건강을 잃고 재산을 잃을 수 있고, 여기에 그치지 않고 목숨마저 위태로울 정도로 더 나쁜 상황에 빠질 수도 있다. 리더라고 하면 사정이 더

하다. 이와 관련해서 맹자가 적합한 말을 한 적이 있다(『맹자』「이루」 상 1). 리더가 서민에게 포악하게 굴 경우 "심하지 않으면 몸이 위태로워지고 나라가 줄어들며, 심하면 몸이 죽임을 당하고 나라가 망한다(暴其民, 甚則身弑國亡, 不甚則身危國削)."

맹자가 말한 리더를 오늘날의 경우로 바꾸더라도 크게 다를 바가 없다. 잘못된 정치 리더는 심하지 않으면 지금의 자리에서 물러나면 충분하지만, 심하면 그간 쌓았던 영광을 모두 잃고 지지하던 사람들도 모두 등을 돌리게 된다. 잘못된 경제 리더는 심하지 않으면 사법의 심판을 받고, 심하면 평생 일군 소중한 기업이 망할 수 있다. 리더가 지금보다 나빠지지 않고 조금이라고 나아지려면 어떻게 해야 할까?

승당 _____ 『시경』에 의하면 "저 기수淇水 물굽이 바라보니, 푸른 대나무 우거졌네! 빛나는 군자여, 뼈를 끊고 상아를 다듬는 듯 옥을 쪼는 듯 돌을 가는 듯하다. 엄숙하고 굳세며 윤이 나고 의젓하구나! 빛나는 군자여, 끝내 잊을 수 없구나!" '뼈를 끊고 상아를 다듬는 듯'은 배움(학문)을 말하고, '옥을 쪼는 듯 돌을 가는 듯'은 인격을 스스로 다듬는 것을 말하고, '엄숙하고 굳세며'는 자세가 빈틈이 없고 긴장한 것을 말하고, '윤이 나고 의젓하구나!'는 위엄 있는 언행을 말하고 '빛나는 군자여, 끝내 잊을 수 없구나!'는 성대한 덕과 최고의 선을 백성이 잊을 수 없다는 점을 말한다.

詩云, "瞻彼淇澳, 菜竹猗猗! 有斐君子, 如切如磋, 如琢如
시운, "첨피기욱, 녹죽의의! 유비군자, 여절여차, 여탁여

磨. 瑟兮僩兮, 赫兮喧兮! 有斐君子, 終不可諠兮!" '如切
마. 슬혜한혜, 혁혜훤혜! 유비군자, 종불가훤혜!" '여절

如磋'者, 道學也. '如琢如磨'者, 自修也. '瑟兮僩兮'者,
여차'자, 도학야. '여탁여마'자, 자수야. '슬혜한혜'자,

恂慄也. '赫兮喧兮'者, 威儀也. '有斐君子, 終不可諠
준율야. '혁혜훤혜'자, 위의야. '유비군자, 종불가훤

兮'者, 道盛德至善, 民之不能忘也.
혜'자, 도성덕지선, 민지불능망야.

입실 _____ 시詩는 『시경』의 「위풍衛風 기욱」에 나오는 구절을 가
리킨다(이하 인용된 시도 모두 『시경』이 출처이다). 첨瞻은 '보다, 쳐다보
다, 우러러보다'라는 뜻이다. 기淇는 중국 허난성의 강 이름으로 황
허의 지류이다. 욱澳은 '모퉁이, 물굽이'를 가리키는데 원시에는 욱
奧으로 되어 있다. 녹菉은 '푸르다'는 뜻으로 원시에는 녹綠으로 되
어 있다. 녹죽에 대해 『모시毛詩』에서는 각각 '조개풀'과 '마디풀'로
보고 있지만 주희는 '푸른 대나무'로 풀이한다. 녹죽은 군자 품행
의 비유로 쓰이므로 '대나무'로 옮긴다.

『이아爾雅』에 따르면 절차탁마切磋琢磨는 "끊는 절은 뼈를, 다듬는
차는 상아를, 쪼는 탁은 옥을, 가는 마는 돌(骨曰切, 象曰磋, 玉曰琢, 石
曰磨)을" 세공하는 작업을 가리킨다(이광호·전병수, 246). 왕필은 "절

차탁마는 보물을 만드는 일이다. 사람의 학문과 지성에 성취가 있으려면 뼈와 상아, 옥과 돌을 절차탁마하는 것과 비슷하다(切磋琢磨, 乃成寶器. 人之學問知能成就, 猶骨象玉石切磋琢磨也)"고 풀이한 적이 있다(『논형論衡』「양지量知」).

의猗는 '아름답다, 무성하다'는 뜻이다. 비斐는 '아름답다, 빛나다'라는 뜻이다. 슬瑟은 보통 현악기를 가리키지만 여기서는 '엄숙하다'는 뜻이다. 한僩은 '굳세다, 용맹스럽다'는 뜻이다. 혁赫은 '붉다, 빛나다'라는 뜻이다. 훤喧은 '점잖다, 의젓하다'는 뜻으로, 원시에는 훤咺으로 되어 있다. 훤諠은 '잊다'라는 뜻으로, 원시에는 훤諼으로 되어 있다. 도道는 '말하다'라는 뜻으로 쓰이는데, 인용된 시구가 '무엇을 말한다'는 맥락으로 학學, 자수自修, 준율恂慄, 위의威儀 모두와 관련된다. 준恂은 율慄과 마찬가지로 '벌벌 떨다, 두렵다, 두려워하다'라는 뜻이다.

여언 _____ 시는 산문에 비해 해석의 가능성이 다양하다. 공자를 비롯하여 고대 사상가는 『시경』을 읽으면서 새로운 사상 자원을 길어 올렸다. 공자는 「위풍 기욱」을 읽고 조금의 성취에도 만족하지 않고 끊임없이 자신을 갈고닦는다는 맥락으로 풀이했다(『마흔, 논어를 읽어야 할 시간』, 2강 37조목 '고왕지래' 참조). 맹자는 「대아 증민蒸民」에 나오는 "하늘(하느님)이 뭇사람을 낳으니, 어떤 사물이 있으면 법도가 있기 마련이다(天生蒸民, 有物有則)"를 읽고서 사람이 선한 경향성을 지니고 있다는 걸 발견해냈다(「고자」상 7).

시인은 기수의 물굽이에 우거진 대나무 숲을 보자 시상을 느꼈다. 시인은 햇살을 받아 물도 반짝이고 대나무 잎도 반짝이는 걸 보며 대나무가 바람에 흔들리며 내는 리드미컬한 소리를 들었으리라. 이 광경은 요즘 말하는 '인생 컷'의 한 장면에 해당될 정도로 강렬한 충격으로 다가왔다. 시인은 큰 감동을 받으며 대나무를 보고서 완전하고 아우라[奧]가 있는 군자를 연상했던 것이다.

『대학』의 지은이도 시인의 체험에 공감하고서 구절마다 해설을 시도하고 있다. "대나무를 닮은 군자는 모자라는 걸 갈고닦아 부단히 나아지고 기품은 조금도 흐트러지지 않고 우아하며 언행은 빈틈이 없는데, 이는 모두 성대한 덕과 최상의 선이 어우러져 '切磋琢磨'의 아우라를 뿜어냈던 것이다." 이는 기수의 좋은 환경에서 대나무가 대나무의 습성을 그대로 드러내며 자라듯이 군자 내면의 덕이 한 점 어그러지지 않고 언행으로 잘 나타난다는 공통점을 포착해 비유적으로 잘 표현하고 있다. 그 무엇도 누구도 흉내낼 수 없는, 기품이 넘치고 고고한 아우라를 지니는 대나무와 군자를 누구도 잊을 수 없는 것이다. 이때 대나무와 군자는 예술 작품이 된다. 이러한 예술가적 리더는 지금도 존경할 만한 대상이다.

> 대나무를 닮은 군자는 기품 있고 우아하며
> 언행에 빈틈이 없다.

나날이 새로워지다

일일신日日新 | 2장

입문 ＿＿＿＿ 동아시아 철학의 핵심을 한 자로 말하라고 하면 화
化라고 할 수 있다. 화는 '바뀌다'라는 뜻이다. '바뀌다'라는 뜻에는
'태어나다, 죽다, 가르치다'라는 뜻도 들어 있다. 사람을 가르치면
사람이 가르치기 이전과 이후가 다르고, 사람이 태어나면 없던 사
람이 생겨나는 것이고, 죽으면 있던 사람이 사라지는 것이다. 이처
럼 화는 이전과 이후가 확연하게 달라지는 것을 가리킨다.

　사상가나 학파마다 화에서 강조하는 측면이 다르다. 공자를 비
롯하여 유가는 사람이 인격을 닦아서 어제보다 나은 오늘의 나, 오
늘보다 나은 내일의 나를 만나는 고양과 발전의 맥락에서 영원한
변화를 말한다. 노자와 장자로 대표되는 도가는 '세상에 변하지 않

는 것이 없는데 불변을 찾고 잡으려는 시도가 얼마나 허무한가?'
라는 맥락에서 영원한 변화를 말한다. 『역경』에서는 이러한 변화
를 '역易' 자로 포착하고 있다. 그만큼 동아시아 철학은 변화의 철
학이라고 할 수 있다.

　이러한 화化의 의미가 『대학』에 나올까? 『대학』에는 개념으로서
의 화는 나타나지 않는다. 그렇다고 『대학』에서 화를 논의하지 않
는다고는 할 수 없다. 『대학』에서는 화 대신에 신新 자로 변화를 나
타나고 있기 때문이다. 신은 새롭다, 새로워진다는 뜻이므로 그 안
에 이전과 이후가 다르다는 의미를 함축한다고 할 수 있다. 표제어
가 '일일신日日新'으로 세 글자이지만 비슷한 맥락의 네 글자로 바꿀
수 있다. 즉 '일신우신日新又新'으로 조어하면 『대학』에는 없지만 '일
일신'과 같은 의미를 전달할 수 있다.

승당 _____ 탕 임금의 「반명盤銘」에 의하면 "진실로 어느 날 이전
보다 새로워졌다면 나날이 새로워지고 더욱더 나날이 새로워져
라."

　　湯之盤銘曰, "苟日新, 日日新, 又日新."
　　탕지반명왈, "구일신, 일일신, 우일신."

입실 _____ 탕湯은 상나라를 세운 시조이다. 반盤은 세숫대야를
가리킨다. 명銘은 '새기다, 명심하다'라는 뜻으로, 사람이 꼭 지켜야

하는 가르침을 늘 접하는 장소나 물건에 새기고, 볼 때마다 그 의미를 되새긴다는 의미이다. 앉는 자리 근처에 글을 써두면 '좌우명座右銘'이 되고, 장소나 물건이 아니라 마음에 새겨두면 '명심銘心'이 된다. 오늘날 길거리에 어지럽게 걸려 있는 현수막의 홍보 문구와는 격이 다르다. 현수막이 홍보성 선동이라면 반명盤銘은 스스로 끊임없이 돌아보게 하는 지속적인 자성의 활동이다.

구苟는 '진실로, 참으로'라는 뜻이다. 첫 번째 일日은 특정할 수 없는, 변화가 생긴 어느 날을 가리키고, 그 다음의 일日은 변화한 날 이후의 하루하루, 매일을 가리킨다. 신新은 '새롭다, 새로워진다'는 뜻으로, 어제보다 나은 오늘의 나, 오늘보다 나은 내일의 나를 가리키는 맥락이다. 우又는 단순히 중복의 맥락이 아니라 점증의 맥락이다. 사람은 변화에 자극받아 변화를 지속할 수 있다. 여기서 그 지속은 변화한 상태를 되풀이하는 것이 아니라 조금씩 더 나아지는 발전을 함축하고 있다.

여언 _____ 탕 임금이 세숫대야에 새긴 글자는 모두 아홉 글자로 그리 길지 않다. 몇 차례 되풀이해서 읊조리다 보면 외울 수 있을 정도이다. 짧은 문장 안에 변화와 관련하여 여러 가지 이야기를 담고 있다. 변화의 모멘텀도 들어 있고 변화의 지속을 일구는 힘도 들어 있고 인격의 무한한 발전도 들어 있다. 이야기를 하나씩 풀어가 보자.

'구일신苟日新'은 변화의 모멘텀을 나타낸다. 우리는 변화를 하고

자 하지만 변화의 조짐이 보이지 않으면 선뜻 앞으로 나서기가 쉽지 않다. 이전의 상황으로 돌아오기가 쉽다. 다이어트를 예로 들어보자. 일주일이나 한 달간 식단을 조절하고 운동을 꾸준히 하여 체중이 줄어드는 숫자를 확인할 수 있다면 다이어트를 계속할 힘이 생긴다. 반면 그렇게 노력하고도 숫자상 별다른 변화가 없으면 다이어트를 계속할 마음이 줄어든다.

그래서 구苟의 풀이가 중요하다. 구는 일차적으로 앞서 살펴보았듯이 '진실로, 참으로'라는 의미를 전달하면서 '만약 ~한다면'이라는 뜻도 포함하고 있다. '구일신'은 사람이 변화가 필요하다고 자각하면 변화를 위해 움직인다는 것을 전제한다. 그러한 움직임에 무시할 수 없는 확실한 신호를 확인할 때 우리는 "그래 맞아. 하면 되는 거야!" 하면서 자신을 다독이며 그 방향으로 더 깊숙하게 나아가게 된다. 세 글자는 변화를 바라는 사람이 변해야 할 방향으로 기울어지게 만드는 모멘텀을 나타내고 있다.

'일일신日日新'은 앞 단계에서 "나도 할 수 있구나!"라는 자신감을 바탕으로, 변해야 할 방향으로 나아가는 것이다. 이 방향으로 나아가다 보면 변화의 긍정적 결실이 쌓이게 된다. 성취감을 느끼게 되는 것이다. 자신감에 이어서 찾아오는 성취감은 이제 진행 중인 흐름을 바꾸지 않고 계속 그 방향으로 나아가게 만드는 원동력이 된다. 다이어트를 할 때 체중계의 줄어든 숫자가 마력으로 느껴지는 것처럼 말이다.

'우일신又日新'은 반복과 지속보다 비약과 발전에 초점을 둔다.

앞의 두 단계를 통해 이제 사람은 변화로 나아가는 모멘텀과 추진력을 충분히 확보했다. 시간의 경과와 더불어 성취물이 쌓이면 이전의 나와 지금의 나 사이에 현격한 차이를 발견할 수 있다. 이 차이는 높이와 폭의 측면에서 모두 변화를 이루어냈다. 이제 사람은 단순히 변화의 방향으로 지속하는 것에 만족하지 않고 성취와 역량이 한 단계 뛰어오르는 비약을 향한다. 비행기에서 우주선으로 나아가는 방식이다.

「반명」의 아홉 글자는 '리더는 지금보다 나은 단계로 나아가라'는 주문과도 같다. 탕 임금은 당시 이상적인 리더로 간주되었으므로 변화할 게 없다고 생각할 수도 있었다. 변하지 않아도 문제가 없다고 생각하기 때문이다. 그럼에도 불구하고 탕 임금이 자신에게 '신新'을 요구했다는 것은 그가 스스로 자신에게 끝없이 변화하라고 요구했다는 것을 의미한다. 사람이 변화하고 발전한다고 하더라도 성인聖人에 이를지언정 신이 될 수는 없기 때문에 그는 자신을 끊임없이 개선하는 무한 혁신을 요구한 것이다. 이것은 『중용』에서 변화의 흐름이 도도하여 더 이상으로 이전으로 돌아오지 못하고 앞으로만 나아가는 돈화敦化와 닮았다(『오십, 중용이 필요한 시간』, 6강 30조목 '병육이불상해' 참조). 개인 공간에 '日日新' 또는 줄여서 '日新'을 써 붙이면 잘 어울릴 듯하다.

지금보다 나은 단계로 나아가라.

<table>
<tr><td>**9日**</td><td rowspan="2">환히 빛나며 참되고 편안하다</td></tr>
<tr><td>**편안**</td></tr>
</table>

집희경지緝熙敬止 | **3장**

입문 _____ 살다 보면 긴장이 되는 일이 많다. 시험도 그렇고 면접도 그렇고, 결과 발표를 앞두고서도 그렇다. 일을 전후로 사람이 크게 달라지기 때문이다. 시험과 면접은 잘할 수도 있고 못할 수도 있는데, 그에 따라 다음이 다르다. 잘해서 합격하면 새롭게 시작할 수 있지만 못하면 같은 준비를 또 해야 한다. 결과도 좋을 수도 있고 나쁠 수도 있다. 특히 리더라면 결과의 책임으로부터 결코 자유로울 수가 없다. 그래서 리더는 할 말이 많더라도 하지 않고 "모든 것은 결과로 말한다"고 한다.

또 사람이 긴장하는 경우가 있다. 바로 처음으로 하는 활동이다. 첫 등교, 첫 출근, 첫 거래, 첫 만남 등 이루 헤아릴 수가 없다.

이런 자리에서 실수하지 않으려고 밤을 새거나 연습을 되풀이하지만 긴장해서 준비한 것을 제대로 보여주지 못할 수 있다. 긴장과 신시함, 사람이 어떤 일을 할 때 갖춰야 하는 자세이다. 그러나 지나치게 긴장하거나 진지하다 보면 실력을 제대로 발휘하지 못할 수 있다.

물론 긴장하지 않을 때도 생각지도 못한 일에 당황하여 실수를 할 수도 있다. 적절하게 긴장하면 좋겠지만 어디 그게 쉬운 일인가? 주나라 문왕의 이야기를 통해 적절한 긴장이 어떻게 가능한지 살펴보기로 하자.

승당 ＿＿＿ 『시경』에 의하면 "아름답고 우뚝한 문왕이여, 아! 덕이 늘 환히 빛나며 참되고 머물 자리에서 편안하구나!" 임금 노릇하며 사랑에 머물고, 신하 노릇하며 공경에 머물고, 자식 노릇하며 효성에 머물고, 어버이 노릇하며 자애에 머물고, 성안의 사람과 교제하며 믿음에 머물렀다.

詩云, "穆穆文王, 於緝熙敬止!" 爲人君, 止於仁. 爲人
시운, "목목문왕, 오집희경지!" 위인군, 지어인. 위인

臣, 止於敬. 爲人子, 止於孝. 爲人父, 止於慈. 與國人交, 止
신, 지어경. 위인자, 지어효. 위인부, 지어자. 여국인교, 지

於信.
어신.

입실 _____ 시詩는 「대아 문왕文王」에 나오는 구절을 가리킨다. 목
穆은 '화목하다, 공경하다'라는 뜻으로 쓰이지만 여기서는 '아름답
다, 우뚝하다'라는 맥락으로 쓰였다. 문왕은 주나라가 천자 나라가
될 수 있는 기틀을 다졌고 무력보다 문화를 중시했다. 於는 어기사
로 쓰이면 '어'로 읽지만 감탄사로 쓰이면 '오'로 읽는다. 집編에 대
해 주희는 '잇다, 계속하다'라는 뜻으로 보지만 정현과 공영달은
희熙와 마찬가지로 '빛나다, 밝음'이라는 맥락으로 본다(이광호·전병
수, 250, 266). 희熙는 '빛나다, 밝다'라는 뜻으로 쓰인다. 경敬은 '공경
하다, 삼가다'라는 뜻이다. 지止는 '머무르다'라는 뜻으로 '멈추다'
라는 뜻이 아니라 '~에 따라 살아가다'라는 맥락이다. 국인國人은
'국내의 사람, 국민'이라는 뜻으로 쓰이지만 『시경』에서는 도성(읍
성)에 생활하는 사람을 가리킨다. 이들은 성 밖의 비鄙와 야野에 사
는 사람과 생활 수준과 신분의 측면에서 다르다.

여언 _____ 우리는 8조목의 '일일신日日新'에서 이전과 다른 미래
의 나를 만날 수 있는 자신감, 성취감, 원동력을 만났다. 이 '일일
신'은 이제 개인의 영역이 아니라 여럿이 함께 어울리는 일로 넘어
오게 된다. 바로 그때 우리는 모두 긴장이라는 괴물을 만난다. 사
람은 자신을 어느 정도 통제할 수 있지만 다른 사람과 어울리는 상
황은 계산대로 움직여주지 않기 때문이다.
　이때 악덕이 과도한 긴장이고 미덕이 적절한 긴장이다. 어떻게
하면 과도한 긴장을 하지 않고 적절한 긴장을 유지할 수 있을까?

이게 잘 되면 바로 인성으로 나타나게 된다. 우리는 이 물음의 실마리를 『시경』에서 인용한 구절에서 찾을 수 있다. '집희경지緝熙敬止'에서 석설한 긴깅을 가능히게 하는 가장 중요한 글자를 고르라고 하면 무슨 글자를 고를까? '지止'가 정답이다. 조금 깊이 살펴보면 이렇다.

집緝과 희熙는 문왕이 다른 사람에 비해 돋보이는 아름다운 인물이 된 결과를 나타낸다. 둘 다 문왕에게서 언제나 광채가 나는 특징을 나타내기 때문이다. 이러니 문왕이 무엇을 입고 어디를 간들 표시가 나지 않겠는가! 집희緝熙는 7조목의 '절차탁마'에 나오는 군자가 빛이 난다고 묘사하며 사용했던 비斐와 마찬가지로 일종의 아우라라고 할 수 있다.

경敬과 지止 두 글자를 살펴보자. 경敬은 '공경하다, 삼가다'라는 뜻으로 쓰이는데, 기본적으로 사람과 신, 사람과 사람, 사람과 자연물 등의 관계에서 거리를 쉽게 허물지 못하고 경계하는 자세를 나타낸다. 처음 만난 사람에게 우리가 쉽게 다가가지 못하고 거리를 유지하는 것을 떠올리면 경의 기본 의미를 이해할 수 있다. 따라서 '조심하다, 신중하다, 쭈뼛쭈뼛하다, 평소와 다르다' 등도 경의 의미군에 들어올 수 있다. 이는 앞서 이야기한 긴장과 진지함에 쉽게 이어질 수 있다.

마지막으로 지止는 보통 '머무르다'로 풀이한다. 이때 '머무르다'는 '걸음을 잠깐 멈추고 쉬다, 차의 시동을 끄고 커피를 마시다'와 같은 맥락이 아니다. '머무르다'는 '사람이 한 곳에 자리 잡고 살다'라는 뜻이다. 자리를 잡고 살려면 그곳이 편안하게 느껴져야 한다. 이런 맥락에서 지止는 '편안하다'는 뜻의 안安과 같다. 더 나아가면 지는 '지켜야 할 것을 지키다'라는 뜻의 수守라고 할 수도 있다. 여러 사람의 주석 중에 주희는 지를 '안소지安所止', 즉 "머무는 자리에서 편안하다"라고 풀이하고 있는데, 원문의 취지를 잘 살리고 있다.

늘 긴장만 하는 것은 앞으로 나아가는 데 도움이 되지 않는다. 주희의 풀이처럼 사람은 자신이 나아가는 방향에 편안함을 느낄 때 적절한 긴장이 가능하다. 이처럼 편안함과 긴장의 이중주가 화음을 낼 때 우리는 이전으로 돌아오지 않고 새 방향으로 쭉 나아가게 된다. 경복궁에 가면 '緝熙敬止'에서 따온 '집경당緝敬堂'이 있다. 이름에는 빛과 긴장만 드러나지만 작명의 출처가 된 『시경』에는 편안함이 숨어 있다고 해야 한다. 그래야 구중궁궐에서 긴장하면서 편안할 터이니까. 집경당은 일제강점기에 경복궁의 건물이 헐릴 때도 살아남아 조선총독부의 박물관 사무실로 쓰였고 이후에는 미술평론가 야나기 무네요시柳宗悅가 유물을 전시하고 연구하는 조선민족박물관으로 개설해 쓰였다. 그들은 '집경당'의 의미를 한 번쯤 생각해보았을까?

자리를 잡고 살려면
그곳이 편안하게 느껴져야 한다.

주어진 운명을 새롭게 만들자

기명유신其命維新 | 2장

입문 _____ 운명은 바뀔까 바뀌지 않을까? 신분 사회를 생각하면 운명은 바뀌지 않을 듯하다. 6조목의 '유명불우상惟命不于常'에서 말했듯이 아버지가 왕이면 자식도 왕족이 되고 농사꾼이면 자식도 농사꾼이 되는 식이다. 이러한 세계에는 변화가 없다. 고인 물이 썩는다는 말처럼 변화가 없으면 신분 사회도 타락과 부패를 피할 수가 없다. 다들 보장된 신분에 안주하기 위해 지금보다 더 나으려고 노력하지 않고 설사 잘못하더라도 서로 책임을 묻지 않기 때문이다. 이것이 동아시아가 다른 지역에 비해 이전과 다른 혁신과 혁명이 일어나지 않았다는 동아시아의 정체停滯론을 들먹이는 이유이다.

동아시아의 정체론은 오류이다. 동아시아 사회는 부모 세대의 혜택이 대물림되는 것뿐 아니라, 과거제와 추천제를 실시하여 개인의 실력으로 신분 상승이 가능했다. 신분 세습이 기조를 이루었지만 개인의 능력도 존중되었다. 이 때문에 특정 집단과 인물이 관직을 좌지우지하면 반란의 명분이 되기도 했다.

기성의 권력이 부패와 타락의 양상을 심하게 보이고 변화와 개선의 조짐이 보이지 않을 때 어떻게 될까? 치고 올라오는 세력이 새로운 기회를 잡을 수 있을까? 공동체를 운영하는 세력의 교체는 어떻게 일어날까? 생물체라면 밖에서 영양분을 섭취하고 필요 없는 물질은 걸러서 배출해내는 신진대사新陳代謝가 일어나지 않으면 생명을 유지할 수 없다. 오늘날 다변하는 정세에서 국정을 운영하는 공직 사회나 치열하게 경쟁하는 기업도 마찬가지다. '유신維新'은 이 물음을 풀 수 있는 실마리를 제공한다.

승당 _____ 『시경』에 의하면 "주나라는 오래된 나라이지만 주어진 운명을 새롭게 바꾸네."

詩曰, "周雖舊邦, 其命維新."
시왈, "주수구방, 기명유신."

입실 _____ 시는 「대아 문왕」에 나오는 구절을 가리킨다. 주周는 은나라를 이어 황허 중하류를 통치하는 왕조를 가리킨다. 구舊는

'옛, 오래다'라는 뜻으로 신新과 상대된다. 방邦은 '지역, 나라'를 뜻한다. 명命은 '명령, 운명'이라는 뜻이다. 유維는 '밧줄, 매다, 생각하다'라는 뜻으로 쓰이지만 여기서는 '이에 내乃'의 맥락이다. 현대 중국어 웨이수維修가 '수선하다, 고치다'라는 뜻으로 쓰이는 점을 고려해 원시의 맥락도 '고치다, 바꾸다'라는 뜻으로 풀이하고자 한다.

여언 _____ 이 구절은 『시경』을 공부한 사람이 아니라면 잘 모른다. 일본에서 1867년에 에도막부가 무너지고 천황제가 수립되면서 메이지유신이 단행됐다. 청 제국 광서제光緖帝가 1898년 캉유웨이康有爲 등 개혁파와 손잡고 서구 열강의 침입에 맞서 변법을 시도하다가 서태후와 수구파의 반격으로 실패했는데 이를 '백일유신百日維新'이라고 한다. 우리나라도 한때 대통령의 권한을 대폭 강화한 유신헌법1972~1980이 맹위를 떨치기도 했다. 이러한 일련의 사건으로 인해 '유신'은 일반인에게 널리 알려졌다.

이 구절은 『대학』에 처음 나오는 말이 아니라 「대아 문왕」에서 "문왕이 위에 계시니, 아! 하늘에서 빛이 나네. 주나라가 오래된 나라이지만 주어진 운명을 새롭게 바꾸다(文王在上, 於昭於天! 周雖舊邦, 其命維新)"로 이어지는 시의 첫 부분에 해당된다. 원래 시의 의미가 어떠하고 왜 동아시아의 근현대에 '유신'이 정치적으로 유행하게 되었는지 살펴보자.

주나라가 천자의 나라가 되기 전에 은나라가 천자의 나라였다. 주나라는 제후의 나라로 은나라 천자의 지배를 받았다. 은나라는 탕

왕이 건국했을 때 그 기세가 하늘을 찔렀지만, 마지막 주왕紂王은 주지육림酒池肉林의 행각을 벌일 정도로 부패와 타락을 보였다. 주왕이 계속 집권한다면 악행이 늘어나서 백성들의 고통이 더 심해질 것이 뻔했다. 당시 주나라 문왕은 서쪽 지역 제후들의 어른인 서백西伯, 즉 서구 지역의 사령관이었지만 군사를 움직이지는 않았다. 은나라와 목야牧野에서 일전을 겨뤄 은나라를 멸망시키고 주나라를 천자의 나라로 세운 이는 문왕이 죽고 난 뒤 등장한 그의 아들 무왕이었다.

이 시는 주나라를 천자의 나라로 세운 무왕이 아니라 그의 돌아가신 아버지 문왕을 소재로 한다. 시의 첫 구절은 '죽어서 하늘에 있지만 그의 자취가 여전히 밝게 빛난다'는 점을 밝히고 있다. 이어서 은나라 천하의 지배를 받던 주나라가 오랜 역사를 지니고 있다고 밝히고서 '기명유신其命維新'을 말한다. 얼핏 보면 이해하기가 어렵다. 실제로 주나라를 천자의 나라로 만든 인물은 무왕이다. 이에 따르면 '기명유신'의 대상은 무왕이어야 한다. 그런데 왜 '기명유신'이 문왕의 치적으로 여겨질까?

이 비밀의 열쇠는 명命의 중의적 의미에 달려 있다. 천명으로서 명에 대해 인간은 수동적일 수밖에 없다. 하늘은 사람에게 명을 부여하고 사람은 그것을 받을 수밖에 없기 때문이다. 즉 천명은 내가 받고 싶다고 해서 받는 것이 아니다. 이런 측면에서 보면 문왕이 천명을 받은 은나라에 도전하기란 결코 쉽지 않았을 것이다. 은나라만이 아니라 천명을 믿는 사람들은 문왕이 은나라에 도전할 경우에 이를 옳다고 생각하지 않았을 것이다.

문왕이 서백으로서 동료의 신뢰를 얻고 주위의 문제를 해결하는 선행을 하고도 도전에 나서지 않자, 은나라의 천명이 끝나고 대안 세력이 등장할 분위기가 무르익게 되었다. 천명이 바뀔 환경이 조성되고 대안으로 주나라가 등장할 바탕이 조성된 것이다. 『성경』에 나오는 말처럼 "새 술은 새 부대에 담아야 한다"는 논의가 일어났다. 문왕 없는 무왕은 정권의 야욕에서 권력을 찬탈한 쿠데타의 주인공이 되기 십상이다. 문왕이 깔아놓은 기틀 위에서 무왕이 군사 행위를 했기에 폭군을 처벌하고 정의를 실현한다는 정당성이 생긴 것이다. 이 때문에 시는 문왕을 '기명유신'의 대상으로 예찬하고 있는 것이다.

문왕 같은 존재가 없는 상황에서 무왕이 유신을 외치고 권력 쟁탈에 나설 수 있다. 그는 권력 쟁탈을 신구 세력의 교체로 정당화하려고 할 것이다. 그러나 성공한 뒤에 반대의 목소리가 제기될 수 있다. 새로운 세력은 공권력을 바탕으로 자신에 대한 반대의 소리를 내지 못하게 억압할 수 있다. 그렇지만 이렇게 되면 당장은 잠잠하더라도 정당성을 두고 언제든지 논란이 재연될 수 있다.

이렇게 보면 '其命維新'은 나에게 새로운 기회가 주어지기를 기다리기만 하지 않고 변화의 상황에 시대를 감당할 수 있는 준비를 단단히 하고서 주위의 호응을 받을 때 기회를 잡는다는 맥락을 나타낸다. 사람이 수동과 능동의 의미를 갖는 중의적 명에 잘 대응하여 혁신을 일구어내는 것이다.

왜 일본의 메이지유신은 성공하고 청 제국의 백일유신은 실패했을까? 에도막부는 외세를 물리치자는 '양이攘夷'의 구호를 내걸었지만, 시시때때로 규슈의 나가사키와 사쓰마(지금의 가고시마현)에 출몰하는 포르투갈, 스페인, 네덜란드 등의 요구에 제대로 대응하지 못했다. 그러나 개명한 번주藩主와 사무라이는 서양을 배척하기보다 중국의 학문을 대체할 수 있는 학습의 대상으로 여겼다.

그들은 오늘날 벤치마킹에 해당될 만한 '이이토코토리良いとこ取り'의 정신을 발휘했다. 상대가 누구라도 좋은 것은 기꺼이 취해서 내 것으로 만든다는 뜻이다. 이러한 정신이 난학蘭學과 양학洋學의 융성으로 모습을 나타냈고, 삿초薩長 동맹(사쓰마번과 조슈번(지금의 야마구치현))의 유사有司(인재)가 천황의 존재를 발견하고 무능한 막부에 맞서서 메이지유신을 추진했던 것이다. 새 술을 새 부대에 담으려는 오랜 숙성의 시간은 메이지유신의 성공으로 이어졌다.

반면 광서제는 치밀한 준비도 없이 권력을 잡고 세상을 바꾸겠다는 열망을 드러내며 변법파와 손을 잡았다가 구체제의 반격을 받았다. 그는 제대로 대응하지 못한 채 이화원에 유폐를 당했다. 백일유신은 새 세상의 등장을 알리는 유신이 되지 못하고 '찻잔속의 폭풍'으로 끝났던 것이다.

한 차례 유신의 성공과 실패는 이후의 역사를 결정하지 못한다. 일본은 한때 좁은 아시아를 벗어나 드넓은 서구로 나아가는 '탈아입구脫亞入歐'를 추구하여 아시아의 굳건한 대표자 역할을 수행했다. 가전제품, 제조업, 자동차, 조선 등에서 독보적 지위를 차지했다. 하지만 지능정보화의 시대에 들어서면서 일본의 위상과 영향력이 예전만 못하다. 이는 메이지유신의 그림자라고 할 수 있다. 당시 유신 3걸, 즉 사이고 타카모리, 오쿠보 도시미치, 기도 다카요시처럼 무대에 나타난 인물도 있었지만 친횡제 뒤에 숨어서 모습을 드러내지 않고 의사 결정에 참여하는 유력자도 적지 않았다. 이로 인해 일본의 현대 정치는 총리 선거에서 나타나듯이 막후에서 움직이는 술수 정치의 폐단으로 인해 과거의 영광을 재현하려고 할 뿐 미래를 이끌 활력을 잃어버렸다.

반면 중국은 개혁·개방 이후에 '세계의 공장'으로 새롭게 성장하면서 경제 분야에서의 영향력을 정치와 외교 등으로 확대하고 있다. 중국의 양적 성장은 분명 세계 경제의 한 축을 담당하게 되었다. 중국은 이러한 자신감을 '굴기崛起'로 표현하며 근대화에서 겪었던 비극을 완전히 극복했다는 자신감을 나타내고 있다. 그러나 중국의 질적 성장이 세계 경제의 미래나 모델이 되려면 국제사회에서 지금부터라도 더 많은 신뢰를 확보하지 않으면 안 된다.

세상은 끊임없이 바뀐다. 리더는 결국 시대를 읽으면서(read) 동료와 함께 상황을 이끌어가는(lead) 사람이다. 광서제처럼 시대를 읽지 못하고 이끌어가지도 못하면 리더의 자리에서 물러날 수밖에 없다. 우리는 지금 4차 산업혁명과 인공지능이 화두가 되는 새로운 세상을 살고 있다. 우리 모두 리더가 되어 새로운 변화의 기운과 추세를 읽고 동료와 함께 미래를 이끌어가는 유신維新(혁신)을 준비해야 한다. 이처럼 우리는 『대학』과 같은 고전에서 삶과 세상의 터닝 포인트를 일궈야 할 때를 아는 지혜를 찾을 수 있다.

3강

인성

기본을 갖춘 자가 거인이다

大學

3강에서는 위기를 넘어 혁신이 불가역적인 흐름으로 자리 잡게 하기 위해 우리가 인성에 주목해야 하는 이유를 살펴보고자 한다. 『대학』의 특성을 가장 긴밀하게 규정하는 주희의 경약8 그리고 정가�의 주장을 살펴보자. 최근 우리 사회에서도 인성이 화두가 되고 있다. 급기야 세계 최초로 인성 교육을 의무로 규정한 '인성교육진흥법'이 제정되었다. 법안은 2014년 12월 29일 국회를 통과하고, 2015년 1월 20일 공포되면서 6개월 뒤인 2015년 7월 21일에 시행되었다.

제1조의 목적에 따르면, 인성교육진흥법은 "인간으로서의 존엄과 가치를 보장하고", "건전하고 올바른 인성을 갖춘 국민을 육성하여 국가사회의 발전에 이바지"하고자 한다. 제2조의 정의를 보면 '인성 교육'은 "자신의 내면을 바르고 건전하게 가꾸고 타인, 공동체, 자연과 더불어 살아가는 데 필요한 인간다운 성품과 역량을 기르는 것을 목적으로 하는 교육을 말한다." 또 '핵심 가치와 덕목'은 "예禮, 효孝, 정직, 책임, 존중, 배려, 소통, 협동 등의 마음가짐이나 사람됨과 관련되는 핵심적인 가치 또는 덕목을 말한다." '핵심 역량'은 "지식과 공감·소통하는 의사소통 능력이나 갈등 해결 능력 등이 통합된 능력을 말한다."

법이 시행된 뒤 시간이 꽤 지났다. 과연 인성 교육이 정의에 따라 추구하는 목적이 달성되었을까? 아니면 인성 교육을 한다고 하지만 인성은 여전히 나아지지 않은 걸까? 사실 '인성 교육'은 기성세대와 신세대의 문화적 차이가 낳은 갈등 문제를 풀 수 있는 열쇠로 주목받고 있다. 안팎에서 학생 폭력이 끊이지 않고 반사회성 인격 장애가 끔찍한 범죄로 이어지자 사후에 법의 심판만이 아니라 사전에 인성의 교육으로 사회 문제를 풀고자 하는 발상이라고 할 수 있다.

인성교육진흥법은 제정 단계부터 '인성이 교육의 대상이 되느냐'라는 원론적인 비판이 있었다. 그러나 성품도 지식과 마찬가지로 교육을 통해 나아질 수 있으므로 그 효과를 완전히 부정할 수는 없다. 반대로 인성 교육으로 사회 문제가 해결된다고 하면 이는 너무 단선적인 사고방식이다. 교육과 함께 세대 사이의 이해와 소통이 중요하다. 서로 잘 알려고 노력하는 과정에서 인성이 체득될 수 있다. 이와 관련해서 『어느 철학자의 행복한 고생학』(2010), 『90년생이 온다』(2018) 등을 읽는다면 세대의 특성을 더 깊이 이해할 수 있다. 『대학』도 인성의 맥락에서 읽을 수 있다.

첫째, 『대학』은 대인이 배워야 할 내용을 담고 있다. 시간이 가면 먹는 나이만큼이나 대인으로 갖춰야 할 품성이 있다. 이 품성을 갖출 때 자신을 지키며 주위와 호응하는 '리더'가 될 수 있다.

둘째, 『대학』은 어려워 머리를 싸잡아 매야 하는 내용이 아니라 리더로서 갖춰야 할 가장 '기초'의 내용을 다루고 있다. 기초가 든든하지 않으면 그 위에 아무리 높게 쌓아 올린 것도 쉽게 무너진다.

셋째, 사람 사이에 '상식'이 통할 때 편하게 된다. 상식을 벗어나서 뭔가를 하려고 하면 온통 시끄러운 소리가 난다. 리더가 상식대로 움직이면 서로가 서로에 대해 예측이 가능하다.

넷째, 사람은 '거울'로 자신의 차림새를 살펴보고, 또 다른 내면의 거울로 자신의 정체를 밝힐 수 있다. 흐릿해지지 않도록 늘 내면의 거울을 닦아야 하는 리더는 자신이 누구인지를 알고 움직이게 된다.

다섯째, 사람은 자존감을 느껴야 주위와 일에 당당해질 수 있다. '자존'은 외부로부터 받는 평가보다 자신이 자신을 믿고 나아가는 실행에서 생긴다. 자신감으로 키워진 자존이야말로 건강하다.

11日
리더

리더가 되는 배움

대인지학大人之學

입문 _____ 우리나라의 교육은 모든 것이 대학 진학으로 연결되어 있다. 대학을 나와야 좋은 직장을 잡고 인생을 힘들지 않게 살 수 있다고 생각하기 때문이다. 요즘 잘 쓰는 말로 표현하면 '기승전대입'이라고 할 수 있다. 정부가 바뀔 때마다 대학 입시 제도를 손보지만 모두가 만족하지 못한다. 국민이 바람직한 대학 교육의 관점이 아니라 내 아이만은 기필코 좋은 대학에 들어가야 한다는 욕망을 지니고 있기 때문이다.

예전부터 우리나라의 교육이 너무 주입식 입시 교육 위주여서 많은 문제가 있다며 전인교육全人教育을 실시해야 한다고 지적되어 왔다. 또 학생이 시험에 나올 내용을 달달 외우는 암기식 교육이

78

문제라며 주도적으로 문제를 해결하는 힘을 길러야 한다고 주장되어왔다. 교과서가 개선되고 선생님들도 교육 현장에서 부단히 노력하고 있지만 '전인교육'과 '자기 주도적 학습'의 목소리는 입시교육의 위력에 밀려 정착되지 못하고 있다.

이처럼 우리는 고등학교까지 대입에 목을 매고 대학에 입학하고서 취업에 신경을 쓰는 바람에 정작 대학에서 무엇을 배우고 또 재학 중에 무엇을 할지 진지하게 고민하지 않는다. 부모님은 '대학생이 되었으니 알아서 하겠지' 믿고 맡기지만 학생은 인생에서 처음으로 맞이하는 자유의 시간이 낯설다.

지금 대학은 큰 변화의 소용돌이에 있다. 인공지능과 4차 산업혁명의 파고가 대학으로 넘어 들어 공대생은 말할 필요도 없고 인문대생도 코딩, 알고리즘, 머신 러닝, 파이썬, 빅 데이터 등 새로운 영역에 도전하라는 압박을 받고 있다. 한때 인문학이 사회적으로 각광을 받을 때 공대생도 인문학을 배워야 한다고 했던 요구의 또다른 버전이라고 할 수 있다. 인공지능 관련 강의를 들으면 대학교육은 아무런 문제가 없는 걸까?

『대학』은 우리가 놓치고 있는 질문을 던지고 있다. 즉『대학』은 우리가 대학에서 진정으로 무엇을 배워야 하는지 묻고 있고 이에 대한 대답을 하고 있다.

승당 _____ 『대학』은 리더가 되는 배움이다.『대학』의 도는 귀족의 직장자嫡長子를 가르치는 도였다.

大學者, 大人之學也. ; 大學之道, 教冑子之道也.
대학자, 대인지학야.   대학지도, 교주자지도야.

—주희, 『대학장구』; 정약용, 『대학공의』

입실 _____ 『대학』은 『소학小學』에 대비된다. 『대학』은 성인이 배우는 학문이고 『소학』은 어린이가 배우는 학문이다. 大는 글자 그대로 '대'로 읽기도 하고 글자가 太와 통용되므로 '태'로 읽기도 한다. 태학太學은 조선 시대의 성균관처럼 왕족과 귀족 자제들을 교육시키던 과거 최고 교육 기관을 가리키는 말로 쓰였다. 이는 주희가 「대학장구 서序」에서 "『대학』이란 책은 옛날 태학에서 사람을 가르치던 법이다(大學之書, 古之太學, 所以教人之法也)"라는 말에서 확인할 수 있다. 따라서 大學은 소학과 상대되는 맥락으로 보면 '대학'으로 읽게 되고 최고의 교육 기관에서 배우는 학문의 맥락으로 보면 '태학'으로 읽게 된다(이광호 외, 26). 대학의 '대'는 소와 상대되는 의미에 한정되지만 태학의 '태'는 대와 소의 상대적인 관계를 초월하는 의미를 나타낸다고 할 수 있다.

여언 _____ 『대학』은 누가 배우는 학문일까? 이것은 '대인'의 의미를 어떻게 보느냐에 달려 있다. 오늘날 고등학교 졸업의 학력을 가진 사람이 고교 재학 시절의 성적과 수학 능력 시험 성적 등을 합산하여 대학에 합격하면 대학생이 된다. 대학생은 대학에서 교양과 전공 분야의 공부를 하게 된다. 『대학』에서의 '대인大人'이 오늘날의 대학생에 해당된다. 이 대인과 관련해서 12세기 주희와 18세기 정약용의 주장이 서로 엇갈렸다.

주희는 남송 시대에 사대부로서 왕과 함께 국정을 책임진다는 공치자共治者 또는 분치자分治者 의식을 강하게 갖고 있었다. 이 때문에 그는 유학의 기초 소양을 배워서 그에 어울리는 인품을 지닌 사람이라면 누구나 『대학』을 배울 수 있다고 생각했다. 반면 정약용은 왕족과 사족처럼 국정에 직접 참여할 수 있는 사람만이 배울 수 있다고 생각했다. 실제로 『대학』의 내용도 만인보다 일부 계층을 대상으로 발언하는 내용이다. 교육 대상의 측면에서 보면 주희가 정약용보다 진보적이라고 할 수 있다.

대인大人의 사회학적 의미에서 한걸음 더 나아가 정치 철학 또는 도덕 철학의 의미를 살펴보자. '대인'은 글자 그대로 보면 큰사람이나 어른을 가리킨다. 어떤 사람이 큰사람일까? 그것은 분명 신체가 성장하여 몸집이 큰 사람만을 가리키지 않는다. 『대학』에서 큰사람이란 정치와 학문의 영역에서 주인으로 온전히 설 수 있는 사람을 가리킨다. 오늘날 버전으로 말하면, 자신을 온전히 지키고 이를 바탕으로 주위 사람과 어울리며 좋은 세상을 만드는 지도자를 말한다. 이 지도자는 사람이 주인이 되는 세상을 이끌어가는, 풀뿌리 민주주의의 주체인 시민 개개인을 가리킨다.

이렇게 보면 지도자는 위기 상황을 인지하고 주위 사람과 협업하여 해결책을 찾으며, 각종 유혹 상황을 잘 견뎌내어 자신의 정체성을 오롯이 지키고 사회의 각 분야에서 자신의 맡은 바 책임을 다

하는 사람이라고 할 수 있다. 오늘날 대학에서는 대학생들에게 당연히 영어와 같은 '전통적인' 외국어, 인공지능이나 데이터와 같은 '요즘의' 언어 등 도구를 갖추도록 학습의 기회를 제공해야 한다. 아울러 전공 분야의 실력을 갖추도록 해야 한다. 여기에 한정돼서는 안 되고 '大人之學'을 배워야 한다.

　사람은 생업과 전문 분야에서 위기를 만나면 누가 뭐라고 하지 않더라도 해결의 길을 찾는다. 인생의 의미와 목표가 확실하지 않으면 허무해지고 무너지기 쉽다. 이러한 삶의 위기는 도구와 전공 학습으로 해결되지 않는다. 역사의 흐름을 섭렵하고 가치의 우열을 매기고 이상을 탐구하여 '두터운 자아'를 기르는 유학儒學(철학)의 공부가 필요하다. 요즘 부모가 대학생 자식의 시간표를 짜고 자식의 성적 이의 신청을 대신하는 세태는 사람을 지도자로 키우자는 『대학』의 이야기와 너무나도 멀리 떨어져 있다. 이런 세태야말로 참으로 큰일이다. '얇은 자아'와 '독선적 자아'의 소유자만 양산할 수 있기 때문이다.

큰사람이란
자신을 온전히 지키고 주위 사람과 어울리며
좋은 세상을 만들어가는 사람을 말한다.

덕의 세계로 들어가는 문

입덕지문入德之門

입문 _____ 대학에서 뭘 할까? 대학에서 무엇을 배울까? 학생들은 이 질문을 받으면 바로 대답하지 못한다. 이 생각 저 생각하면서 한참 뜸을 들이고서야, 대학에 왔으니 좀 놀아야겠다는 둥 취미 생활을 해야겠다는 둥 평소 하지 못했던 일을 늘어놓는다. 대학이 아니더라도 "당신에게 갑자기 일주일 또는 한 달의 휴가가 주어진다면 무엇을 하고 싶은가요?"라는 질문을 받아도 바로 대답하지 못한다. 한참 생각하고서 가족과 시간을 보내고 그간 만나지 못했던 친구를 만나겠다고 대답한다.

그렇게 오고 싶었던 대학이고 평소 그렇게 바랐던 휴가이건만, 대학에 들어가고 휴가를 가려고만 할 뿐 정작 그 상황에 놓이게 되면 무엇을 할지는 생각하지 않은 것이다. 이렇게 되면 자칫 대학에 가서 배워야 할 것을 배우지 못하고 휴가에 가서 즐길 것을 즐기지 못할 수가 있다.

정자程子는 『대학』이라는 책을 왜 읽어야 하는지 간단히 말한다. '입덕지문入德之門', 즉 덕의 세계에 들어가기 위한 문을 열기 위해서다. 우리가 건물에 들어가려면 대문을 통하지 않을 수가 없다. 건물과 대문의 관계가 덕과 문의 관계에 대응한다고 할 수 있다. 역시 고수는 말을 빙빙 돌리지도 않고 맥락 없이 주절주절 읊조리지도 않는다. '입덕지문', 참으로 얼마나 간명한가!

승당 _____ 정자가 말했다. "『대학』은 공자의 가문에서 전해지는 책으로 처음 배우는 사람이 덕에 들어가는 문이다."

子程子曰, "大學, 孔氏之遺書, 而初學入德之門也."
자정자왈, "대학, 공씨지유서, 이초학입덕지문야."

—주희, 『대학장구』

입실 _____ 정자程子는 남송의 주희가 공자와 맹자의 유학을 리기理氣의 맥락으로 재해석하는 데 밑그림을 그려준, 북송의 선배에 해당된다. 사실 정자는 정호程顥와 정이程頤 두 형제 사상가를 가리킨다. 두 사람은 구분하기도 하지만 보통 '정자'로 통칭한다. 정자를 비롯하여 주돈이, 장재 등의 북송 선배가 없었더라면 주희는 거의 맨땅에 헤딩하듯 신유학neo-confucianism을 정립하는 데 엄청난 시간과 노력을 들여야 했을 것이다. 그만큼 북송 선배들이 주희에게 남긴 유산은 막대하다고 할 수 있다.

공씨孔氏는 공자孔子를 가리킨다. 이 구절은 원래 『예기』의 한 편으로 있던 「대학」이 '누구의 저작인가'라는 문제와 관련이 있다. '공씨의 유서'는 정자가 「대학」을 공자 가문에 전승되는 자료로 본다는 입장을 나타낸다. 주희는, 공자가 옛사람이 학문하는 큰 방법을 논의했고 그의 제자 증자曾子가 그 논의를 기술했으며 증자의 문인이 그 취지를 전달했다고 본다. 주희는 『대학』이 증자를 거쳐 그의 손자 자사子思로 이어진다는 점을 암시하고 있다. 주희는 명확한 근거를 제시하면서 증자의 '『대학』 저자'설을 주장한 것은 아니다. 이 책에서는 저자를 특칭하지 않고 '『대학』의 지은이'로 일컫는다.

초학初學은 오늘날 '초보자, 신입생, 신참, 새내기'라는 뜻으로 어떤 분야를 처음 시작하여 배우는 사람을 가리킨다. 새로운 분야를 배울 때 '입문'한다고 하거나 어떤 분야에서 제일 먼저 배우는 내용을 '○○입문'이라고 한다. 여기서 입문은 입덕지문, 즉 사람이 지녀야 할 덕을 제일 먼저 배울 때 꼭 거쳐야 하는 문이라는 뜻이다.

여언 _____ 『대학』의 취지를 '입덕지문'으로 풀이하는 걸 보면 동대문의 원래 이름이 '흥인지문興仁之門'인 게 떠오른다. 동쪽은 해가 먼저 뜨는 곳이다. 햇살은 만물에게 따사로움을 나눠준다. 이로 인해 동대문은 '사랑(생명)이 일어나는 문'이 된 것이다.

『대학』의 취지가 이렇게 간명하니, 『논어』, 『맹자』, 『중용』은 어떨까 하는 호기심이 생긴다. 『논어』와 『맹자』는 질문자가 주제에 따라 물음을 던지고 공자나 맹자가 대답하는 문답식으로 되어 있어 생생한 현장감을 준다. 하지만 요점이 무엇인지 알아차리기가 쉽지 않다(「독대학법讀大學法」: 隨事問答, 難見要領). 핵심이 곳곳에 흩어져 있어서 사대부들은 『논어』, 『맹자』를 다 읽어도 요점을 포착하기 힘들어했다.

그러던 중에 주희는 『예기』에 들어 있는 「대학」과 「중용」의 글을 보고서 깜짝 놀랐다. 첫 시작에서 바로 「대학」과 「중용」의 핵심을 말할 뿐만 아니라 유학의 기본 가치를 간명하게 정리하고 있었기 때문이다. 그래서 주희는 「대학」, 「중용」을 『예기』의 한 편으로만 두지 않고 단행본으로 독립시켜 『논어』, 『맹자』와 함께 사서로 만들었던 것이다. 사서는 12세기의 주희가 새롭게 편집한 시리즈라고 할 수 있다.

『중용』은 어떨까? 주희는 『중용』더러 "꼴과 그림자가 없는 것을 많이 말하여, 사람이 살아가는 하학의 이야기를 쪼끔 말하고 사람이 살아가야 할 상달의 이상을 많이 말한다(多說無形影, 說下學處少, 說上達處多)"라고 했다(「독중용법讀中庸法」). 간단히 말해서 『중용』이 구체적이거나 현실적이지 않고 추상적이고 이상적이라는 말이다.

주희는 이러한 사정을 감안하여 사서 읽는 순서를 다음처럼 제안했다. 먼저 『대학』을 읽어 전체의 얼개를 그리고, 『논어』를 읽어

일상의 도덕을 터득하고, 『맹자』를 읽어 마음을 갈고닦는 대강을 파악하고, 마지막으로 『중용』을 읽어 유학의 핵심을 단단히 갈무리하라고 했다. 우리는 이 순서를 꼭 따를 필요는 없다. 하지만 주희의 제안이 나름 합리성이 있으므로 그대로 한번 해보면 좋겠다.

현실에서 상반된 인성의 사례를 만나보자. 요즘 유튜버가 여러 사람에게 영향력을 미치는 매체로 주목을 받고 있다. 최근 많은 구독자를 가진 유튜버가 실제로는 광고를 대가로 뒷돈을 받았으면서 영상에서는 자신이 상품을 선택한 것처럼 소개한 사실이 들통났다. 한국계 미국인 조니 김은 2020년 1월에 미 항공우주국NASA의 달·화성 탐사 계획인 '아르테미스 프로젝트'에 투입될 우주비행사로 선발되었다. 그는 어린 시절 아버지로부터 학대를 받았지만 해군 특수부대인 '네이비실Navy SEAL' 요원이 되기도 하고 하버드 의대에 진학하기도 했다. 그는 이를 학대로부터 해방되는 과정이라고 설명하여 화제가 되었다. 이 두 유형은 결국 어떤 인성을 기르냐와 관련되는 '入德之門'의 차이라고 할 수 있다. 인성과 관련된 덕의 이야기는 다음에서 만나보자.

사람은 덕을
제일 먼저 배워야 한다.

훌륭한 덕업을 닦고 쌓다

극명준덕克明峻德 | 1장

입문 _____ 덕德은 『서경』과 『대학』 두 책을 이어주는 키워드이다. 『대학』의 지은이는 『서경』의 '덕'을 인용하여 『대학』을 자기 방식으로 풀이하는 방법을 사용하고 있기 때문이다. 이는 꽤 영리한 글쓰기라고 할 수 있다. 즉 나의 주장이 『서경』의 덕에 바탕을 두고 있으니 나에게 시비를 걸려면 먼저 『서경』과 씨름부터 하라고 말하기 때문이다.

우리는 '덕德' 하면 바로 내면의 덕성德性을 떠올린다. 그러나 이것은 덕의 의미에 비약의 단계가 있다는 걸 놓치고 있는 것이다. 우리나라 학계는 많은 장점에도 불구하고 텍스트 고증과 개념의 역사적 접근에 치밀하지 못하다. 선현의 말을 그대로 믿고 이해하여 그 의미를 풀이하는 데에 초점을 두느라 '과연 그런가?' 하는 회의 정신을 잘 발휘하지 않는다.

또 『시경』 구절의 원래 의미와 『대학』에 인용된 의미가 다르다. 『대학』의 지은이는 『서경』의 원래 의미보다 자신이 말하고자 하는 의도대로 인용문을 풀이하고 있다. 이를 옛날부터 단장취의斷章取義, 즉 원문의 일부를 끊어 내서 전체적인 뜻이나 작자의 본뜻과 무관하게 자신의 입맛에 따라 인용한다고 했다. 하지만 『대학』의 지은이가 『서경』의 원문에 없던 새로운 의미를 만들어냈다는 점에서 창조적 해석이라고 할 수 있다. 짧은 구절에 많은 이야기가 담겨 있다.

승당 _____ 「강고」에 의하면 "자신의 덕을 잘 밝힌다." 「태갑」에 의하면 "하늘(하느님)의 밝은 명령을 돌아보고 자신을 바로잡는다." 「제전」에 의하면 "요임금은 큰 덕을 잘 밝혔다." 이는 모두 스스로 덕을 밝힌다는 맥락이다.

康誥曰, "克明德." 太甲曰, "顧諟天之明命." 帝典曰, "克
강고왈, "극명덕." 태갑왈, "고시천지명명." 제전왈, "극

明峻德." 皆自明也.
명준덕." 개자명야.

입실 _____ 강고는 『서경』의 편명이다(2강 6조목 '유명불우상' 참조).

고誥는 산문의 형식으로 훈계하는 내용을 담는다. 극克은 동사로 '이기다'라는 뜻으로 많이 쓰이지만 여기서는 '잘, 잘하다'라는 뜻이다. 태갑太甲은『서경』의 편명이기도 하고 상商나라의 군주 이름이기도 하다. 그는 즉위 초에 방탕하게 굴었지만 이윤伊尹의 지도를 받아 현명한 군주로 거듭났다는 이야기가 전해진다. 고顧는 '돌아보다, 살피다'라는 뜻이고 시諟는 '바로잡다'라는 뜻이다.

제전帝典은『서경』에 나오는 제일 첫 편 「요전堯典」을 가리킨다. 요堯는 고대의 이상적인 제왕으로 간주되었기 때문에 '요전'이 달리 '제전'으로 불리게 되었다. 전典은 요임금과 같은 제왕 시절의 책을 가리킨다. 典은 갑골문에서 아래의 廾와 위의 冊이 합쳐진 꼴로 되어 있듯이 궤(책상) 위에 책을 얹은 모양이다. 준峻은 '산세가 우뚝 솟은 모양, 험하다'라는 뜻으로 쓰이는데 여기서는 '높다'는 뜻이다.

여언 _____ 여기서는 덕에 대해 자세하게 다뤄보고자 한다. 덕德은 춘추전국시대 이후에 마음이 철학의 중요한 주제로 등장하면서 '사람이 도덕적 행위를 할 수 있는 바탕', 즉 덕성으로 쓰이게 되었다. 마음이 철학의 주제가 아닌『서경』단계에서 덕성 개념으로 나올 수가 없는 일이다.

『서경』에 쓰인 덕은 사람이 공동체에서 각자 자신이 맡아서 하는 일을 가리킨다. 달리 기능이라고 할 수도 있다. 이런 점에서 덕은 그리스어 초기 '아르테arte'의 의미와 닮아 있다. 농부면 농사가 덕이고 수레를 만드는 기술자면 수레 만들기가 덕이고 사람을 가르치는 선생님이면 교육이 덕이다. 이는 모두 특정한 분야에 한정되어 있다.

정치인, 특히 군주라면 맡아서 하는 일이 적지 않다. 비가 많이 오면 홍수에 대비해 미리 제방을 튼튼히 쌓아야 하고 재해가 생기면 이재민을 구호해야 한다. 전쟁이 나면 군사를 지휘하여 승리를 일궈야 하고 통상적인 상황에서는 인재를 뽑아서 적재적소에 써야 한다. 강숙과 요임금은 각각 자신이 맡은 지역과 나라를 평안하게 다스려야 하므로 덕이 많아야 한다. 이 때문에 군주의 덕을 준덕峻德이라고 한다.

그렇다면 '극명준덕克明峻德'은 네 할 일을 하라는 뜻이다. 자신의 일을 다음으로 미루거나 다른 사람에게 떠넘기지 말라는 말이다. 예나 지금이나 사람이 어울리는 모임에서 얼마나 자주 말하고 자주 듣는 말인가! 그만큼 사람은 게으르기가 쉽다는 뜻이리라. 사정이 이러한데 『대학』의 지은이는 '극명준덕'을 14조목의 '재명명덕在明明德'처럼 내면의 덕성을 밝혀야 한다는 맥락으로 재해석해낸 것이다. 참으로 대단한 창조적 해석이라고 할 수 있다.

다음으로 단장취의斷章取義를 살펴보자. 이 발견은 공자의 후손 공영달이 지은 『예기정의』 「대학」 부분의 주소注疏에 나온다(이광호·전병수, 263). 『서경』에서 '극명덕克明德'은 원래 주공이 성왕을 대신하여 강숙에게 위나라를 분봉하면서 그에게 유덕자有德者를 찾아서 쓰라고 경계하는 뜻이지만, 『예기』 「대학」에서 '극명덕'은 주공이 강숙에게 스스로 자신의 덕을 밝히라고 경계하는 뜻이다. 또 『서경』에서 '극명준덕'은 요임금이 현명하고 큰 덕이 있는 사람을 드러내어 쓸 수 있었다는 뜻이지만, 『예기』 「대학」에서 '극명준덕'은 요임금이 스스로 자신의 큰 덕을 밝힌다는 뜻이다.

「대학」의 지은이는 이러한 단장취의를 마지막에서 "모두 스스로 덕을 밝힌다"는 '개자명야皆自明也'로 마무리하고 있다. 참으로 대단한 창조적 해석의 사례라고 할 수 있다. 철학은 간혹 이렇게 역사적 맥락을 무시한 창조적 해석을 통해 발전하기도 한다.

「대학」의 지은이가 『서경』의 구절을 창조적으로 해석했는지 어떻게 알 수 있을까? 「요전」에 보면 '克明峻德'의 다음에 "여러 친목을 화목하게 하고 백성(관리)의 일을 분명하게 하고 만방을 서로 어울리게 한다(以親九族. 九族旣睦, 平章百姓. 百姓昭明, 協和萬邦)"라는 내용이 나온다. 이는 마음을 닦느냐가 아니라 제 할 일을 하느냐의 문제라고 할 수 있다. 게으름의 경계가 참 오래전부터 나온 것이다.

> 공동체에서 각자 맡은 일을 마땅히 해내는 것이
> 곧 자신의 덕을 밝히는 일이다.

밝은 덕을 끊임없이 밝히다

재명명덕 在明明德 | **경1장**

입문 _____ 글자 수로 보면 『대학』이 1700여 자이고, 『중용』이 3500여 자이고, 『논어』가 1만 2000여 자이고, 『맹자』가 2만 5000여 자이다. 『대학』은 사서 중에서 글자가 제일 적다. 그러나 글자 수가 적다고 그 비중마저 작다고 할 수가 없다. 주희가 사서 읽기에서 『대학』을 가장 먼저 읽자고 제안하는 것처럼 『대학』이 유학에서 차지하는 의의가 만만치 않다(12조목 '입덕지문' 참조).

의의만이 아니라 논쟁의 측면에서도 『대학』은 다양한 화젯거리를 낳았다. 여기서 다 소개할 수 없지만 '친민親民'도 유학사에서 뜨거운 논쟁을 불러일으켰다. 요지는 글자 그대로 '친민'이 맞느냐 아니면 글자를 '신민新民'으로 고쳐야 하느냐였다. 이 논쟁은 주희가 제기했다. 그는『대학』에서 이 구절 다음에 '작신민作新民' 등이 나오므로 전체 맥락으로 보아 '친민'보다 '신민'이 낫다고 보았다. 주희는 신민을 비롯하여『대학』의 편제를 새롭게 구성하여 훗날 '대학신본'으로 불리는 판본을 내놓았다.

왕양명과 정약용은 '친민'을 '신민'으로 바꾸지 않고 그대로 두는 쪽이『대학』의 의미를 잘 드러낸다며 주희가 새롭게 편제하지 않은 '대학구본'이 더 낫다고 주장했다. 시간의 순서로 보면 '대학구본'이 먼저이지만, 주희의『대학신본』으로 논쟁이 제시된 만큼 왕양명과 정약용은 주희의 주장에 수세적인 태도를 취했다. 주희의 신민설은 후대에 많은 영향을 끼쳤다. 서구 열강이 동아시아로 몰려오던 시절에 량치차오梁啓超는 전통의 신민이 민주와 과학의 시민으로 새롭게 태어나야 한다면서 신민설을 주장했고, 우리나라도「국민교육헌장」에서 표명하듯이 조국 근대화에 어울리는 국민을 새롭게 양성하고자 했다.

승당 _____ 대학의 길은 밝은 덕을 밝히고 민을 가까이하고 최고의 선에 머무는 데에 있다.

大學之道, 在明明德, 在親民, 在止於至善.
대학지도, 재명명덕, 재친민, 재지어지선.

입실 _____ 재在는 '있다'라는 뜻으로 많이 쓰이지만 여기서는 '어떤 일이 무엇에 의존해 있다, 달려 있다'라는 맥락으로 쓰인다. 명明은 두 차례 나란히 쓰이고 있는데, 앞의 명은 '밝힌다'는 동사이고 뒤의 명은 '밝은 덕'으로 형용사로 쓰인다. 친親은 '친하다, 가까이하다'라는 뜻이다. 지止는 '머무르다'라는 뜻으로, '멈추다'라는 뜻으로 오해해서 안 된다. 지는 목표에 이르고자 온갖 노력을 하여 그 결과 이른 지점에서 벗어나지 않고 그 상태를 지킨다는 맥락으로 쓰였다. 지至는 '이르다'라는 동사가 아니라 상上, 태太, 극極 등과 함께 형용사의 최상급으로 '가장, 제일'을 나타낸다. 이 때문에 지선至善은 '선에 이르다'라는 뜻이 아니라 최고의 선을 나타낸다.

여언 _____ 주희는 왜 그렇게 경전의 글자를 회의하면서까지 '신민'을 주장했을까? 그것은 그의 철학적 과제와 긴밀한 관련이 있다. 그는 사람이 특정한 방식으로 행동하기 이전에 스스로 내면을 규제해야 한다고 생각했다. 그래야 범죄, 사고 등으로 인한 불필요한 희생과 손실을 사전에 예방할 수 있다고 생각했기 때문이다. 그는 사람이 천리天理에 따르느냐 인욕人欲에 따르느냐에 따라 사람의 행위가 완전히 달라질 수 있다고 생각했다. 과거에 사람이 인욕에 따라 행동하여 하극상과 무인정치가 생겨났으므로 이제부터 천리에 따라 그러한 병폐를 없애야 한다고 그는 생각했다. 그는 이 과제를 '존천리거인욕存天理去人欲'의 테제로 정리했다. 이를 고려하면 『대학』의 '친민新民'은 이전의 폐습으로부터 확 달라진 '신민新民'으로 바꿔야 하는 것이다.

'친민'을 '신민'으로 바꾸면 사대부는 왕과 백성의 사이에서 백성을 계몽하는 주체로서 자리를 확보하게 된다. 이것이 바로 사대부가 왕과 힘께 세상을 다스리는 분치사 또는 공치사 의식이라고 할 수 있다. 하지만 이러한 글자 수정은 백성이 자발적으로 천리를 존중할 수 있는 가능성을 고려하지 않고 계몽의 대상으로만 한정한다는 비판을 받을 수 있다. 백성의 자발성을 신뢰하면 『대학』의 '친민'을 굳이 '신민'으로 바꾸지 않아도 되는 것이다. 이렇게 보면 "친민이냐 신민이냐?" 하는 문제는 단순히 글자를 고쳐야 하느냐 마느냐에 그치지 않고 유학의 가치를 어떻게 확산시키느냐 하는 방법의 문제와 긴밀하게 연관되어 있다.

이어서 13조목의 '극명준덕'에서 다룬 덕의 비약을 살펴보기로 하자. 『서경』에서 할 일 또는 기능을 나타내던 덕이 어떻게 내면의 덕성을 뜻하게 되었을까? 그 과정을 간단히 이야기해보자. 사람이 자신의 할 일을 변함없이 반복하면 하나의 성향이 생겨난다. 우리도 수업에 지각을 반복하는 친구를 '지각쟁이'란 별명으로 부르거나 회사에 늘 일찍 출근하는 동료에게 '성실'이라는 별호를 지어준다. 사람과 성향 사이에 강한 밀착도가 생겨나는 것이다. 이는 '在明明德'의 실현이라고 할 수 있다.

개인만이 아니라 지역의 사람, 나라의 사람에게도 성향이 있다. 전라도 사람은 어떠하고 경상도 사람은 어떠하다는 것은 지역민의 성향을 나타낸다. 한국 사람은 어떠하고 일본 사람은 어떠하고 중국 사람은 어떠하다는 것은 국민의 성향을 나타낸다. 또 특정한 시대를 살았던 사람에게도 성향이 있다. 신라 사람은 어떠하고 고려 사람은 어떠하고 조선 사람은 어떠하다는 것은 그 시대 사람의 성향을 나타낸다.

이렇게 하나의 특정한 성향을 인지하게 되면 개인이든 지역민이든 1970년대의 사람이든 하나같이 그 성향대로 반응하리라 예상하게 된다. 성향이 행위로 바로 드러나지 않더라도 앞으로 그러한 반응이 나타나리라 예상할 수 있게 된다. 덕은 과거에 해왔던 행동의 자취를 따라 현재와 미래에도 어떻게 하리라고 예상하게 해준다. 우리가 눈밭에 난 사람의 발자국을 보고 누군가 그 길을 따라 걸어가리라 판단하는 경우와 비슷하다.

바로 여기서 덕은 누가 누구인지를 식별할 수 있는 기호가 된다. 덕은 내가 누구인지 알려주는 거울과 같다. 덕은 빛으로 나를 비춰주는 거울과 같고, 마음에 있는 그 거울은 내가 무엇을 할지 이끄는 근원이 된다. 이것이 덕의 비약이 일어나게 된 흐름이다. 유학사는 아무런 논란도 없는 조용한 무풍지대가 아니라 뜨거운 논쟁과 회의 정신으로 진리를 추구하던 활발한 시장과 같았다.

내가 누구인지를 알면
내가 무엇을 할지를
자연스럽게 알게 된다.

마음을 단련하고 몸을 배양하라

수신위본修身爲本 | 경1장

입문 _____ 지금은 '수신'이라고 하면 유선과 무선의 신호를 받거나 금융 거래의 신용을 나타내는 말로 많이 쓰인다. 혹 한자로 '수신修身'으로 보면 몸의 근육을 단련하는 맥락으로 이해할 수가 있다. 그러나 시간을 백 년 정도만 뒤로 돌려도 수신修身은 몸의 의미보다 오늘날의 윤리 도덕과 비슷한 뜻으로 쓰였다. 이를 반증하듯 '수신'은 일제강점기에 소학교와 중학교에서 배우는 교과목의 이름이었다. 이처럼 '수신'은 언어의 사회성을 잘 반영하고 있다.

'수신'이 윤리·도덕의 맥락으로 쓰였다는 사실이 낯설게 여겨지는 만큼 그 의미도 쉽게 들어오지 않는다. 어떻게 번역할까 고민하다 신身과 체體의 구분에 주목하게 되었다. 체體는 일반적으로 몸의 일부를 가리킨다. 이를 체육體育, 체조體操, 해체解體라는 말에서 확인할 수 있다. 반면에 신身은 전신, 상반신, 팔등신을 가리키는 용례가 있지만, 육체만을 가리키지 않고 인격체라는 의미도 있다. 이러한 맥락에서 수신은 신체 수련이나 신체 단련이 아니라 인격 수양이 된다(김철호, 『언 다르고 어 다르다』, 32~39).

한자 어원으로 보면 신身은 몸 안에 몸이 있는 임신한 상태를 나타낸다. 그래서 신은 몸을 가리키기도 하지만, 정약용의 『대학공의』에서 말하듯 심신을 모두 가리키기도 한다(9강 41조목 '분공호우' 참조). 후자는 우리나라의 책에 보이는 인격체를 포함하는 용례와 일맥상통한다고 할 수 있다.

이제 '수신'이라고 하면 몸의 근육을 키우는 신체 단련만으로 생각하지 말고 어떤 상황에도 흔들리지 않거나 흔들리더라도 바로 제자리로 돌아오는 마음의 근육을 키우는 활동으로 이해해야겠다.

승당 _____ 천자에서 서인에 이르기까지 하나같이 모두 심신의 수양을 기본으로 한다.

自天子以至於庶人, 壹是皆以修身爲本.
자 천 자 이 지 어 서 인 , 일 시 개 이 수 신 위 본.

입실 _____ 자自는 지至와 함께 '~에서부터 ~까지'라는 관용 표현으로 쓰인다. 일壹은 일一과 같이 하나를 나타내고 여기서는 '한결

같이, 죄다, 모두'를 나타낸다. 개皆는 '모두, 함께'라는 뜻이다. '이以 a 위爲 b'는 'a를 b로 간주하다, 여기다'라는 관용 표현이다. 학창 시 절에 영어 난어 시험을 순비하며 외우던 'regard a as b'와 같은 맥 락이다.

여언 _____ 왜 수신이 중요할까? 특히 천자에서 서인이라고 하 여 예외를 인정하지 않고 왜 그토록 수신의 의의를 강조할까?

그 전에, 물론 과거에 '모든 사람'이라고 언급했다고 해서 글자 그대로 모두를 말하는 것은 아니었다. '모든 사람'에는 여성이 빠 져 있는데, 과거에는 여성이 빠진 남성 위주의 사고를 했으리라고 볼 수 있다. 시대의 한계라고 할 수 있다.

사실 몸을 움직이고 물건을 들려면 몸의 근육이 필요하듯이 다 른 사람과 어울리며 상처받거나 하던 일이 잘 풀리지 않아 고민할 때 마음의 근육이 절실히 필요하다. 마음의 근육이 없으면 생각이 극단으로 흐를 수 있고, 끝까지 해보기보다 도중에 그만두려고 할 수 있기 때문이다.

이와 관련해서 나는 '얇은 자아thin self'와 '두터운 자아thick self'라 는 말을 사용한다. 얇은 자아는 외부의 충격과 공격에 쉽게 무너 진다. 주위 사람이 별생각 없이 한 말에 당사자는 가슴앓이를 하며 힘겨워한다. 그냥 흘려 넘기지를 못하고 마음에 담아서 끙끙 앓는 것이다. 요즘에는 SNS의 활동이 늘어나면서 댓글에서 천당과 지 옥을 경험하는 사람들이 늘고 있다. 특히 악성 댓글은 많은 사람을 괴롭하는 원인으로 지목되면서 포털 사이트에서 체육과 연예 기사 등에 댓글 다는 기능을 없애는 추세이다.

반면 두터운 자아는 주위의 반응을 가려서 대응한다. 악플이라도 도움이 된다면 받아들이고, 터무니없다면 그냥 대수롭지 않게 넘긴다. 인격 모독 등 큰 문제가 될 경우에는 법에 호소해 대처할 수 있다. 또 자신을 칭찬한다고 해서 마냥 좋아하지 않고 가려서 받아들인다. 스스로 자기 자신을 지킬 수 있는 것이다. 이런 측면에서 우리는 수신을 주위의 반응에 휘둘리지 않고 말을 취사선택하며 자신이 옳다고 생각하는 방향으로 꿋꿋하게 나아갈 수 있는 마음의 근육을 키우는 활동으로 이해할 만하다. 따라서 헬스장에서 몸을 단련하듯이 독서와 자아 성찰을 통해 마음을 닦아야 한다.

우리는 이황의 「수신십훈修身十訓」에서도 수신이 신체를 단련하는 일에 한정되지 않고 심신을 닦아 인격을 가꾸는 활동이라는 점을 확인할 수 있다.

1. 뜻을 세우는 입지立志: 성현(이상적 모델)이 되기를 목표로 하고 털끝만큼도 뒤로 물러나려는 생각을 하지 마시오.
2. 몸가짐을 조심하는 경신敬身: 발, 손, 눈, 입, 말소리, 머리, 숨, 선자세, 낯빛에서 각각 바른 모습을 지키고 잠깐이라도 흐트러지는 태도를 보이지 마시오.
3. 마음을 다스리는 치심治心: 마음을 깨끗하고 고요하게 유지하고 흐릿하고 어지러운 상태에 놓이게 하지 마시오.

4. 책을 읽는 독서讀書: 의리를 깨달아야지 말과 표현에만 매달리지 마시오.

5. 주장을 하는 발언發言: 말을 정확하고 간결하게 하며 이치에 맞게 해 사람에게 도움이 되게 하시오.

6. 행동을 자제하는 제행制行: 반드시 바르고 곧게 하고 도리를 잘 지켜서 세속에 물들지 마시오.

7. 집안을 건사하는 거가居家: 효도하고 공손하며 인륜을 지키고 은혜와 사랑을 돈독하게 하시오.

8. 사람을 만나는 접인接人: 진실과 신의로 대하고 두루 사랑하고 현자를 더욱 가까이 하시오.

9. 일을 처리하는 처사處事: 의리의 소재를 철저히 분석하고 분노를 누르고 욕심을 줄이시오.

10. 시험을 치는 응거應擧: 득실에 얽매이지 말고 평안하게 치른 다음 천명을 기다리시오.

이황의 「수신십훈」은 '修身爲本'을 잘 풀이하여 몸과 마음, 가정과 사회생활을 다스리는 수양을 두루 포함하고 있다. 사실 수양은 삶의 현장을 벗어날 수 없다. 혼자 있을 때 평온함을 유지하는 것뿐 아니라, 주위 사람과 어울리며 휘둘리지 않고 올바르게 살아갈 수 있어야 하기 때문이다. 그래야 혼자 있을 때도 강하고 여럿이 있을 때도 흔들리지 않는 두터운 자아가 될 수 있다.

4강

—

공감

두려움 없이 함께 가는 길

大學

4강에서는 리더가 되어 역할을 수행하는 측면을 살펴보고자 한다. 핵심은 공감이다. 권위주의는 위에서 아래로 지시하고 명령하는 방식으로 작동한다. 아래에서 위로는 의사가 제대로 전달되지 않는다. 이때 윗사람은 아랫사람보다 의사 결정에서 더 많은 힘을 가지고 있다고 생각한다. 이러한 힘을 자각하면 합리적 대화와 규칙을 불필요한 것으로 여기게 된다.

민주화 이후에 정치, 경제 등 거시 분야에서 권한을 권력으로 착각하는 무소불위의 리더십은 더 이상 통하지 않게 되었다. 사소한 일상이 보도될 정도로 언론과 시민사회의 감시가 촘촘해졌다. 한 정치인이 공항에서 캐리어를 비서에게 시선도 마주치지 않고 밀어 던지듯 건네는 장면이 언론에 소개되어 여론의 뭇매를 맞은 일이 있었다. 갑질은 그에 상응하는 혹독한 대가를 치러야 한다.

하지만 직장 내, 가정 내, 학교 내 등 미시 영역에서는 아직도 관행과 교육이라는 이름으로 감시가 제대로 작동하지 않는다. 우석훈이 『민주주의는 회사 문 앞에서 멈춘다』(2018)에서 말하듯이 민주주의가 사회 곳곳에 스며들지 못하는 것이다. 이러한 미시 영역에서 일어나는 갑질이 언론을 통해 심심찮게 보도된다. 그때마다 이를 질타하는 여론이 뜨겁게 달아오르지만 시간이 지나면 또 다른 주인공이 등장한다. 미시 영역에서 '골목대장'이 아직도 활개를 치고 있다. 이제 언론과 시민사회의 감시가 '골목대장'에게도 향하고 있으므로 갑질이 크게 줄어들겠지만 그래도 다양한 모습으로 나타날 것이다.

거악이든 '골목대장'이든 갑질하는 사람들은 쌍방보다 일방, 대화보다 지시, 소통보다 불통, 공감보다 고집을 앞세우는 특징을 보인다. 그들은 '이전부터 그래 왔다'는 경험에다 '빠르다'는 효율성을 내세우며 자신의 방식을 바꾸려고 하지 않는다. 오늘날의 리더라면 우리 사회의 문화에서 앞으로 조만간 사라질 리더십과 결별하고 탄탄하게 자리 잡을 리더십에 관심을 둬야 한다. 그렇게 하려면 다음의 사항에 주목하지 않을 수가 없다.

첫째, 리더는 자신과 주위를 이끌어가면서 자신이 최고이고 무조건 옳다는 독선적 자아의 경향을 보여서는 안 된다. 그렇게 되면 리더의 단점을 보완할 수도 없고 더 좋은 주장을 들을 수도 없다. 리더가 반대를 허용하지 않으면 조직은 한 방향으로만 나아가다가 좌초하게 된다. 리더는 상대와 동료를 깔보는 건방의 '형제자매들', 즉 오만·자만의 '형제'와 괄시·무시의 '자매'들을 멀리해야 한다.

둘째, 리더는 동료와 주위가 하고자 하는 방향과 주장에 큰 문제가 없다면 그 의견을 긍정하는 도량이 필요하다. 이렇게 주위 사람을 '인정'해야 사람들이 리더와 함께 잘할 수 있다는 데 공감을 하게 된다. 리더가 동료와 주위 사람에 대해 인정하기보다 트집을 잡고 긍정하기보다 비난을 앞세우면 점점 외톨이가 된다.

셋째, 세상에 행복만 있고 억울함이 없는 곳이 없다. 뜻하지 않게 선의의 피해를 보는 사람이 있을 수 있다. 이렇게 하소연하는 사람의 이야기를 듣고 눈물을 닦아줘야 '해원解冤'이 된다.

넷째, 사람이 사람을 대하기가 참으로 어렵다. 자신이 진정으로 좋아하는 결에 따르면 서로를 '이해'하게 된다. 이해가 쌓이면 사람과 사람이 믿고 함께할 수 있는 자원을 얻게 된다.

다섯째, 리더가 건방의 '형제자매'를 멀리하고 인정과 해원을 통해 이해로 나아가면 누가 뭐라고 할 것 없이 걸음을 맞추는 '동조' 현상이 나타난다. 동조는 어떠한 위기도 이겨낼 수 있는 힘이다.

오만과 사치로 모든 걸 잃다

교태실지驕泰失之 | 10장

입문 _____ 근래에 방송인 조영남은 대작代作 논란으로 화제의
인물이 되기도 했고 앞으로 '화가'의 정의와 관련해서 한국미술사
에 한 페이지를 장식하게 될 것이다. 그는 화가이기 이전에 대중에
게 가수로서 널리 알려져 있다. 최근 그가 과거에 사회성이 짙은,
특이한 제목의 노래를 불렀다는 걸 알게 되었다. 〈겸손은 힘들어〉
(1991)라는 노래이다. 이 노래를 들으면 "겸손은 힘들어"가 계속 몇
번이고 되풀이되는데, 듣는 내내 반감이 들기보다는 '그럴 수 있
지!'라는 공감이 가게 된다. 아마 노래를 걸쭉하지 않고 경쾌하게,
진지하거나 무겁지 않고 명랑하고 맑게 부르는 창법 덕택에 그런
느낌이 드는지도 모른다.

조영남의 노랫말에 나오듯이 아버지와 어머니 세대는 자식들에게 "어릴 때는 얌전하게, 나이 들면 겸손하라!"고 잔소리를 했다. 그러나 조영남은 다른 것은 몰라도 겸손하기가 어렵다고 하소연한다. 세상에 많고 많은 사람 중에 자신이 최고라고 생각하기 때문이다. 겸손하기 어려운데 가정과 사회에서 겸손하게 살라는 요구를 한다면 조영남처럼 참으로 살기가 힘들게 느껴지리라.

왜 이렇게 우리는 겸손을 강조하는 걸까? 겸손의 반대 어휘를 생각해보면 그 해답의 실마리를 찾을 수 있다. 오만, 방자, 건방, 잘난 척, 우월 의식, 우등 의식, 무례, 무시, 방약무인傍若無人 등의 어휘는 모두 좋은 결말이나 평가와 결부되지 않는다. 이러한 어휘는 옆에 있는 사람을 업신여기는 태도를 나타내는데, 이러한 태도의 당사자는 주위 사람들로부터 환영받지 못하고 언젠가 잘못되리라는 추측의 대상이 된다. 즉 서로 어울리기는 하지만 물과 기름처럼 하나로 녹아들지 못하는 사이가 된다.

승당 _____ 이 때문에 군자는 큰 도를 갖추어, 충실과 믿음을 얻고 오만과 사치로 잃는다.

是故, 君子有大道. 必忠信以得之, 驕泰以失之.
시고, 군자유대도. 필충신이득지, 교태이실지.

입실 _____ 군자君子는 지위와 덕목 두 가지 측면을 나타낸다. 지위의 맥락은 공자 이전의 의미로, 군자는 다른 사람을 다스리는 리더를 가리킨다. 덕목의 맥락은 공자가 처음으로 제시한 의미로, 군자는 스스로 규제될 수 있는 도덕적 역량을 가리킨다. 여기서 군자는 지위의 맥락이다. 도道에 대해 공영달은 인의仁義로 보고, 주희는 치자治者의 자리에서 자신을 수양하여 다른 사람을 이끌어가는 방법으로 본다(이광호·전병수, 282).

주희의 주석에 따라 풀이해보자. 필必은 '반드시, 틀림없이, 꼭'이라는 뜻이다. 충忠은 '진심, 진실, 정성을 다하다'라는 뜻이다. 신信은 '믿다, 믿음'이라는 뜻이다. 지之는 대명사로 대도大道를 가리키고, 교驕는 '건방지다, 버릇없다, 잘난 체하다'라는 뜻이다. 태泰는 '크다, 넉넉하다, 편안하다'라는 긍정적 맥락도 있지만, 여기서는 '사치 부리고 뻐기다'라는 부정적 맥락으로 쓰인다.

여언 _____ "오만(악덕) 자제, 겸손(미덕) 권장"의 담론은 정치 권력의 탄생과 밀접하게 관련이 있다. 고대에 이상적인 지도자로 추앙받은 요堯와 순舜은 세습이 아니라 선양禪讓으로 권력을 이양했다. 선양은 요즘 말로 하면 평화적 정권 교체라고 할 수 있다. 우禹 이후로 권력이 세습되었고 탕湯 이후에 방벌(무력) 대결로 정권이 교체되었다. 후대에 왕조 교체가 간혹 선양의 형식으로 일어났지만 대부분 무력 대결로 귀결되었다.

선양이든 무력이든 왕조 교체가 일어나고 나면 새 왕조는 구 왕조의 타락과 부패를 비판한다. 이러한 비판은 새 왕조가 일어설 수

108

있는 정당성으로 이어지기 때문이다. 하지만 새 왕조는 기존의 지배 권력을 무너뜨리고 새롭게 권력을 장악했다고 해서 토지, 관직 등 사회자원을 독차지하지 않았다. 즉 승자 독식의 특권을 누리지 않았다. 예외가 있다면, 동아시아에서 일본은 한국이나 중국과 달리 막부幕府 시절에 승자가 치열한 전쟁 끝에 승리를 거두면 이전과의 단절을 강조하고 엄격한 위계 질서와 승자 독식을 구축하는 특성을 보였다.

통상적으로 새 왕조는 포용과 통합의 정치를 펼쳤다. 먼저 새 왕조는 구 왕조의 후손들에게 적절한 토지를 보장하여 조상의 제사를 지낼 수 있도록 보호했다. 다음으로 건국에 참여한 집단이 특권을 누린다고 해도 다른 집단과 일정 정도 권력을 분점했다. 승리했다고 하더라도 이전 왕조의 말없는 지지자와 새 왕조에 대한 말없는 비판자 또는 지지 유보자를 끌어안으려는 시도라고 할 수 있다.

승자 독식을 하려고 해도 정치적으로나 문화적으로 그런 시도가 억제되었다고 할 수 있다. 새 왕조의 집권자가 권력을 독점하거나 소수끼리 과점한다면 천하를 공유물이 아니라 사유물로 취급한다고 비판을 받는다. 그러면 리더는 자신의 이익을 극대화하려는 의지대로 권력을 행사할 수가 없다.

나아가 전쟁의 승리자도 자신의 탁월한 능력을 내세우기보다 천명과 주위의 도움을 앞세우기 마련이다. 리더는 자신이 잘나서 승리했다는 우월 의식보다 타인을 위해 이바지해야 한다는 공복 의식을 드러낸다. 리더는 소유자가 아니라 관리자인 것이다. 따라서 오만은 주위로부터 고립되는 길이 되고 겸손은 주위와 어울리며 자신의 단점을 메울 수 있는 길이 된다.

그렇다면 사회 경제적인 측면에서 왜 승자 독식의 문화가 간혹 나타나지만 기본적으로 동아시아 사회에서 나타날 수 없는지 알아보자. 생산력이 낮은 상태에서는 노동을 집약적으로 투자하여 자원을 생산하게 된다. 생산된 자원은 당장 먹고 소비하고 다음에 쓰려고 비축하고 세금으로 내고 나면 잉여가 거의 없다. 이러한 상황에서 승자가 더 많이 가지려고 하거나 얼마 없는 잉여를 독차지하게 되면 나머지는 결국 가진 것을 빼앗기게 되므로 생계의 위기로 내몰리게 된다. 승자만 여유 있고 그 나머지가 위기로 몰린다면 공동체는 존속할 수가 없다. 이 때문에 승자가 성공에 어울리는 특혜를 요구하려고 해도 그 요구는 생산력에 의해 제한을 받을 수밖에 없다. 따라서 승자가 잉여를 독식하면 '오만'의 비판을 받게 되고 나누면 '겸손'의 미덕을 발휘했다는 평가를 받는다.

오늘날 겸손하기가 너무도 어려운 사람은 어떻게 해야 할까? 오늘날은 생산력이 발달하여 부가가치가 다양한 맥락에서 발생한다. 이 때문에 이전처럼 "겸손은 미덕, 오만은 악덕"이라는 틀로만 바라볼 수는 없다. 또 자신의 합당한 몫을 주장하는 요구는 권리로 보장되기도 한다. 하지만 자신의 몫을 정당하게 주장하는 걸 넘어서서 다른 사람의 가치를 깎아내린다면 여전히 '驕泰失之'의 문제가 된다. 충실과 믿음은 여전히 자신을 지키고 다른 사람과 공감할 수 있는 바탕이 되는 미덕이다.

사람들이 좋아하는 대로 따르다

민지소호호지民之所好好之 | 10장

입문 _____ 우리는 대학에 들어가려고 기를 쓰고 공부를 한다. 취업에 성공하기 위해 학원을 다니고 스펙을 쌓는 등 자신이 할 수 있는 것을 다 한다. 대학은 학생의 수학 능력을 검증하기 위해, 기업은 사원의 수행 능력을 평가하기 위해서 시험을 시행한다. 그러나 정작 그렇게 바라던 대학에 입학하고서 적응하지 못해 학업에 열중하지 못하고 방황의 시간을 보내는 학생들이 많다. 첫 출근의 흥분을 느끼며 직장에 발을 들이지만 회사 생활에 만족하지 못해 일 년 안에 사직하는 경우가 적지 않다. 대학과 직장이 구체적인 생활과 활동은 구체적으로 알려주지 않고 시험으로 학력과 직무 능력을 검증하려고만 하기 때문이다.

이렇게 보면 우리는 인생에서 중요한 일일수록 배우지 않고 시작한다. 서로 다른 습관과 배경을 가진 남녀가 결혼 생활을 어떻게 하는지 공부하지 않고 결혼하고, 부모는 자식을 낳아서 어떻게 키울지 충분히 공부하지 않고 부모가 된다. 모두 세상에 태어나서 처음 하는 일이다. 각자 최선을 다한다지만 결국 자기 자신을 기준으로 상대를 평가하는 습관 때문에 아내와 남편 사이에, 부모와 자식 사이에 갈등을 겪기 마련이다.

그렇다고 먹고 살기가 버겁고 할 일이 많아 시간이 모자란데, 모든 걸 하나하나 배워서 시작할 수는 없다. 그러기에는 현실과 상황이 마냥 기다려주지 않는다. 문제 상황에서 판단을 내릴 수 있는 확실한 기준이 있다면 어느 정도 나쁜 선택을 피할 수 있을 것이다.

리더라고 해서 다를 것이 없다. 추대가 되든 임명이 되든 선거가 되든 엄청난 노력과 빛나는 실적으로 리더가 되면 나름 인정을 받은 셈이다. 직무 수행은 사소한 것에서 중대한 것에 이르기까지 순간순간 판단의 연속이다. 기준이 있어야 이리저리 휘둘리지 않고 중심을 잡아 나아갈 수 있다. 어떻게 해야 할지 살펴보자.

승당 _____ 『시경』에 의하면 "즐거운 군자여, 그대는 백성의 부모이다." 군자는 백성이 좋아하는 것을 함께 좋아하고 백성이 싫어하는 것을 함께 싫어한다. 이러한 군자를 백성의 부모라고 일컫는다.

詩云, "樂只君子, 民之父母." 民之所好, 好之. 民之所惡,
시운, "락지군자, 민지부모." 민지소호, 호지. 민지소오,

惡之. 此之謂民之父母.
오지. 차지위민지부모.

입실 _____ 시詩는 「소아 남산유대南山有臺」에 나오는 구절을 가
리킨다. 樂은 '즐거워하다'라는 뜻이면 '락', '좋아하다'라는 뜻이면
'요', '음악'이라는 뜻이면 '악'으로 읽는다. 여기서는 즐겁다는 맥락
이므로 '락'으로 읽는다. 只只는 '다만'으로 쓰이지만 여기서는 어조
사로 쓰인다. 군자는 지위를 나타내는데 구체적으로 군주를 가리
킨다. 호好는 '좋다, 좋아하다'라는 뜻으로 뒤의 오惡와 반대된다. 오
惡는 '싫어하다, 미워하다'라는 뜻으로 앞의 호와 반대된다. 위謂는
'이르다, 일컫다'라는 뜻으로 쓰인다.

　의미론으로 보면 '호지好之'와 '오지惡之' 앞에 '공共' 자를 집어넣
고 해석하면 문맥이 부드러워진다. 리더는 백성이 좋아하고 싫어
하는 것을 함께 좋아하고 싫어한다는 의미를 명확하게 전달할 수
있기 때문이다. 원문에 없는 글자를 집어넣지 않고 번역하여 의미
가 전달되면 가장 좋은 번역이다. 하지만 원문의 글자만으로 의미
가 부자연스러울 경우에 원의를 해치지 않는 범위에서 최소한의
글자를 추가할 수도 있다.

여언 _____ 논의를 이어가기 전에 잠깐 쉬어가는 맥락에서 두 가

지를 살펴보자. 원문의 "민지소호民之所好, 호지好之, 민지소오民之所惡, 오지惡之"는 모두 열두 글자로 자수가 많은 편이다. 원의를 해치지 않으면서 글자 수를 줄이면 간명질 수 있다. 네 글자로 줄이면 어떻게 될까? '종민소욕從民所欲', 즉 백성이 바라는 것을 따른다는 뜻이 된다. 이는 공영달의 제안이다(이광호·전병수, 298).

다음으로 오늘날 정치 현실에서 군자(군주)와 민의 관계를 적용하기가 쉽지 않다. 이를 글자 그대로 읽으면 삶에서 도움을 받을 수 없으므로 다른 방식으로 바꿔서 이해할 수밖에 없다. 정치 지도자와 시민의 관계나 리더와 성원의 관계로 본다면 현실에서 응용할 수 있다.

『대학』에서는 군주와 민의 관계를 부모와 자식의 관계로 본다. 그러나 오늘날 주권이 국민에게 있으므로 이러한 관계는 더 이상 성립하지 않는다. 군주가 민에 비해 우월하다는 인상을 주기 때문이다. 여기서는 군주의 부모론을 보살핌 또는 섬김의 리더십으로 읽으면 좋다.

리더가 성원에게 일방적으로 지시하고 성취를 평가하여 조직의 성과를 극대화할 수 있다. 돌격형 리더십이라고 할 수 있다. 전투처럼 위험이 크고 상황의 변화가 빠른 경우에 이러한 리더십이 유효할 수 있다. 반면 성원이 충분한 능력과 경험을 가지고 있고 창의적인 사고가 요구되는 경우라면 리더에게는 성원이 자신의 능력을 발휘할 수 있도록 여건을 만들고 문제 상황을 해결하는, 머슴형 리더십이 필요하다. 이는 부모가 자식더러 '이래야.한다, 저래야 한다'는 식으로 관여하지 않고 기본적으로 믿고 맡기며 문제가 생겼을 때 함께 풀어가는 역할과 닮아 있다.

이러한 보살핌의 리더십은 리더가 성원이 좋아하는 것을 같이 좋아하고 싫어하는 것을 같이 싫어하는 공감에서 출발한다. 공감 능력이 떨어지면 리더는 결국 성원이 좋아하는 것을 모르거나 급기야 싫어할 수도 있다. 반대로 싫어하는 것을 모르거나 급기야 좋아할 수도 있다. 이렇게 되면 리더와 성원의 관계가 최악으로 치닫게 된다. 이런 점에서 '民之所好好之'는 4조목의 '호인지소오好人之所惡'와 완전히 반대된다고 할 수 있다.

리더가 주위 사람이 무엇을 좋아하고 싫어하는지 파악하여 보조를 맞춘다면 더 많은 세계의 사람과 공감할 수 있다. "무엇을 시킬까?"보다 "무엇이 필요할까?"라는 발상의 전환은 위기를 극복하는 리더십이 될 수 있다. 일어선 자세에서 보지 못하는 것을 앉거나 꿇은 자세에서 볼 수 있다.

그 사람에게
무엇이 필요할까?

걸핏하면 소송하다 큰코다친다

사무송호使無訟乎 | 4상

입문 _____ 소송을 하게 되면 시간도 그렇고 비용도 그렇고 심신
이 지친다. 실제로 해보면 보통 일이 아니다. 예전에는 간혹 술을
먹다 다투거나 감정이 상하면 '소송 건다'는 말을 하긴 했지만 실
제로 소송을 하는 일은 드물었다. 하지만 아무리 번거롭다고 하더
라도 소송은 억울한 사람이 마지막으로 호소할 수 있는 길이다.

최근 우리 사회는 개인이나 집단 사이에 갈등과 대립이 생기면
대화하거나 토론하기보다는 소송으로 가는 경우가 많아졌다. 소송
사회의 출현이라고 할 수 있다. 다음과 같이 여러 가지 심리가 작
용해서 소송 사회가 나타났다고 할 수 있다.

첫째, 유불리가 팽팽하게 맞설 때 소송에서 최종 결론을 내리고

자 하는 경우이다. 쌍방이 모두 자신에게 유리하다고 생각하는 경우다. 둘째, 유불리가 분명히 나뉘지만 소송은 경제적으로나 심리적으로나 막대한 부담을 가지므로 판결을 질질 끌어서 상대를 애먹이려는 경우이다. 소송이 오래가다 보면 불리한 측은 자신에게 유리한 국면이 생기리라고 기대할 수 있다. 셋째, 유불리와 상관없이 소송 자체를 언론에 활용하여 유명세를 타기 위한 경우이다. 특히 소송이 국민적 관심사가 되면 당사자는 연일 언론에 오르내리게 된다. 이를 발판으로 다른 분야로 진출할 수 있다.

이렇게 보면 소송은 억울한 사람이 명예를 회복하는 길이 되기도 하지만, 불리한 사람이 자신의 손해를 줄이고 상대를 골탕 먹이려는 수단이 되기도 한다. 공자가 왜 소송을 없게 하려고 했는지와 『예기』 「대학」의 지은이가 공자의 말을 어떻게 풀이하는지 살펴보기로 하자.

승당 _____ 공자가 말했다. "소송을 심리하고 평결할 때는 나도 다른 사람과 같다. 나라면 반드시 민이 소송을 일으키지 않도록 하겠다." 실정實情(증거)이 없으면 주장을 마구잡이로 하지 못하게 되는데, 이는 민이 소송을 하려는 뜻을 크게 꺼리도록 하는 데 있다. 이를 근본을 안다고 한다.

子曰, "聽訟, 吾猶人也. 必也使無訟乎!" 無情者, 不得盡
자왈, "청송, 오유인야. 필야사무송호!" 무정자, 부득진

其辭, 大畏民志. 此謂知本.
기사, 대외민지. 차위지본.

입실 _____ 자구는 공자를 가리킨다. 인용문이 『논어』「안연」에 그대로 나오기 때문이다. 청聽은 듣는다는 뜻으로 여기서는 '소송 사건을 심리하여 평결하다, 원고와 피고의 주장을 청취하다'처럼 전문적인 맥락으로 쓰인다. 송訟은 '송사하다, 소송'이라는 뜻이다. 유猶는 'a와 b가 같다'는 뜻이다. 정情은 '감정, 정감'이라는 뜻으로 많이 쓰이지만, 여기서는 '실정, 사실, 알맹이, 진실, 실체'라는 뜻이다. 진盡은 '다하다, 늘어놓다'라는 뜻이다. 사辭는 원래 말, 논술 등으로 쓰이지만 여기서는 하소연, 변명, 터무니없는 말, 강변, 변론 등 부정적인 맥락으로 쓰인다. 현대로 보면 유능한 변호사로 볼 수도 있다. 외畏는 '삼가고 조심하다, 꺼리다, 싫어하다, 두려워하다'라는 뜻이다.

구문론으로 보면 '무정자無情者'의 앞부분은 공자가 한 말이고, 그 이하는 『예기』「대학」의 지은이가 공자의 말을 풀이한 부분이다. 이는 『시경』을 인용하고 『예기』「대학」의 지은이가 그 내용을 풀이하는 형식과 닮았다. 이를 통해 『예기』「대학」이 쓰일 때 공자가 『시경』 등의 책과 비슷한 권위를 갖고 있었다고 추측할 수 있다. 공자의 말이 인용해서 풀이할 만한 텍스트의 위상을 지니게 된 셈이다.

여언 _____ 공자의 무송無訟 사회는 오늘날 소송 사회와 대비된다. 그러나 그의 말은 맥락도 없고 단편적이어서 진의가 무엇인지 드러나지 않는다. 자칫 공자가 소송을 싫어했다는 인상을 줄 수 있다. 『논어』에도 부연 설명이 없다. 다만 『좌전』을 보면 공자는 당시 시대의 조류로 등장했던 성문법의 출현을 반기지 않았다는 것을 알 수 있다. 문제나 분쟁이 생기면 사람들이 현자의 말을 듣기보다는 법조문의 자구를 자신에게 유리하게 해석하려고 애를 쓰기 때문이다. 공자는 이러한 현상을 긍정적으로 보지 않았다.

『좌전』의 맥락과 인용문의 "무정자無情者, 부득진기사不得盡其辭" 구절을 연결해서 살펴보자. '무정無情'은 사실이 아닌 것, 입증되지 못하는 것 등을 나타낸다. 한마디로 가짜 뉴스처럼 사실에 기반하지 않고 상대를 모함하고 공격하는 주장, 소문 등을 가리킨다. '진기사盡其辭'는 사람이 사실과 진실의 여부에 상관없이 자기가 하고 싶은 이야기, 믿고 싶은 이야기를 아무런 제한 없이 떠드는 것을 말한다. '부득不得'은 진기사를 하도록 내버려두지 않는다는 말이다.

그렇다면 소송은 어떻게 되겠는가? 철저하게 사실과 증거에 근거해서 진행되므로 자신에게 유리한 사항을 마구잡이로 떠들 수가 없다. 마구 떠든다고 해서 소송에서 이기지 못한다. 철저하게 사실과 증거를 중시하므로 판결이 사람에 따라 이렇게 되거나 저렇게 될 수가 없다. 즉 공자가 말하는 소송은 돈이 있으면 무죄가 되고 돈이 없으면 유죄가 되는 "유전무죄, 무전유죄"도 아니고, 유능한 변호사가 있으면 무죄가 되고 변호사가 없으면 유죄가 되는

"유사무죄, 무사유죄"도 아니다.

"유전무죄, 무전유죄", "유사무죄, 무사유죄"가 아니면 사람은 소송을 일으켜서 상황을 자신에게 유리하게 조성할 수가 없다. 소송을 일으켜도 증거와 사실에 의해 판결이 나므로 무조건 소송으로 가자거나 걸핏하면 소송을 벌이는 관행이 주춤해질 수밖에 없다. 이것이 바로 '대외민지大畏民志'이다.

오늘날도 보면 판결에서 법적 정의와 실체적 정의가 반드시 일치하지 않는 듯한 경우가 있다. 명백히 유죄로 보이는데도 증거와 사실이 법적 정의에 들어맞지 않으면 무죄로 풀려나는 경우가 간혹 있다. 이렇게 되면 사람들은 너도나도 좋은 변호사를 사서 소송을 벌이거나 아예 소송에 아무런 기대를 걸지 않을 수 있다. 모두 법의 정의가 제대로 작동하지 못한다고 할 수 있다.

이렇게 보면 공자의 말은 소송을 기피하는 맥락이 아니라 소송을 철저하게 사실과 증거에 따라 운용하여 사람들로 하여금 딴 생각을 갖지 못하도록 해야 한다는 맥락으로 읽힌다. 좋은 판결이 소송을 줄어들게 하는 것이다. 그것이 '使無訟乎'의 취지라고 할 수 있다.

철저하게 사실과 증거에 따라 법을 운용하면
소송이 줄어든다.

내 마음을 헤아려 남을 대우한다

혈구지도絜矩之道 | 10장

입문 _____ 사람을 대할 때 답이 있는 경우가 있고 없는 경우가 있다. 의전, 매뉴얼, 경험이 있으면 그 내용을 파악해서 그대로 실행하면 된다. 매뉴얼에 따라 진행하면 관계에 문제가 생기지 않고 매뉴얼과 달리 진행하면 문제가 생길 수가 있다. 매뉴얼을 숙지한다는 게 다소 부담이지만 어떻게 해야 할지 답이 있다는 게 부담이 덜 된다.

그렇다고 해도 사람 사이에 모든 상황에 대해 이때는 이렇게 하고 저때는 저렇게 한다는 규정이 있을 리가 없다. 이렇게 세세하게 규정한다면 매뉴얼을 적은 책이 얼마나 두툼해질지 예상할 수도 없다. 아마 손으로 들고 펼칠 수도 없이 두꺼울 것이다. 물론 인공지능의 도움을 받을 수 있지만 규정을 하나하나 숙지해서 대처한다는 게 또 쉬운 일이 아니다.

특히 현대사회는 과거의 친면직 공동체외 달리 전혀 모르는 사람과 같은 시공간에서 살아가고 있으니 더더욱 답이 없는 상황에 처할 때가 많다. 이 때문에 현대사회는 '편하고 부담 없는 관계'를 선호한다. 이것저것 따져야 하면 귀찮고 힘들기 때문이다. 이로 인해 사람 사이가 적당한 수준에 머물지, 그 이상 깊어지지 않는다. 심지어 사이가 깊어지려고 하면 아예 관계를 끊는 사람도 있다. 어떻게 해야 할지 몰라 머릿속이 복잡해진다. '혈구지도絜矩之道'를 통해 어떻게 일방적이지 않고 쌍방향으로 공감하는 관계를 맺을 수 있을지 살펴보자.

승당 _____ 윗사람이 해서 싫었던 방식으로 아랫사람에게 시키지 말고, 아랫사람이 해서 싫었던 방식으로 윗사람을 섬기지 말고, 앞사람이 해서 싫었던 방식으로 뒷사람을 앞세우지 말고, 뒷사람이 해서 싫었던 방식으로 앞사람을 따르게 하지 말고, 오른쪽 사람이 해서 싫었던 방식으로 왼쪽 사람과 사귀지 말고, 왼쪽 사람이 해서 싫었던 방식으로 오른쪽 사람과 사귀지 말라. 이것을 나의 마음을 헤아려 남을 대우하는 '혈구의 길'이라고 한다.

所惡於上, 毋以使下. 所惡於下, 毋以事上. 所惡於前, 毋以
소오어상, 무이사하. 소오어하, 무이사상. 소오어전, 무이

先後. 所惡於後, 毋以從前. 所惡於右, 毋以交於左. 所惡於
선후. 소오어후, 무이종전. 소오어우, 무이교어좌. 소오어

左, 毋以交於右. 此之謂 "絜矩之道也."
좌, 무이교어우. 차지위 "혈구지도야."

입실 ＿＿＿ 무毋는 '~ 말라'는 금지 부사로 쓰인다. 사使는 '시키
다, 부리다'라는 뜻이다. 사事는 '모시다, 섬기다'라는 뜻이다. 선先
은 '앞세우다, 베풀다, 부가하다'라는 뜻이다. 교交는 '사귀다, 주고
받다'라는 뜻이다. 惡은 '악, 나쁘다'라는 뜻이면 '악'으로 읽고, '미
워하다, 싫어하다'라는 뜻이면 '오'로 읽는다. 여기서 나오는 惡 자
는 헷갈릴 필요가 없이 모두 '오'로 읽는다. 혈絜은 '재다, 헤아리다'
라는 뜻이다. 구矩는 원래 네모 모양을 재는 곱자를 가리키다가 '사
물의 틀, 사람의 규범'으로 의미가 확장되었다.

　구문론으로 보면, 인용문은 문형이 동일하고 단어가 바뀌고 있
다. 즉 같은 내용을 다각도로 설명하고 있다. 나는 이를 '부침개 전
법'의 글쓰기라고 한다. 전을 맛있게 부치려면 앞뒤를 적절하게 뒤
집어줘야 한다. 글의 의미도 한 번이 아니라 여러 번 반복해서 설
명하면 제대로 전달될 가능성이 커진다.

여언 ＿＿＿ 인용문을 볼 때 예민한 사람이라면 '갑질'을 떠올리
며 '이렇게 하면 갑질이 일어나지 않을 텐데'라며 발견의 재미를
느낄 수 있다. 맞는 말이다. 유학은 성리학 이후에 이기理氣와 심성

心性이 중요한 주제로 부각되어 그것만이 전부인 양 알려져 있다. 사실 그렇지 않다. 유학은 기본적으로 사람 사이에 일어나는 문제를 풀고자 했다.

『대학』에서도 사람이 놓일 수 있는 관계를 상하, 전후, 좌우로 나누어 세세하게 이야기하고 있다. 공영달은 상하와 전후를 위계 관계로 보고 좌우를 대등한 관계로 본다(이광호·전병수, 297~298). 관계 방식이 다르더라도 혈구지도가 작용하는 방식은 동일하다. 먼저 나를 기준 자리에 둔다. 다음에 내가 상과 하, 전과 후, 좌와 우처럼 자리를 이동한다.

예를 들어 내가 아래라고 하면 윗사람과 대면하게 된다. 이때 윗사람이 나를 대우하는 방식, 예컨대 말투나 개인사와 과거사에 관한 질문이 불편하거나 기분 나쁠 수 있다. 문을 닫고 나오면서 '윗사람이면 윗사람이지, 도대체 날 뭐로 보고 이렇게 대하는 거야?' 라는 생각이 들 수 있다.

그 뒤에 내가 아랫사람을 만났다고 가정해보자. 이 경우 내가 윗사람에게 불쾌함, 불편함을 느꼈던 방식으로 아랫사람을 대우해야 할까? 윗사람이 했던 대로 종로에서 뺨맞고 한강에서 화풀이하는 식으로 한다면 간혹 자신도 권력의 맛을 누릴 수도 있다. 그러나 이러한 분풀이가 계속되면 불쾌감이 다양한 사람을 통해 주변에 끊임없이 전파될 것이다. 이것이 갑질이 번지는 방식이다.

반대로 '내가 윗사람에게 불쾌감을 느꼈으니 나는 다른 사람에게 불쾌감을 줄 수 있는 방식으로 상대를 대우하지 말아야지'라고 생각하고 그대로 실행하면 그것이 바로 혈구의 길이다. 주희는 혈구지도를 "윗사람이 나에게 무례하게 대하기를 바라지 않으면 이를 바탕으로 아랫사람의 마음을 헤아려서 이렇게 무례한 방식으로 아랫사람을 시키지 않는다(不欲上之無禮於我, 則必以此度下之心, 而亦不敢以此無禮使之)"고 풀이한다(성백효, 42). 공영달은 "자신이 경험하는(느끼는) 것을 잘 잡아서 주위 사람을 대우하는데 자신의 마음을 헤아려 남과 어울린다(能持其所有, 以待於人, 恕己接物)"고 풀이한다(이광호·전병수, 298). 간단히 말하면 '서기접물恕己接物'이 혈구지도의 의미를 잘 대변한다고 할 수 있다.

혈구지도는 내가 상대를 어떻게 대우할지 모를 때 유요한 기준을 제공한다. 내가 주위 사람과 어울리며 겪었던 일 중 불쾌하거나 좋지 않았다고 하면 그걸 기준으로 삼아 나도 주위 사람에게 그렇게 하지 않는 행위 방식이다. 이렇게 보면 '絜矩之道'는 나만의 기준을 상대에게 요구하는 것도 아니고 나와 상대가 공감할 수 있는 공통분모를 바탕으로 행위의 방향을 정하는 것이다.

‖ **다른 사람의 행동이 불쾌했다면**
‖ **나는 주위 사람에게 그렇게 하지 않는다.**

20日	민심을 얻으면 나라를 얻는다
동조	**득중득국**得衆得國 | 10장

입문 _____ 사회의 각 분야에서 리더가 탄생하는 방식이 다양하다. 정치에서 리더는 기본적으로 선거의 결과로 탄생한다. 한 표라도 득표수가 많은 후보자가 지방자치단체와 행정부의 수장이 되고, 지방 의회와 국회의 의원이 된다. 후보자들은 선거운동 기간에 사활을 걸고 유권자에게 얼굴을 알리고 정책을 소개하며 많은 표를 얻으려고 애를 쓴다.

재계는 정계와 좀 다르다. 우리나라에도 전문 경영인 체제를 도입하는 기업이 있지만 아직도 부모 세대가 기업을 자식들에게 물려주는 기업이 적지 않다. 전문 경영인은 해당 분야에서 거둔 실적과 리더십에서 좋은 평가를 받아 새로운 기회를 잡는다. 반면 대물

126

림은 가족이라는 이유로 쉽게 기회를 얻는다. 하지만 종종 후계 문제를 둘러싸고 가족 간에 다툼이 일어나기도 하며 이 사실이 외부로 알려질 경우 오너 리스크의 원인이 되기도 한다.

관계官界에 진입하려면 기본적으로 '고시'라고 불릴 정도로 높은 경쟁률을 뚫어야 한다. 시험에 합격하여 자리에 맞는 자격을 갖추면 한 단계씩 승진하면서 리더가 된다. 재계의 리더는 기본적으로 소수이지만, 관계에서는 분야에 따라 많은 리더가 나올 수가 있다.

이처럼 분야마다 리더가 생겨나는 방식이 다르다. 『대학』이 쓰인 시대와 비교하면 그 방식에 공통점이 하나 있다. 『대학』의 세계에서는 리더가 되려면 반드시 두 가지를 얻어야 한다. 하나는 상제 또는 천의 명령이고 다른 하나는 민심이다. 두 가지 조건이 리더의 탄생에 작용하는 과정을 살펴보자.

승당 _____ 『시경』에 의하면 "은나라가 아직 민중의 마음을 잃지 않았을 때 상제에 잘 응답할 수 있었네. 은나라를 거울로 삼아 너를 비춰보라, 큰 명령은 지키기가 쉽지 않다네." 이 시는 민심을 얻으면 나라를 얻지만 민심을 잃으면 나라를 잃는다는 점을 나타낸다.

詩云, "般之未喪師, 克配上帝. 儀監于般, 峻命不易." 道
시운, "은지미상사, 극배상제. 의감우은, 준명불이." 도

得衆則得國, 失衆則失國.
득중즉득국, 실중즉실국.

입실 _____ 시詩는 「대아 문왕」에 나오는 구절이다. 은殷은 '많다, 크다'는 뜻으로 쓰이지만 여기서는 주周나라 이전의 천자 나라, 은나라를 가리킨다. 상喪은 '잃다, 죽다'라는 뜻이다. 사師는 스승, 전문가를 가리키지만 여기서는 무리를 나타내며 '군사, 민중'이라는 뜻이다. 극克은 보조동사로, 뒤에 나오는 동사의 의미에 '잘, 뛰어나다'라는 의미를 보탠다. 배配는 '짝이 되다, 어울리다'라는 뜻으로 신의 명령에 응답한다는 맥락이다. 상제上帝는 은나라의 최고신으로 하늘, 하느님에 해당한다. 의儀는 '거동, 본보기, 본뜨다'라는 뜻으로 많이 쓰이지만 여기서는 '마땅하다, 마땅히 ~하다'라는 뜻으로 의宜와 같다. 의는 앞의 극克과 마찬가지로 보조동사로 쓰인다. 감監은 '보다, 살피다'라는 뜻으로 여기서는 맥락상 사물을 비추는 거울이라는 의미로 쓰인다. 준峻은 '크다, 높다'라는 뜻이다. 易은 '바꾸다, 고치다'라는 뜻이면 '역'으로 읽고, '쉽다, 평이하다'라는 뜻이면 '이'로 읽는다. 여기서는 후자의 의미로 쓰인다. 득得은 '얻다, 가지다'라는 뜻으로 다음에 나오는, '잃다'를 의미하는 실失과 서로 반대된다. 도道는 '인용문이 다음의 뜻이다'라는 맥락으로서 '말하다'라는 뜻이다.

여언 _____ 현대사회와 달리 『대학』의 세계에서는 사회 활동의 모든 측면이 상제 또는 천, 즉 신과 긴밀하게 연결되어 있다. 은나라의 마지막 왕인 주왕과 그의 아버지 제을帝乙 사이에는 결정적인 차이가 있다. 제을까지 은나라는 아직 민심을 잃지 않았고 상제의 명령에 제대로 응답할 수도 있었다. 이것은 상제의 명령 또는 하늘(하느님)의 명령이 은나라로부터 떠나지 않은 것이었고, 민심도 은나라의 왕을 등지지 않았다.

제을 바로 다음 주왕에 이르러 이전과 비교할 수 없는 급격한 변화가 일어났다. 주왕은 달기妲己와 사랑에 빠져서 주지육림酒池肉林의 향락과 포락형炮烙刑의 혹형을 일삼았다. 주지육림 말 그대로 연못을 술로 채우고 연못의 정원수에 고기를 매달아 안주로 먹으면서 퇴폐 행각을 벌였다. 포락형은 구리 기둥에 기름을 발라서 숯불 위를 가로지르게 걸쳐놓고 죄인으로 하여금 그 위를 맨발로 걸어가게 하여 끝까지 건너면 무죄가 되고 미끄러져 불속에 떨어지면 그대로 타죽는 잔인하기 이루 말할 수 없는 광인의 행각이다.

주왕은 왕의 지위에 있었지만 민심은 그에게서 등을 돌리지 않을 수가 없었다. 주왕은 상제가 명령한 의무를 제대로 수행할 수도 없었고 상제의 힘을 빌려 사리사욕을 채우기까지 했다. 주왕은 사람과 상제 모두로부터 멀어져서 철저하게 고립되었다.

주나라는 은나라 주왕의 학정으로부터 백성을 구원하여 새로운 천자의 나라를 세웠다. 그 뒤에 어떻게 나라를 일구어야 할까? 천명을 받고 리더가 되고 난 뒤에 자칫 매너리즘에 빠질 수가 있다. 이전과 다름없이, 리더는 뭐든 다 할 수 있고 그렇게 하더라도 책임을 지지 않는다고 생각할 수 있다. 그러나 이러한 생각은 주나라가 흥성이 아니라 멸망의 길로 들어서는 신호라고 할 수 있다. '得衆得國'이 '失衆失國'으로 바뀌는 것이다.

이때 주나라의 왕으로 은나라의 주왕과 같은 사람이 나타났다고 가정해보자. 스스로 자신의 행실을 억제하고 정상으로 돌리고자 한다면 어떻게 해야 할까? 그 방법은 바로 전 왕조의 마지막 왕이 실제로 했던 행적과 자기 자신을 비교해보는 것이다. 이 비교에 거울이 필요하다. 내가 나를 볼 수 없으니 실패의 사례에다 자신을 겹쳐보는 것이다. 겹치는 부분이 없다면 문제가 없지만 겹치는 부분이 하나둘 있다면 보통 문제가 아니다. 그래서 천명을 받았다고 안심할 것이 아니라 언제라고 잃을 수 있다며 '준명불이'를 말하고 있다. 창업도 어렵지만 수성도 그만큼 어렵다는 뜻이다.

은나라와 주나라의 교체에서 '리더가 어떻게 해야 하는가?'라는 교훈을 얻을 수 있다. 리더가 되었다고 해서 어떠한 제약 없이 하고 싶은 대로 일을 벌여서는 안 된다. 이전의 성공과 실패 모두로부터 배우려는 자세가 필요하다. 리더가 배우기를 포기하면 타락과 상실의 위기로 들어선다고 할 수 있다.

실패의 사례에
나를 비춰 배움을 얻는다.

통찰

파편을 엮어 전체를 보는 힘

大學

5강에서는 자신의 주위를 둘러싼 세계에 끌려가지 않고 통찰하는 힘을 살펴보고자 한다. 우리는 사람을 만날 때 그 사람의 전력을 모두 알 수가 없고 당장 눈에 보이는 부분을 보게 된다. 하지만 그 사람과 뭔가를 하려고 한다면 제한된 만남에서 눈에 보이지 않는 나머지를 꿰뚫어보아야 한다. 그렇지 않으면 잘못된 판단을 내릴 수 있다.

스포츠에서 아마추어와 프로 선수는 무엇을 보느냐에 따라 갈린다. 축구에서 아마추어는 눈앞에 보이는 상대를 보며 열심히 수비하느라 뒤에 돌아 들어오는 선수를 놓치고 골을 먹는다. 반면 프로 선수는 전체의 움직임을 읽으면서 눈앞의 선수를 보므로 갑작스러운 상황 전개에 결코 놀라지 않는다.

사람은 한 번에 부분을 보지 전면을 보지 못하고, 한 차례에 사건과 사람의 일부를 보지 전체를 보지 못한다. 따라서 전체의 조각인 부분들로 퍼즐을 맞춰나가면서 결정을 내려야 한다. 지금까지 본 것을 바탕으로 보지 못한 것까지 하나로 엮어내고, 공공연하게 알려진 것과 면밀한 조사를 통해 밝혀낸 것을 바탕으로 숨겨진 것까지 찾아내서 하나로 묶어내야 한다. 즉 통찰은 조각과 파편이 맞대 선을 이루고 입체를 구성하는 것이다.

리더가 수많은 상황에서 최선의 선택을 하거나 최악의 선택을 피하려면 통찰의 힘을 빌리지 않을 수가 없다. 통찰이 없으면 전체를 볼 수도 없고 시대를 읽을 수도 없고 미래를 예측할 수도 없어 세계가 어디에서 어디로 가는지 전혀 가늠할 수 없다. 이렇게 가늠하지 못하는데 조직의 명운을 건 선택을 제대로 할 수 있겠는가?

통찰의 힘을 가져서 최선의 선택을 하려면 어떻게 해야 하는지 살펴보기로 하자. 다섯 가지로 나눠서 이야기하고자 한다.

첫째, 사람은 모두를 만족시키는 선택을 할 때도 있지만 희생을 최소화하는 선택을 할 때가 있다. 후자의 경우에도 최후까지 신중하게 판단해야 한다. 이때 선택을 하려면 기준에 따른 우선순위가 필요하다. 그것이 뒤죽박죽되면 과정도 결과도 '엉망'이 된다.

둘째, 리더가 어리석은 선택을 하지 않으려면 리더는 결국 상황을 정확하게 인지하고서 중요한 '가치'를 정해야 한다. 가치가 정해지면 기준이 나오고 기준이 나오면 순위가 정해진다. 이 방식은 선택을 하는 데 어느 정도 도움이 되지만 결정을 내리는 과정은 외롭고 두려운 시간이다. 리더는 이 시간을 견뎌내면서 단단해져간다.

셋째, 리더가 되는 길과 방법은 다양하지만 리더는 자신만의 특색을 갖춰야 한다. 리더가 외롭고 두려움을 견디며 결정을 내리다 보면 사람마다 하나의 경향이 생긴다. 이를 평소에 의식했을 수도 있고 그렇지 못할 수도 있다. 그 경향이 바로 리더를 리더이게끔 하는 '정체성'이라고 할 수 있다. 정체성을 의식하면 다시 자신만의 상으로 벼려야 한다. 그래야만이 같이 일을 하면서 주위 사람들로부터 리더의 특색에 대한 신뢰를 높일 수 있다.

넷째, 리더가 위기 상황에서 어리석은 선택을 피할 수 있는 능력을 갖추고 자신만의 중요한 가치와 정체성을 정립했다면 그 리더는 성장한 것이다. 이제 그 가치와 정체성이 흔들리지 않고 '일관'되게 실현되도록 해야 한다. 그래야 예측 가능성이 생겨나기 때문이다.

다섯째, 리더를 둘러싼 상황이 예상을 넘어 급변할 때가 있다. 이때 통상의 기준과 정체성을 유지하는 일이 위협받는다. 이때 다시금 자신의 '근본'을 물어야 한다. 근본이 확실해야 자신을 위협하는 도전에 맞서 자신을 지켜낼 수 있다. 이것이 인문학을 가까이해야 하는 이유이다.

21日

엉망

중심이 흐트러지면 주변도 헝클어진다

본란발지本亂末治 | **경1장**

입문 _____ 부품이 여기저기 널려 있고 책상 위에 서류가 마구 뒹구는 장면을 생각해보자. 그곳에서 뭔가를 찾으려고 하면 본인이야 찾을지 몰라도 다른 사람은 뭐가 뭔지 알 수가 없다. 또 컴퓨터 바탕 화면에 아이콘과 파일이 빈틈없이 빼곡하게 차 있다면 필요한 걸 찾기도 어렵지만 자칫하다 잘못 지울 수도 있다.

이렇게 주변이 헝클어져 있다면 '청소'를 해야 한다. 청소는 간단해 보이지만 중요한 일이다. 남길 것과 버릴 것을 구분해야 하는데, 잘못해서 남길 것을 버리고 버릴 것을 남기면 보통 큰일이 아니기 때문이다. 다들 다른 사람이 청소를 해준다고 하면 말리는 이유가 여기에 있다.

청소가 되지 않은 상태는 뭐가 뭔지 구분이 되지 않는 상태라는 말이다. 이것은 일에도 그대로 적용된다. 리더는 결정을 하는 사람이다. 일의 결과에 대한 책임을 고려하면 결정을 내리기까지 무엇 하나 쉬운 게 없다. 일이 뒤죽박죽되어 있다면 며칠을 두고 고민해도 생각은 제자리를 뱅뱅 맴돈다. 주위에서 "언제까지 기다려야 하는가?"라고 노골적으로 압박이 들어온다. 뭐가 중요한지 기준이 정돈돼 있지 않으니 결정을 내리지 못하는 것이다.

이렇게 되는 원인이 무엇일까? 그 원인을 본本과 말末, 후厚와 박薄의 개념 쌍을 통해 함께 찾아보도록 하자.

승당 _____ 중심이 흐트러졌는데 주변이 다스려지는 경우는 없다. 중시할 만한 문제를 경시하고 경시할 만한 문제를 중시하여 잘되는 사람은 아직 없었다.

其本亂, 而末治者, 否矣. 其所厚者薄, 而其所薄者厚, 未之
기본란, 이말치자, 부의. 기소후자박, 이기소박자후, 미지

有也.
유야.

입실 _____ 본本은 '뿌리, 기초, 근본'이라는 뜻이다. 난亂은 '어지럽다, 어수선하다, 거칠다'는 뜻으로 '다스리다, 평정하다, 바로잡다'를 뜻하는 치治의 반대다. 말末은 '끝, 지엽'을 뜻한다. 부否는 '아

니다'라는 뜻으로 '~이다'를 뜻하는 시是와 호응해서 쓰인다. 여기서 부否는 '없다'는 뜻으로 불不의 맥락이고 현대 중국어의 메이요 우沒有를 뜻한다. 소所는 보통 '바, 것'의 불완전 명사로 풀이하지만, 맥락에 따라 '사항, 문제, 대상' 등으로 어감을 살려서 번역하면 의미를 더 쉽게 파악할 수 있다. 후厚는 '두텁다, 도탑다, 중하다, 신경 쓰다'라는 뜻이다. 박薄은 '엷다, 가볍다, 적다, 깔보다, 등한시하다'라는 뜻이다. 후와 박은 의미상 반대된다. 둘은 기본 맥락으로 보면 선차적과 부차적으로 볼 수 있고, 사람을 대우하는 방식의 차이로 보면 후는 칙사 대접, 박은 푸대접이라고 할 수 있다.

여언 _____ 인용문은 간단하지만 의미 파악이 다소 헷갈린다. 구체적으로 하나씩 살펴보면 금방 의미 맥락을 이해할 수 있다. 인용문은 두 부분으로 나눌 수 있다. 처음부터 '부의否矣'까지가 한 부분이고 나머지가 또 한 부분이다. 물론 두 부분으로 나눈다고 해서 둘 사이에 의미의 연관성이 없다는 말은 아니다.

본本은 수신修身이므로 본란本亂은 수신이 되지 않는 것을 가리킨다. 말末은 수신의 다음 단계인 제가齊家·치국治國·평천하平天下를 가리킨다(이광호·전병수, 255). 따라서 이 구절은 "수신이 되지 않고서 제가·치국·평천하가 잘 되는 경우가 없다"로 풀이할 수 있다. 이는 수신만 중시하고 제가·치국·평천하를 무시하라는 뜻이 아니다. 그만큼 수신이 다른 것의 기본으로 바탕이 되고 나서 다음 단계로 나아갈 수 있고, 그래야 제가·치국·평천하도 문제없이 잘 될 수 있다는 맥락이다.

후반부는 크게 두 가지로 해석될 수 있다. 하나는 수신을 강조하는 맥락이고, 다른 하나는 사람 대우[여인교접與人交接]의 맥락이다(이광호·전병수, 255). 주희와 정약용은 전자로 보고 공영달은 후자로 본다. 주희는 '소후所厚'를 집안사람으로 보고 '소박所薄'을 자기 자신으로 본다(이광호·전병수, 242). 그러면 이 구절은 "소중하게 해야 할 집안을 소홀히 하고 소홀히 해야 할 자기 자신을 소중히 여긴다"로 풀이할 수 있다. 주희는 수신의 가치를 강조하면서 그것을 집안과 대비시킨다.

정약용은 '소후'를 신身으로 보고 '소박'을 민民으로 본다(이광호 외, 120). 이렇게 되면 "소중하게 해야 할 수신을 소홀히 하고 소홀히 해야 할 민을 소중히 여긴다"로 풀이할 수 있다. 정약용은 수신의 가치를 강조하면서 그것을 민과 대비시킨다. 그렇다고 두 사람이 수신 이외에 집안과 민의 문제를 무시하는 것으로 오해할 필요는 없다. 수신이 먼저 되어야 하는 측면을 강조한 것일 뿐이다.

공영달은 '소후'와 '소박'을 사람을 대우하는 방식의 차이로 본다. 후는 사람을 소중하게 대우하는 돈후敦厚이고, 박은 소홀히 하는 경박輕薄이다. "소중히 대할 사람을 소홀히 대하고 소홀히 대할 사람을 소중히 대하면서 자신을 소중히 대해주기를 바란다면, 아직 그런 일은 일어나지 않았다." 소중히 대하기를 '칙사 대접하다'로, 소홀히 대하기를 '푸대접하다'로 옮기면 의미가 더 선명해진다.

후반부에 대해 공영달은 주희나 정약용과는 다른 결론을 내린다. 사람과 사귈 때 소중히(융숭하게) 대하라는 뜻이다. 내가 상대를 소중히 대하면 상대도 나를 소중히 대해주고, 내가 상대를 소홀히 대하면 상대도 나를 소홀히 대해주기 때문이다(言己以厚施人, 人亦厚以報己也. 若己輕薄施人, 人亦輕薄報己).

공영달의 풀이는 좋지만 전반부와 의미가 달라진다. 전체를 수신의 맥락으로 본다면 의미가 일맥상통한다. 주희와 정약용은 각각 대상을 달리 보지만 '本亂末治'에서 의미상 큰 차이가 나지 않는다. 따라서 후와 박을 '소중히 하다'와 '소홀히 하다', '중시하다'와 '경시하다'로 풀이하면 주희와 정약용 그리고 공영달의 풀이를 하나로 묶어낼 수 있다. 아울러 후반부에서 소중히 하는 후와 소홀히 하는 박을 바꾸어 사람을 대우하는 경우가 없다고 하면 현실에 있는 사실을 부정하게 된다. 전반부와 후반부의 의미를 잘 연결하려면 '그렇게 해서 잘되는 사람이 없다'로 하면 의미상 부드러워진다.

수신修身을
소홀히 해서
잘되는 사람이 없다.

22日	일의 중심과 주변을 나눠라
가치	**물유본말**物有本末 | 경1장

입문 _____ 나는 한때 연구소 두 곳의 소장을 맡고, 학과의 학과장과 대학의 학장 그리고 대학원의 원장을 맡고, 사업단의 단장을 맡고 이외에도 이러저러한 보직을 맡아 회의하다가 하루가 금세 지날 때가 있었다. 강의도 하고 글도 써야 하고 사람을 만나야 하고 논문 지도도 해야 했다. 사정이 이렇다 보니 하기로 했던 일이 뒤로 처져 빨리 결정을 해달라고 채근당하는 일이 많았다. 업무가 너무 많아 두루 신경을 쓸 수가 없었고 할 일도 자주 뒤처졌다.

지금은 몇몇 보직에서 벗어났지만 6~7년간 이런 생활을 하면서 몇 가지 원칙을 세웠다. "몸이 아프면 일보다 건강을 생각한다." "일이 많으면 중요하거나 급한 일부터 처리한다." "카톡보다 메일로 연락한다." "할 일의 범위와 내용을 서로 명확하게 공유한다."
"관행적인 일은 담당자에게 믿고 맡긴다." 사람이 하는 일인지라
수위 사람에게 많은 불편을 주고 내 스스로 실수도 많이 했다. 나를
만나야 하는데 못 만나거나, 빨리 처리하고 다른 일을 해야 하는데
나 때문에 지연된 일이 왜 없겠는가? 하지만 이러한 원칙은 내가
일들 속에서 중심을 잡고서 그 시간을 헤쳐 나가는 기준이었다.

　　내가 이렇게 버틸 수 있었던 힘이 바로 『대학』의 인용문과 닮아
있다. 모든 일을 한꺼번에 처리한다고 덤비거나 일을 하느라 밥도
제때 먹지 않고 밤을 샜더라면 몸에서 어딘가 고장이 나고 함께 일
하는 사람들과 부딪히는 경우도 많았을 것이다. 본本과 말末, 종終
과 시始의 의미를 좀 더 깊이 살펴보기로 하자.

승당 ＿＿＿＿ 사물에는 중심과 주변이 있고 사태에는 끝과 시작이
있다. 먼저 할 일과 뒤에 할 일을 안다면 도에 가까워진다.

　　物有本末, 事有終始. 知所先後, 則近道矣.
　　물유본말, 사유종시, 지소선후, 즉근도의.

입실 ＿＿＿＿ 소所는 '~할 일, ~해결할 문제'라는 맥락으로 쓰인다.
선先은 '먼저, 앞'의 부사로 많이 쓰이지만 여기서는 '먼저 하다, 앞
에 하다'라는 동사로 쓰인다. 후後도 '뒤, 나중'이라는 부사로 많이
쓰이지만 선과 마찬가지로 '뒤에 하다, 나중에 하다'라는 동사로

140

쓰인다. 근近은 '가깝다, 닮다'라는 뜻이다.

종시終始는 시종始終과 같은 뜻이다. 동아시아는 최초의 시작이 신으로부터 일어났다고 생각하지 않고 여러 가지의 조건이 서로 잘 들어맞아서 일어났다고 생각한다. 이에 따라 이 세상이 있다면 시始는 자연히 있는 과정이므로 시작보다 끝이 문제가 된다. 이 때문에 '시종'보다 '종시'를 많이 쓴다.

여언 _____ 21조목의 '본란말치本亂末治'에서 왜 본말을 이야기하지 않았는지 의아하게 생각한 사람도 있겠다. 22조목의 '물유본말 物有本末'에도 본말이 나와서 반복하지 않고 한 자리에서 다루려고 그 이야기를 아껴두었다.

본말은 원래 나무에 기원을 두고 있다. 본本은 나무의 뿌리를 가리키고 말末은 나무의 가지, 끝 부분을 가리킨다. 뿌리와 가지는 나무의 생명 유지에 하는 기능이 다르다. 뿌리가 없으면 수분을 비롯하여 양분을 흡수할 수 없다. 또 가지는 잘라내도 나무가 자라지만 뿌리가 썩으면 나무는 자랄 수가 없다. 이처럼 뿌리는 가지에 비해 나무의 생명 유지에 비교할 수 없는 중요한 역할을 한다고 여겨졌다. 여기서 본과 말은 나무의 특정 부분을 가리키던 용어에서 추상화되기 시작했다.

우리가 한자 사전을 찾아보면 본本은 밑, 뿌리의 기초라는 의미와 함께 근본, 근원, 기원, 기초, 바탕 등의 의미가 나온다. 이는 바로 본이 나무에서 출발하여 일반적인 맥락으로 확대되어 쓰이게 되었다는 점을 잘 보여준다. 본과 말의 의미 차이는 나무만이 아니라 다른 생명체에도 적용할 수 있다. 사람의 경우 머리와 사지를 본말의 관계에 대비할 수 있다. 머리는 조금만 다쳐도 몸 전체가 치명적인 장애를 입을 수 있지만, 손과 발이 다치면 여러 모로 불편하더라도 치명적인 부상이 되지는 않기 때문이다.

이 과정을 통해 본과 말은 순서에서 가장 앞서는 것과 뒤따르는 것, 가치에서 핵심적인 것과 부차적인 것, 유무에서 꼭 있어야 하는 것과 없어도 표 나지 않는 것 등으로 구분되었다. 이로써 본과 말은 각각 세계의 근원과 파생, 근본과 말단, 중심과 주변, 본질과 장식 등을 나타내게 되었다. 여기에 덧붙여서 본은 눈에 보이지 않지만 보이는 것을 가능하게 하는 것이 되고, 말은 눈에 보이지만 수시로 다르게 바뀔 수 있는 것이 되었다.

'종시終始'는 본말처럼 깊고 넓은 의미를 나타내지 않는다. 하지만 종시는 '무엇이 먼저이고 나중인가?'라는 순서 맥락에서 선차적인 것과 부차적인 것을 나타낸다. 이처럼 종시는 본말과 겹치는 경우도 있지만 그렇지 않은 경우도 있다.

이러한 문맥에서 『대학』의 원문으로 돌아와 보자. '物有本末'과 '事有終始'는 이 세상의 사물과 사태가 아무리 많다고 하더라도 그 사이에는 순서와 가치의 서열이 있다는 점을 보여준다. 이러한 사유는 세상의 사물과 사태가 도道로부터 생겨나서 멀고 가까운 차이가 없이 모두 그 도와 같은 거리에 있다는 노자와 장자의 사유와 다르다.

본말과 종시는 리더가 끊임없이 변하는 세상에서 무엇을 먼저 하고 나중에 하고, 무엇을 꼭 해야 하고, 다 살릴 수 없다면 무엇을 버리고 무엇을 지켜야 하는지를 결정해야 하는 상황에서 생각을 정리하는 잣대로 기능한다. 이러한 잣대가 없으면 무엇을 어떻게 할지 몰라 멍하게 있는 시간이 늘어나게 될 것이다. 시대의 흐름과 변화에서 마주하는 사물과 사태에 효과적으로 대응하려면 본말과 종시의 도식을 끌어들여 분류하고 평가해야 한다. 아울러 본말과 종시는 『대학』의 핵심인 삼강령(3강 14조목 '재명명덕'), 팔조목(8강 38조목 '수제치평'과 47조목 '격물치지')과 어떻게 대응하는지와 관련해서 논의되기도 한다.

무엇이 먼저이고 무엇이 나중인가?

내가 있어야 할 자리를 알다

지기소지知其所止 | **3장**

입문 _____ 직장 생활의 꽃은 승진이다. 인사철이 되면 여기저기서 승진 예상 이야기로 술렁거린다. 바라는 대로 승진하면 좋아하고 승진에서 미끄러지면 순간 그곳을 떠날 생각도 하게 된다. 우리는 '준비되지 않은 리더'의 위험성을 잘 알고 있다. 이 때문에 우리나라 선거에서 '준비된 ○○○'(이)라는 홍보가 한창 유행했다. 준비되지 않은 리더는 주위 사람들에게 불안감을 안겨준다. 또 실제로 얼토당토않은 결정으로 주위를 깜짝 놀라게 만들기도 한다. 이런 맥락에서 보면 '준비되지 않은 승진'은 마냥 축복이라고 할 수 없다. 실패를 통해 성장할 수 있지만 자신과 주위를 괴롭힐 수 있기 때문이다.

준비된 리더와 준비된 승진의 의의는 충분히 긍정하지만 그 가치를 지나치게 강조하면 이 또한 문제가 된다. 준비만 하다가 세월 다 간다는 불안감이 널리 퍼지면 조직이 활력을 잃기 쉽다. 또 '준비'라는 말 자체가 정확하게 무엇을 말하는지 분명하지 않다. 충분하고 철저하게 검증하지 않으면 '준비'는 리더의 가치를 돋보이게 하려는 전략의 용어로 쓰일 수 있다. 이 때문에 준비 여부를 두고 경쟁하는 사람과 집단 사이에 괜한 논쟁을 불러일으킬 수 있다.

자리와 준비의 관계는 오늘만의 문제가 아니다. 『대학』이 쓰일 시기에도 중요한 현안이었다. 이 문제를 『시경』의 시와 공자의 해설을 통해 살펴보기로 하자.

승당 _____ 『시경』에 의하면 "자그마한 꾀꼬리, 깊은 산의 우거진 숲에 깃드네." 공자가 말하기를 "새가 깃들 때에 제가 깃들 곳을 아는데, 사람이면서 새만 못할 수 있겠는가?"

詩云, "緡蠻黃鳥, 止于丘隅." 子曰, "於止, 知其所止, 可
시운, "면만황조, 지우구우." 자왈, "어지, 지기소지, 가

以人而不如鳥乎?"
이인이불여조호?"

입실 _____ 시詩는 「소아 면만緡蠻」에 나오는 구절이다. 민緡은 『시경』에서 면緜으로 되어 있어서 '면'으로 읽는다. 면緡과 만蠻은

따로 쓰일 때랑 합성어로 쓰일 때랑 의미가 다르다. 면은 노끈과 꾸러미, 만은 남쪽의 이민족을 가리킨다. 여기서 면만은, 주희에 따르면 새소리를 나타내는 의성어로 쓰였고, 공영달에 따르면 '작다'라는 새의 크기를 나타낸다(이광호·전병수, 249). 지止는 '머무르다, 깃들다, 살다'라는 뜻으로 서棲와 같다. '어지於止'는 '어조지소지야於鳥之所止也'의 구절이 생략된 꼴이다. 자子는 공자를 가리킨다. 자왈子曰 이하는 공자가 시를 인용하고 풀이하는 말이다.

구丘는 언덕, 동산, 무덤을 나타낸다. 이와 관련해 우리나라에 일화가 있다. 오늘날 경상북도 대구는 한자로 大邱로 쓰지만 원래 大丘로 썼다. 大丘가 아무런 탈이 없이 사용되었는데, 영조 시절에 대구의 이량채李亮采가 상소를 올렸다. 구丘는 공자의 이름인데 향교에서 제사를 지내며 성인 이름을 부르니 불경하다는 주장이었다. 영조는 상소를 보고서 지금까지 불경한 사실을 알아차린 사람이 없었다며 이량채를 칭찬했다(『조선왕조실록』 영조 26년 경오(1750) 12월 2일(신미)). 이로 인해 대구가 '大邱'로 표기되기 시작했다.

우隅는 '모퉁이, 귀퉁이, 구석, 깊숙한 곳'을 나타낸다. 구우는 합쳐서 산이 깊고 숲이 우거진 곳을 가리킨다. 불여不如는 형용사의 비교급 문형으로서 전자가 후자보다 못하다는 의미이다. 조鳥는 '새'를 가리킨다.

여언 _____ 시의 내용도 짧고 공자의 풀이도 짧다. 시는 세 가지 맥락으로 풀이된다. 첫째, 환경 결정론까지는 아니더라도 삶에서 좋은 환경의 영향을 강조하는 맥락이다(이광호·전병수, 249). 둘째, 자신이 사회에서 맡을 수 있는 역할을 어떻게 설정하느냐 하는 맥락이다. 셋째, 사람이 지켜야 할 가치를 밝히는 맥락이다.

첫 번째는 공영달이 주장하는 풀이이다. 새가 왜 깊은 산의 우거진 곳을 찾을까? 새는 그런 곳이 먹이를 구하기도 쉽고 자신을 해치는 대상이 없다고 느끼기 때문이다. 아무런 걱정이나 탈 없이 편하고 한가롭기 때문이다. 그렇다면 사람도 예의를 지키고 즐겁게 살 수 있는 곳을 골라서 살아야 한다. 이렇게 생각하자 공영달은 바로 공자가 말한 "사람다운 사람과 어울리며 사는 것이 아름답다(里仁爲美)"를 떠올린다(『논어』「리인」).

두 번째는 주희가 주장하는 풀이이다. "새가 깃들 곳에 깃드는 것처럼 사람은 마땅히 머물 곳을 알아야 한다(성백효, 29)." 그의 주장이 간단하여, 사람들에게 적재적소에서 각자의 자리를 지키라고 요구하는 것인지 사람은 핵심 가치를 꼭 지켜야 한다는 것인지 분명하지 않다.

세 번째는 정약용이 주장하는 풀이이다. 그는 시의 원의에 충실해야 한다면서 사람이 최고선의 경지를 편안하게 여겨 다른 것을 바라지 않아야 한다고 본다. 이에 따르면 사람은 인仁·경敬·효孝·자慈·신信 다섯 가지 덕목을 충실하게 준수해야 한다.

이러한 주장들은 결국 지止의 의미를 어떻게 바라보느냐에 달려 있다. 지를 '머물(살) 곳을 잘 고르다'로 보면 장소가 초점이 되고, '머물(일할) 곳을 벗어나지 않다'로 보면 역할이 초점이 되고, '머물 곳을 잘 지키다'로 보면 덕목이 초점이 되기 때문이다. 앞의 세 가지 풀이는 모순 없이 통합적 설명이 가능하다. 머물 덕목을 전제로 해야 머물 역할을 제대로 수행할 수 있고 또 머물 장소를 신중하게 선택할 수 있기 때문이다. 이렇게 보면 '知其所止'는 리더가 일상을 살고 사업을 수행하면서 하나의 뚜렷한 경향이 드러난 결과를 나타낸다. 즉 "그 사람"을 말하면 주위에서 바로 "어떤 사람이지!"라고 말할 정도로 성향이 분명하기 때문에 정체성을 식별해 안정감을 느끼는 것이다.

이러한 정체성과 안정감은 짧은 시간에 그대로 드러나지 않는다. 리더는 자신의 방향과 목표를 분명하게 제시하고, 또 스스로 제시한 그 방향과 목표로 충실하게 나아가야 한다. 언행이 일치되어야 한다. 그렇지 않으면 무슨 말을 해도 주위 사람들이 잘 이해하지 못한다. 헷갈리기 때문이다. 반면에 분명한 정체성은 바로 나와 주위 사람 그리고 지금과 현재를 하나로 묶어주는 힘이 될 수 있다.

나의 정체성이 분명하면
주위 사람이
안정감을 느낀다.

24日
일관

모든 것을 꿰뚫어보는 눈

활연관통豁然貫通

입문 _____ 사람은 마주보는 것의 앞만을 본다. 뒤를 보려면 사물의 뒤로 돌아가거나 뒤에 거울을 두어야 한다. 사람은, 한번에 사람이든 사건이든 전체를 보지 못하고 부분을 볼 수밖에 없다. 리더가 이러한 한계를 안고서 무엇을 할 건지 선택하기란 여간 어려운 일이 아니다. 정보가 부족한 상태에서 결정을 내리면 오류로 빠지거나 실패할 가능성이 높기 때문이다.

그렇다고 사람이 전체를 파악하기까지 마냥 기다릴 수도 없다. 이때 주희는 『대학』의 '격물치지格物致知'를 해석하면서 인간의 인식이 부분에서 전체로 도약하는 경험을 포착하여 생생하게 설명하고 있다. 우리도 문제를 여러 모로 고민하다가 '아, 그렇구나!'라며 여기저기에 흩어져 있던 일들이 서로 연결되는 종합의 경험을 하곤 한다. 종합은 자신에게 일어나는 일을 임기응변하지 않고 일정한 기준으로 처리될 수 있는 일관성이 바탕이 된다. 이렇게 하다 보면 종합은 더 많은 경험과 일을 하나로 연결할 수 있는 드높은 수준으로 나아가게 된다.

종합과 일관성은 리더가 주위와 상황을 통제하기 위해 필수적으로 갖춰야 할 활동이기도 하다. 이러한 종합과 일관성의 경험이 모여서 시대와 세계가 흘러가는 흐름을 읽을 수가 있게 된다.

승당 _____ 지식의 극대화가 사물의 탐구에 있다는 것은 나의 지식을 극대화하려면 사물 자체에서 나아가 그 이치를 탐구해야 한다는 점을 말한다. 세상의 사물은 모두 이치를 갖추고 있고, 사람의 마음은 신통하여 이치를 깨우칠 수 있다. 다만 사물의 이치에 대해 아직 끝까지 밝혀내지 못했기 때문에 우리의 지식은 완전하지 않다. 이 때문에 대학에서 교육을 시작할 때 반드시 학생으로 하여금 자신이 이미 알고 있는 이치를 바탕으로 천하의 사물에 깃든 이치를 더욱더 바닥의 끝까지 파고들어 더 이상 한 점의 의혹이 남지 않는 극한에 다다를 정도로 사유하도록 한다. 이러한 노력이 오랫동안 지속되면 어느 날 아침에 시야가 시원하게 확 트여 모든 것이 하나로 연결되는데, 이때 모든 사물의 안과 밖, 뛰어난 것과 뒤떨어진 것이 모두 명쾌하게 드러나고 사람 마음의 전체대용全體大用, 즉 온전한 본체와 위대한 작용이 모두 밝아진다. 이러한 상태

를 '사물(세상)의 이치에 다가간다'고 하고, 이렇게 다가가 얻은 앎
을 '지식의 지극함'이라고 한다.

所謂致知在格物者, 言欲致吾之知, 在卽物而窮其理也. 蓋
소위치지재격물자, 언욕치오지지, 재즉물이궁기리야. 개

人心之靈, 莫不有知, 而天下之物, 莫不有理. 惟於理有未
인심지령, 막불유지, 이천하지물, 막불유리. 유어리유미

窮, 故其知有不盡也. 是以大學始敎, 必使學者, 卽凡天下
궁, 고기지유부진야. 시이대학시교, 필사학자, 즉범천하

之物, 莫不因其已知之理, 而益窮之, 以求至乎其極. 至於
지물, 막불인기이지지리, 이익궁지, 이구지호기극. 지어

用力之久, 而一旦豁然貫通焉, 則衆物之表裏精粗, 無不到,
용력지구, 이일단활연관통언, 즉중물지표리정조, 무부도,

而吾心之全體大用, 無不明矣. 此謂物格, 此謂知之至也.
이오심지전체대용, 무불명의. 차위물격, 차위지지지야.

—주희, 『대학장구』

입실 _____ 이 인용문은 『대학』의 원문이 아니라, 주희가 팔조목
중에 '격물치지'와 관련된 내용이 빠졌다고 생각하여 보충한 글이
다. 이 보충은 불필요하다고 비판하는 쪽도 있고 적실하다고 주장
하는 쪽도 있다. 이와 관련해서 무수한 논쟁이 벌어졌다. 논쟁을
세세하게 살펴보면 좋겠지만 지면상 주희의 주장을 중심으로 논

의하고자 한다.

치致는 '이르다, 이루다, 지극히 하다'라는 뜻이다. 격格은 '바로 잡다, 다가서나, 연구하다, 밝히다'라는 뜻이다. 유학사에서는 이 격格의 의미를 어떻게 해석하느냐를 두고 오랜 논쟁을 벌여왔다. 물物은 '사물, 대상, 일'을 뜻한다. 물物도 격과 마찬가지로 유학사에서 오랜 논쟁의 주제가 되었다. 즉卽은 '나아가다, 다가가다'라는 뜻이다. 궁窮은 '조사하다, 끝까지 밝히다'라는 뜻이다. 영靈은 '신묘하다, 신통하다'라는 뜻이다.

이지已知는 이미 알고 있는 앎을 가리킨다. 익益은 '더하다, 보태다, 더욱'이라는 뜻이다. 극極은 '끝, 한계, 막다른 지경'을 뜻한다. 단旦은 '아침, 어느 날'이라는 뜻이다. 활豁은 '열리다, 통하다'라는 뜻인데, 연然과 함께 부사로 쓰여 '환하게 트여 시원하게, 의문이 풀려 막힘이 없이 밝게'라는 뜻으로 쓰였다. 활연豁然은 대나무가 두 조각으로 좌악 갈라지는 모양과 소리를 연상하면 그 의미를 생생하게 움켜줄 수 있다. 관貫은 '꿰다, 꿰뚫다, 이어지다'라는 뜻이다. 표表는 '겉', 리裏는 '안', 정精은 '세밀하다', 조粗는 '거칠다'라는 뜻으로, 합쳐서 사물의 모든 측면을 가리킨다.

여언 _____ '활연관통豁然貫通'의 이미지를 잘 이해하려면 추리물을 떠올리면 좋겠다. 사건의 발생으로 극이 시작된다. 독자 또는 관객은 범인이 흘린 증거를 바탕으로 누가 범인이라 짐작한다. 섣불리 '범인이 누구다'라고 단정하기가 쉽지 않다. 시간이 지나면서 증거가 하나씩 늘어난다. 이때 '누가 범인일 거야'라는 생각이 머릿속에 떠오른다. 하지만 유능한 작가라면 이러한 추측이 쉽게 맞도록 내버려두지 않는다.

특히 추리물은 진행 중에 한두 번의 반전이 일어난다. 범인일 듯한 인물은 선한 사람이고 선한 사람은 악인으로 드러난다. 드디어 마지막에 범인이 드러나면 그제서야 이전에 품었던 의문이 한꺼번에 풀리면서 사건의 전모가 머릿속에 좍악 펼쳐진다. 이때 흩어져 있던 단서들이 모두 하나로 엮이며 진범을 가리키는 경험을 하게 된다. 이 경험이 바로 공부를 할 때도 적용된다.

주희는 사물은 세상에서 제각각 실현해야 할 가치를 지니고 있고, 사람은 자신을 둘러싼 세상을 파악할 수 있는 신통한 지력을 가지고 있다고 생각했다. 이러한 전제에도 불구하고 사람은 사물이든 사건이든 한꺼번에 모든 것을 경험하여 무엇이라고 단정할 수가 없다. 그러나 주희는 사람이 이미 파악한 이치를 바탕으로 차근차근 끊임없이 진행하다 보면, 꼭 언제라고 단정할 수는 없지만 "혹시 이거" 또는 "아, 그렇구나!"라는 말과 함께 "유레카Eureka!"를 외칠 수 있다고 보았다. 모든 것을 하나로 꿰면 상황을 통제할 수 있는 역량을 비약적으로 끌어올릴 수 있다. '활연관통'은 아르키메데스가 목욕탕에서 물이 넘"치는 걸 보고 황금 관의 순도를 재는 법을 깨치고 외쳤던 "나는 (그것을) 찾았다!"라는 말, 즉 "유레카!"와 같은 뜻이다. 살면서 '豁然貫通'을 외치는 경험이 많아야겠다.

처음부터 부모인 사람은 없다

미유학양자이후가자未有學養子而後稼者 | 9장

입문 _____ 리더는 상황을 통제하기 위해 좋은 경험을 쌓고 많은 정보를 수집하려고 한다. 그래야 선택 과정에서 실수와 오류를 피할 수 있기 때문이다. 그러나 경험은 끝이 없을 뿐만 아니라 정보 수집도 완결이 없다. 리더는 어찌 보면 늘 부족하고 모자란 상황에서 선택을 할 수밖에 없다.

대규모 사업의 입찰에 참여할 때 누구라도 경쟁자의 금액을 알면 상황을 쉽게 풀어갈 수 있다. 그러나 회사의 사활이 걸려 있어 서로 보안을 엄격히 하므로 관련 정보를 손에 넣을 수가 없다. 이러한 한계에서 경험과 정보를 종합하여 베팅하는 수밖에 없다. 만약 수단과 방법을 가리지 않고 경쟁사의 정보를 알려고 하면 정보

입수가 아니라 범법에 가까운 탈취로 나아가게 된다. 후자는 발을 들여서는 안 될 영역이다.

리더는 다른 퍼즐은 다 맞춰지고 단 하나만 남은 퍼즐을 맞춰야 하는 상황에 자주 놓인다. 마지막 퍼즐까지 다 맞춘다면 그 이후의 과정이 손쉽게 진행될 수 있으리라 생각한다. 마지막 퍼즐을 빨리 맞추려는 욕망만큼 강력하고 달콤한 유혹은 없다. 빠른 속도를 앞세우다 정확성을 잃을 수 있다. 따라서 마지막 퍼즐을 맞추기 전, 하나가 모자라는 상황에서 끝까지 최선을 다해 탐구하는 끈기가 필요하다. 달콤한 유혹에 빠지지 않고 끈질긴 탐구를 한다면 마지막 퍼즐을 정확하게 찾는 과정은 리더가 한 단계씩 끊임없이 성장하는 과정이 된다. 『대학』에서는 이 과정을 육아에 비유하고 있다. 무엇을 말하는지 함께 살펴보기로 하자.

승당 _____ 「강고」에 의하면 "갓난아이를 돌보듯 하라." 한마음으로 진실하게 뭔가를 찾으면 비록 아이가 바라는 것에 딱 들어맞지 않아도 아주 멀리 동떨어지지 않는다. 아이 키우는 법을 다 배우고 결혼하는 사람은 없다.

> 康誥曰, "如保赤子." 心誠求之, 雖不中, 不遠矣. 未有學
> 강고왈, "여보적자." 심성구지, 수부중, 불원의. 미유학
>
> 養子而后嫁者也.
> 양자이후가자야.

입실 _____ 강고康誥는 『서경』에 나오는 편명이다(2강 6조목 '유명불우상' 참조). 여如는 '~와 같다'는 뜻이다. 적자赤子는 어머니로부터 막 분리된 '핏덩이'라는 뜻으로, '갓난아이'를 가리킨다. 성誠은 '다른 생각 없이 오로지 한결같은 마음'을 가리키는 맥락으로, '진실하다, 정성스럽다'는 뜻이다. 수雖는 접속사로 '비록 ~하다'라는 맥락이다. 중中은 '~에 들어맞다, 일치하다, 부합하다'라는 뜻이다. 원遠은 '멀다, 동떨어지다, 현격하다'라는 뜻이다. 양養은 '기르다, 돌보다'라는 뜻이다. 후后는 왕후로 많이 쓰이지만 여기서는 후後와 같이 '뒤, 다음'을 뜻한다. 가嫁는 '시집가다'라는 뜻이다. 아이는 부부가 함께 키우고 돌보므로 '시집가다'를 좀 더 넓게 '결혼하다'로 옮기기로 한다.

마지막 구절은 '미유未有'를 읽고 반 박자 쉬고서 '학양자學養子' 이하를 읽어야 한다. 한문 문장에서 쉼표와 마침표는 당연히 끊어 읽고 한 박자 쉰다. 쉼표와 마침표가 없더라도 의미의 단위가 갈릴 경우 잠깐 반 박자 쉬고 읽으면 의미를 쉽고 분명하게 파악할 수 있다. 이런 구절을 잘못 읽으면 번역하기도 어렵고 자칫 우스꽝스러운 번역이 될 수도 있다.

여언 _____ 아이를 키워본 사람은 '미유학양자이후가자未有學養子而后嫁者'라는 말을 생생하게 이해할 터이다. 나도 양가랑 떨어져 있었기 때문에 아이를 키울 때 초보 부모의 티를 내지 않을 수가 없었다. 밤에 아이가 아프면 육아 관련 서적을 보기도 하고 주위에 물어보기도 하지만 뾰족한 길은 없다. 칭얼대는 아이를 안고 달래는 수밖에 없다. 아이가 아이를 키운다는 소리를 들을 정도이다. 둘째 키우기는 쉬울 듯해도 첫째랑 다를 바가 없다. 한번 경험했다고 아이가 저절로 크는 것이 아니기 때문이다.

나는 아이를 키울 때 더 많이 알고 준비했었다면 하는 생각을 하곤 했다. 하지만 아무리 책을 보고 정보를 수집하고 주위에 물어봐도 결국 내 아이의 문제를 해결하는 만능의 비법은 없다. 경험은 다를 수밖에 없고 책과 정보는 일정 정도 추상적일 수밖에 없으니 내 아이의 문제에 딱 들어맞는 경험과 정보와 책은 없는 것이다. 이것은 나만의 문제가 아니라 사람이면 누구나 겪을 수밖에 없다. 무엇을 안다고 해도 모든 상황에 들어맞는 세세한 앎을 가질 수가 없기 때문이다. 그러나 공영달의 제안처럼 상황마다 본심을 다하면 아이의 상황에 100퍼센트가 아니더라도 비슷하게 맞게 대응할 수 있다(이광호·전병수, 292). 간절한 본심 이외에 무슨 비법이 있겠는가?

리더는 자신의 정보·지식·경험으로 풀 수 없는 상황을 만나면 당황해한다. "이게 뭐지!"라는 반응이다. 그럴 수밖에 없다. 만반의 준비를 하고 모든 대책을 세웠다고 하지만 상황은 어느 순간 리더가 생각하는 방향으로 나아가지 않기 때문이다. 당황은 누구나 할 수 있다. 그 다음이 문제다. 당황스러운 감정을 절제하지 못하고 흥분하고 마구 떠들어댈 수 있다. 인간적인 반응으로 이해할 만하다. 하지만 리더로서 피해야 할 대응이다.

상황이 예상과 다르게 전개된다면 다시 시작해야 한다. 흥분한다고 상황이 나의 편이 되지 않는다. 예상과 현 상황의 격차를 찾아내서 원인을 분석하고 대응 시나리오를 다시 준비해야 한다. 공식과 일반 원칙은 변수를 줄여서 '이런 상황이면 이렇게 될 것이다' 하는 방향을 제시하지만, 구체적인 현실은 시시각각 바뀐다. '未有學養子而後稼者'의 상황이 생기는 법이다.

골프도 필드에 나가면 바람, 습도, 잔디 등 구체적인 상황을 살펴야 한다. 잔디가 억센지 부드러운지, 습도가 높은지 낮은지, 바람이 어느 방향인지를 알아야 공을 보내고자 하는 목적지로 보낼 수 있다. 그렇지 않으면 엉뚱한 곳에 공이 떨어질 수가 있다.

정치·경제 환경도 데이터에 바탕을 둔 거시 지표나 공식대로만 흘러가지 않는다. 정치·경제는 공식대로 풀리는 것이 아니라 사소한 것에도 영향을 받는다. 리더는 주위로부터 공식의 도움을 받을 수 있지만 구체적인 사안은 다른 사람이 챙기지 않으면 자신이 직접 챙겨야 한다. 그래야 공식대로만 움직이지 않고 자신의 결을 드러내는 리더가 될 수 있다. 공식은 학습으로 이해할 수 있지만, 구체적인 상황에서 놓치고 있는 것을 집어내는 것은 개인만의 능력이자 감각이다.

예상과 다르게 상황이 전개된다면
대응 시나리오를 다시 준비하면 된다.

6강

인재

사람을 알아보는 탁월한 안목

大學

6강에서는 리더가 인재를 알아보고, 인재에게 기회를 제공하며, 인재를 대우하는 것의 의의를 다룬다. 인재의 중요성은 현대에 갑자기 시작된 현상이 아니다. 인류는 전염병, 태풍, 홍수, 가뭄 등 생명을 위협하는 다양한 위기를 이겨내면서 문명을 일구어냈다. 위기의 한 고비를 넘을 때마다 이전에 누구도 생각하지 못했던 지혜를 발휘했고 그 지혜를 기술과 물질로 변환시켰다.

원시시대에 인류는 사냥과 채집으로 생명을 유지했다. 이동 생활을 하며 늘 불안한 삶을 살았다. 신석기 시대에는 농사에 유리한 곳을 찾아 뿌리를 내리고 농업과 목축을 했다. 이는 인류의 먹거리 불안을 극복할 수 있었다는 점에서 '신석기 혁명' 또는 '농업혁명'이라고 부른다. 혁명으로 잉여가 발생하자 그것을 보관하기 위해 각종 토기가 제작되었다. 문명은 자연이 인류에게 준 선물이 아니라, 인재가 식물의 섭생을 읽어내고 필요성을 발명으로 승화시키는 과정에서 탄생했다.

우리는 지금 인력을 대체하는 각종 에너지, 항해를 가능하게 한 나침판, 하늘을 나는 비행기, 원양어업을 가능하게 한 냉동 기술, 음식 배달업을 가능하게 한 포장 기술 등 이루 헤아릴 수 없는 문명의 혜택을 누리고 있다. 이러한 문명은 인간의 꿈을 현실화한 것이다. 이는 새로운 지식을 찾아낸 수많은 사람과 그 지식을 유·무형의 시스템과 물질로 빚어낸 사람으로 인해 가능했다. 이 사람들이 모두 인재이다.

조선 시대의 세종은 노비였던 장영실이 지닌 재능을 알아보고서 신분의 장벽을 허물면서까지 그를 등용해 나라의 발전을 도모했다. 에도막부는 서양이 통상을 요구했지만 쇄국정책을 유지했다. 그러나 스키다 겐파쿠杉田玄白는 의사의 자격으로 총상 치료 등 현실적 수요를 위해 정책의

틈새를 통해 네덜란드 의학, 즉 난학蘭學을 배웠다. 이는 훗날 메이지유신이 일어날 수 있는 여러 가지 동기 중 하나가 되었다.

중국은 2018년 12월에 달 탐사선 창어嫦娥 4호를 발사해 2019년 1월에 처음으로 달 뒷면에 착륙시켜 세계를 놀라게 했다. 우주 산업을 비롯하여 다양한 분야의 굴기崛起 프로젝트를 추진한 결과이다. 이를 위해 중국은 2008년부터 해외에서 활약하는 인재를 유치하는 프로젝트로 '천인계획千人計劃'을 실시했고, 2022년까지 만 명 유치를 목표로 '만인계획萬人計劃'을 벌이고 있다. 아울러 중국은, 전자 산업에서 색의 재현율과 명암비에서 탁월하여 동영상에 최적화된 디스플레이로 평가받는 유기발광다이오드OLED 디스플레이 기술을 입수하기 위해 한국 인재 유치에 열을 올리고 있다.

오늘날 '인재 전쟁'이라는 말이 나올 정도로 인재의 비중은 날로 커지고 있다. 『대학』에서 인재와 관련해서 무엇을 말하는지 살펴보기로 하자.

첫째, 리더는 '안목'을 갖춰야 한다. 인재 타령을 하면서 당장 옆에 있는 인재를 놓쳐서는 안 된다.

둘째, 리더는 인재를 찾는 데 그치지 않고 인재가 실력을 발휘할 수 있도록 인재를 '우대'해야 한다.

셋째, 리더는 작은 일과 큰일을 가리지 않고 합리적 선택을 하면서 '자신감'을 길러야 한다.

넷째, 리더는 자신에게 없고 인재에게 있는 것을 무시하지 말고 통 크게 '인정'할 줄 알아야 한다.

다섯째, 리더는 성공에만 도취하지 않고 실패를 '동반'할 때 더 희망찬 미래를 만날 수 있다.

인재를 옆에 두고도 쓰지 않다

견현불거見賢不擧 | 10장

26日

안목

입문 _____ 예나 지금이나 여기저기서 '인재 타령'을 한다. 사람을 뽑아야 하는데 당최 사람을 찾을 수 없다고들 아우성을 친다. 맞는 말이다. 찾는 사람을 만날 수 있다면 좋을 텐데, 사정이 그러지 못하니 얼마나 답답할까. 하지만 마음에 맞는 사람이 없다고 불만을 해봤자 아무런 소용이 없다. 없는 사람이 갑자기 '짠' 하고 나타날 리도 없거니와 마냥 기다리고만 있을 수도 없기 때문이다.

인재난은 공급의 탓만 할 게 아니라 수요의 책임도 따져볼 필요가 있다. 프로스포츠 선수의 트레이드를 보면, 원소속 구단에서 딱히 맞는 역할도 없고 기량도 뛰어나 보이지 않다가 이적 이후에 제자리를 찾아 스타 선수로 변모하는 경우가 종종 있다. 멀리서 찾으

162

려고 할 게 아니라 가까이 있는 자원을 제대로 활용하고 있는지 살펴볼 일이다.

잣대가 잘못되어 인재를 인재로 알아보지 못할 수 있다. 세종은 조선 시대의 과학기술에 큰 역할을 했다고 평가를 받는다. 그러한 그가 지금 당장 쓸 사람이 없다고 '인재 타령'을 하면서 노비 신분이었던 장영실을 발굴하지 못했다면 어떻게 되었을까? 측우기와 혼천의 등이 좀 더 뒤에 발명되었거나 어쩌면 발명되지 못했을지도 모른다. 세종은 인재를 간절히 원했기 때문에 노비의 신분에 개의치 않고 장영실이라는 인재를 발굴할 수 있었던 것이다.

영화 〈천문: 하늘에 묻는다〉(2019)에서 틈만 나면 세종과 장영실의 사이를 벌어지게 하려는 시도가 나온다. 세종은 그러한 시도에도 불구하고 장영실을 파격적일 정도로 중용하여 종3품 대호군까지 승진시켰다. 장영실은 1442년 일종의 차량 사고에 해당하는 안여安輿 사고(세종의 가마가 부러지는 사고)로 곤장 80대 형벌을 받은 이후, 기록이 없어 그의 말로를 알 수 없다. 이는 어찌 보면 그를 온전히 받아들이지 못한 시대상의 반영이라고 할 수 있다.

승당 _____ 인재를 알고서도 추천하지 못하고 추천하고서도 상관으로 두지 못하면 이는 직무유기이다. 부정부패를 알고서도 내쫓지 못하고 내쫓더라도 먼 지역으로 내보내지 못하면 이는 중대 과실이다.

見賢而不能擧, 擧而不能先, 命也. 見不善而不能退, 退而
견현이불능거, 거이불능선, 명야. 견불선이불능퇴, 퇴이

不能遠, 過也.
불능원, 과야.

입실 _____ 견見은 '보다, 가리다'라는 뜻이지만 '보고서 알다'처
럼 '알다'의 의미까지 함축한다. 현賢은 '낫다, 뛰어나다, 현명하다'
는 뜻으로, '인재'로 옮긴다. 거擧는 '들다, 오르다, 추천하다'라는 뜻
이다. 선先은 보통 부사로 쓰이지만 여기서는 '천거한다'는 맥락의
동사로 쓰인다. 선의 의미에 대해 공영달은 '자기보다 앞에 두다,
자신보다 높은 자리에 두다'라는 뜻으로 보고, 주희는 '빨리 쓰이
도록 하다'라는 뜻으로 본다(이광호·전병수, 281).

명命은 가장 논란이 되는 글자이다. 학자들은 의미가 전달되지
않으므로 글자를 바꿔야 한다고 주장하기도 하고, 글자 그대로 봐
도 의미가 통한다고 주장하기도 한다. 정현은 '게으르다, 오만하다'
라는 뜻인 '만慢'으로 고쳐서 읽자고 했고, 정자는 '게으르다, 위태
롭다'라는 뜻인 '태怠'로 고쳐 읽자고 했고, 조선의 정제두는 '죄罪'
로 고쳐 읽자고 주장했다. 정약용은 글자를 고치지 않고 '천명으로
핑계 대다'로 풀이했다(이광호·전병수, 281). 여기서는 과過와 비슷하
게 보아 '직무 유기' 맥락의 만慢으로 풀이하고자 한다. 원遠은 '아
무 실권이 없는 한직에 두어 힘을 쓰지 못하게 한다'는 맥락이다.

구문론으로 보면 인용문은 전형적인 대구 형식으로 되어 있다.

164

현賢과 불선不善, 거擧와 퇴退, 선先과 원遠처럼 의미가 반대되는 말로 구문이 짜여 있다. 대구 형식은 일종의 운율이 있어서 읽고 외우기가 편하다. 리듬을 타면서 소리 내어 읽으면 의미도 훨씬 더 가깝게 다가온다. 고전을 비롯하여 책은 눈으로 보고, 입으로 읽고, 귀로 듣고, 손으로 만지고, 발로 박자를 맞추는 등 오감을 두루 활용하면 책이 말하는 의미를 더 깊이 파고들 수 있다.

여언 ＿＿＿＿ 인재가 없는 걸까, 보고도 못 찾는 걸까? 다들 인재가 없다고 말한다. 정말 그럴까? 『대학』을 보면 인재가 있어도 쓰지 못하고, 부정부패를 저지르는 사람을 과감히 내치지 못하고 오히려 두둔하며 '인재 타령'만 하는 세대를 신랄하게 비판하고 있다.

  '인재 타령'은 진심에서 노래 부르는 경우도 있지만 으레 타령을 따라 부르는 사람도 많다. 『대학』에 보면 여실히 드러난다. 인재를 찾는다고 하지만 정작 인재가 옆에 있어도 쓸 줄 모르고, 쓴다고 해도 실력을 펼치기 부족한 곳에 팽개치는 경우가 있다. 이는 리더가 해야 할 일을 하지 않는다는 점에서 명백히 직무 유기라고 할 수 있다.

  『논어』에 보면 위나라 공숙문자公叔文子는 자신의 가신이었던 선僎이 능력이 뛰어나다는 것을 발견하고 그를 천거하여 조정에서 동료로서 국사를 논의했다(『논어』「헌문」). 공숙문자는 참 멋진 사람이다. 반대로 비리, 부정부패에 연루되면 직위에서 물러나야 하는데도 각종 연줄로 자리보전을 하는 경우가 있다. 악화가 양화良貨를 구축하는 셈이다. 이래 놓고 인재 타령을 하면 도대체 누가 초빙에 선뜻 호응하겠는가? 이도 할 일을 제대로 하지 않은 중대 과실이다. 이를 두고 공자는 할 일은 않고 자리만 지키며 월급을 축내는 구신具臣이라고 비판했다. 요즘 언론에서 권력 교체기에 책임질 일은 하지 않고 세월이 가기만을 기다리는 것을 '복지부동伏地不動'이라고 한다. 이는 구신과 같은 맥락이다.

인재는 실력을 다 갖춘 사람을 가리키기도 하지만, 기회가 주어지면 가뭄에 물을 만난 물고기처럼 실력을 발휘하는 사람을 가리키기도 한다. 전자는 누구나 다 알고 있으므로 욕심내도 늦기 쉽지만, 후자를 찾아내면 물에서 보물을 건지는 성과를 거두는 셈이다. 나는 요즘 기준이면 교수가 되지 못한다. 교수의 기회를 준 선배님들에게 깊이 감사드린다. 그 덕에 읽고 싶은 책 읽고 사회에 보탬이 되는 글을 쓰는 흉내를 내고 있다. 반대로 나는 후임 교수를 뽑지 못하니 '見賢不擧'의 잘못을 하고 있다.

기회가 주어졌을 때
실력을 발휘하는
사람도 인재이다.

가까운 사람의 현명함을 발견하다

현현친친賢賢親親 | 3장

입문 _____ 리더는 인재를 어떻게 대우해야 할까? 리더는 이를 자신을 기준으로 설정하기 쉽다. 인재가 리더의 기준에 자신을 맞춰야 하는 상황이 생겨나는 것이다. 이것은 인재를 대우하는 좋은 방법이 되지 못한다. 인재는 상대적으로 자율성을 가질 때 자신의 기량을 맘껏 펼칠 수 있기 때문이다. 외부에서 자꾸 간섭을 하면 인재는 옆에서 리더를 돕는 참모가 되어버린다.

주나라 문왕과 무왕이 어떤 사람인가? 천자의 나라로 건재했던 은나라가 계속해서 사회 갈등을 겪자, 은나라를 대신해 천명을 받으려는 큰 뜻을 품었던 사람들이다. 두 사람은 실제로 그 큰 뜻을 이루어냈다. 당연히 이들은 자신들과 함께 새로운 시대를 열어갈 인재를 필요로 했다. 여기서 문왕과 무왕이 인재를 활용하는 법을 배울 만하지 않겠는가?

승당 _____ 『시경』에 의하면 "아아, 선대의 왕을 잊지 못하겠네!" 군자의 경우, 선대의 왕이 가진 현명한 점을 함께 현명하게 여기고 선대의 왕이 가까이하는 사람을 함께 가까이했다. 소인의 경우, 선대의 왕이 즐거워했던 것을 함께 즐거워하고 선대의 왕이 이롭게 여겼던 것을 함께 이롭게 여겼다. 이 때문에 선대의 왕이 세상에 없는데도 그의 덕을 잊지 못하는구나.

> 詩云, "於戲, 前王不忘!" 君子, 賢其賢而親其親. 小人, 樂
> 시운, "오호, 전왕불망!" 군자, 현기현이친기친. 소인, 락
>
> 其樂而利其利. 此以沒世不忘也.
> 기락이리기리. 차이몰세불망야.

입실 _____ 인용문은 『시경』의 시를 인용하는 부분과 『예기』 「대학」의 지은이가 인용한 시구의 의미를 풀이하는 부분으로 되어 있다. 『예기』 「대학」에서 빈번하게 나타나는 글의 구성 방식이다. 시는 「주송周頌 열문烈文」에 나오는 구절을 가리킨다. 전왕前王은 이 시가 「주송」에 들어 있는 만큼 주나라를 천자의 나라로 만드는 데에 큰 공을 세운 문왕과 무왕을 가리킨다. 於戲는 감탄사로, '오호'로 읽는다.

기其가 누구를 가리키는지에 대해서는 여러 주해에서 논란이 있다. 어떻게 보느냐에 따라 인용문의 맥락이 달라진다. 이처럼 명사와 대명사 그리고 지시사의 대상은 의미를 해석하는 데 중요한 역할을 한다. 인도어, 유럽어에는 인칭과 성이 있어서 지시 관계를 명확하게 단정할 수 있지만, 고대 한어에는 인칭과 성이 분명하지 않으므로 구문 파악을 두고 논란이 생기지 않을 수가 없다.

정현은 사람을 군자와 소인, 두 유형으로 나누었는데, 기其는 현賢·친親과 락樂·리利의 앞에 나오는 군자와 소인으로 본다. 선대의 왕이 당시의 군자와 소인을 대우하는 맥락을 나타낸다. 한편, 주희는 군자와 소인을 후대의 현자와 군주 그리고 후대의 민중으로 보고, 기其는 선대의 왕으로 본다. 즉 후대의 현자와 민중이 선대의 왕이 현명하게 생각하고 즐겁다고 생각한 것에 동참한다는 맥락이 된다. 여기서 전왕과 후왕, 전왕과 후민의 연결보다 전왕과 당시 군자 및 소인의 관계가 초점이므로 정현에 따라 옮긴다.

여언 _____ 문왕과 무왕은 기존 천자의 나라인 은나라를 대신하여 주나라를 세운 영웅 중의 영웅이다. 왕조의 교체로 인해 백성들이 부당한 고통을 더 이상 겪지 않게 되었기 때문이다. 이 정도면 시대를 이끈 리더라고 해도 지나치지 않다.

문왕은 은나라가 천자 나라인 상황에서 서쪽 지역 제후를 관할하는 서백이었다. 그는 군사적으로는 서부 지역 사령관이었고, 정치적으로는 정국의 향방에 큰 영향을 행사할 수 있는 중심인물이었다. 이 때문에 서백 문왕의 움직임은 은나라의 천자인 주왕의 귀에 들어가지 않을 수가 없었다. 주왕은 점점 세력을 키우는 문왕을 견제하려고 했는지 아니면 모종의 증거를 확보했는지, 문왕을 7년간 유리羑里에 구금시켜버렸다.

문왕은 체포 소식을 접했을 때 주왕 타도의 깃발을 올릴 수 있었다. 당시만 해도 주지육림 등 주왕의 비행은 차고 넘쳤기 때문이다(4강 20조목 '득중득국' 참조). 문왕은 7년의 시간을 받아들여 주왕의 의구심을 자극하지 않았다. 시간이 지나 문왕의 신하 굉요閎天는 주왕에게 보물, 준마 등을 바쳐 문왕을 풀려나게 했다.

유리에서 풀려난 뒤 문왕은 복수심에 눈이 멀어 군사적으로 대응할 만도 했지만 그러지 않고 인재 영입에 열을 올렸다. 문왕은 위수渭水에서 낚시질을 하고 있던 강태공을 만나 의기투합했다. 문왕은 강태공을 비롯하여 당시 자신을 찾는 사람을 내치지 않고 만났다. 이 때문에 하루에 밥 먹을 겨를도 없이 인재를 챙겼다(일중불가식이대사日中不假食以待士)는 고사가 전해진다(『사기』 「주본기」).

문왕은 주왕에 맞설 인망과 실력이 충분했지만 시기가 무르익기를 기다리며 차근차근 미래를 준비했다. 그가 발휘한 리더십의 핵심은 '인내의 준비'라고 할 수 있다. 그는 주왕 타도를 외치지 않고 아들 무왕이 성공할 토대를 마련한 것이다. 그의 인내에는 모두 계획이 있었던 것이다.

무왕은 아버지 문왕이 이루지 못한 주왕 타도의 과업을 이루어야 했다. 결전의 순간에 분열과 갈등은 돌이킬 수 없는 패착의 원인이 될 수 있다. 무왕은 아버지가 일일이 만나서 챙긴 인적자원을 그대로 흡수하고 동생 주공을 비롯한 친족의 힘을 하나로 모았다. 아울러 그는 자신의 거사가 개인의 야망에서 비롯된 권력욕이 아니라 도탄에 빠진 백성을 구원하는 해방의 전쟁이라는 점을 홍보했다.

무왕은 문왕의 유산을 잘 계승하고 통합력을 발휘했으며, 때가 왔다고 판단했을 때 과감하게 행동에 나선 것이다. 그가 발휘한 리더십의 핵심은 '통합의 진격'이라고 할 수 있다. 무왕은 자신이 "타도 주왕"을 외치면 세상이 호응하리라고 판단했고 자신에게 주어진 임무를 외면하지 않았던 것이다.

은나라는 천자의 나라로서 기득권을 가지고 있었으면서도 왜 멸망하게 되었을까? 있던 인재를 내버린 결과이다. 주왕의 숙부 비간比干은 살해당했고, 형 미자계微子啓는 달아났으며, 숙부인 기자箕子는 광인을 가장하고 생명을 지켰다. 주왕이 옆에 있던 인재를 쓰지 않는데 멀리 있는 인재가 찾아올 리가 만무하지 않은가? 되는 사람과 망하는 사람의 차이는 '賢賢親親'의 인재 활용에 달려 있다.

옆에 있는 인재를 쓰지 않는데
멀리 있는 인재가 찾아올 리 만무하다.

입문 _____ 리더는 인재를 얻고자 노력하는 것이 중요하다. 필요한 인재가 알아서 찾아오지 않으니 당연히 먼저 찾아 나서야 한다. 인재를 찾았다고 해서 그게 끝이 아니다. 인재를 적재적소에 배치하고 어떻게 활용하는지도 중요하다. 그냥 포괄적으로 믿고 맡길 것인지 아니면 하나하나 챙길 것인지를 선택해야 한다. 각각 장단점이 있지만 인재라면 믿고 맡기는 편이 낫다. 매사 관여하려다가 자칫 '진시황의 역설'에 걸려들 수 있다.

진시황은 제국을 세운 뒤 하루에 결재할 서류의 무게를 달면서 일했다. 자신이 직접 챙겨야 일이 잘 풀려간다고 생각했던 것이다. 일종의 만기친람萬機親覽 형이라고 할 수 있다. 이 때문에 제국을 운

172

용하는 시스템은 작동하지 않고 황제의 결재를 받느라 오래 대기해야 하는 상황이 발생했다. 오히려 만기친람이 일을 더 꼬이게 만든 것이다.

리더는 조직의 특정한 사람을 지칭하지만, 리더를 특정인에 한정하지 않고 역할로 바라보면 다양한 상황 속에서 응용할 수 있다. 부모와 자식의 관계에서 통상적으로 부모가 리더 역할을 한다고 해도 가족 여행을 가면 자식이 리더 역할을 하는 게 좋다. 젊은 세대는 스마트폰으로 지도와 맛집 등 검색으로 해결하지 못하는 게 없기 때문이다. 단, 이때 자식에게 리더 역할을 맡겨 놓고 이래야 저래야 간섭하면 좋은 여행이 될 리가 없다. 리더 역할을 바꿔하면 서로 윈윈하는 삶이 가능해진다.

연구 모임, 동호회 등 각종 단체에서도 마찬가지다. 임원진이 임기별로 바뀌기도 하고 또 과제가 생기면 임시 기구를 만들기도 하는데, 임원과 대표는 특정한 기간 동안 리더 역할을 한다. 리더 역할이 끝나면 다시 회원으로 돌아간다. 이처럼 같은 모임에서도 임원과 회원처럼 각각 다른 역할을 해보면서 다른 시각을 경험하면 책임감도 느끼고 새로운 사실을 발견할 수도 있다.

승당 _____ 요임금과 순임금이 천하(세상)를 사랑의 정치로 이끌자 백성이 그에 동조했고, 걸왕과 주왕이 세상을 폭력의 정치로 이끌자 백성이 그에 동조했다. 리더가 무엇을 하자고 내린 명령이 평소 자신이 좋아하는 방향과 서로 반대되면 오히려 백성들이 동조하지 않는다. 이 때문에 리더는 자신이 덕목을 갖추고서 다른 사람에게 그렇게 하기를 요구하고, 자신이 악덕을 없애고서 다른 사람에게 그러지 못한다고 책망한다. 이처럼 리더는 자신이 간직한 사고에 진실하지 않고서 여러 사람을 깨우치는 경우는 아직 없었다.

堯舜帥天下以仁, 而民從之. 桀紂帥天下以暴, 而民從之.
요순수천하이인, 이민종지. 걸주수천하이포, 이민종지.

其所令, 反其所好, 而民不從. 是故, 君子有諸己而後求諸
기소령, 반기소호, 이민부종. 시고, 군자유저기이후구저

人, 無諸己而後非諸人. 所藏乎身, 不恕, 而能喻諸人者, 未
인, 무저기이후비저인. 소장호신, 불서, 이능유제인자, 미

之有也.
지유야.

입실 _____ 帥는 장수를 뜻하면 '수'로, '거느리다'라는 뜻이면 '솔'로 읽는다. 종從은 '따르다, 협조하다, 동조하다'라는 뜻이다. 걸주桀紂는 각각 하나라와 은나라의 마지막 왕으로, 로마의 네로 황제처럼 고대의 폭군으로 널리 알려져 있다. 暴은 '사납다'로 쓰일 때 '포'와 '폭' 두 발음이 있다. '폭동, 폭정, 난폭하다'에서의 '폭'과 '포악하다' 할 때의 '포'가 같은 한자다. 반反은 '어긋나다, 반대되다, 상반되다'를 뜻한다.

유무有無는 그냥 '있다와 없다'로 옮기기도 하고 주희처럼 "'선이

있다'와 '악이 없다'"로 옮기기도 한다(성백효, 40). 선악으로 규정되면 의미가 분명해지지만 선악의 구도로 범위가 좁아지기도 한다. 諸는 '모두, 여러'라는 뜻이면 '제'로 읽고, 어조사로 쓰이면 '저'로 읽는다. 비非는 '비판하다, 질책하다'라는 뜻이다. 장藏은 '품다, 간직하다, 가지다'라는 뜻이다. 유喩는 '깨우치다, 깨치다, 알게 하다'라는 뜻이다. 제인諸人은 '여러 사람, 많은 사람'이라는 뜻이다.

구문론으로 보면 '요순'에서 '민종지'까지가 대구 형식이고 또 '유저기'에서 '비저인'까지가 대구 형식이다. 대구 형식은 상반된 내용을 대비시켜 논지를 분명하게 돋보이게 하는 효과를 나타낸다. 아울러 구문이 운율로 되어 있어 읽기도 편하여 입에 착 감기는 맛이 있다.

여언 _____ 요순 부분은 이해하기가 어렵지 않다. 하지만 걸주 부분은 이해하기가 다소 어렵다. '백성이 어떻게 폭군의 정치에 동조할까?'라는 의구심이 들기 때문이다. 전쟁을 예로 설명해보자. 나라가 전쟁을 하게 될 때 백성은 리더가 요순 같은 현군이면 찬성하겠지만, 걸주 같은 폭군이라고 해서 반대할 수는 없다. 폭군이라고 하더라도 나라의 운명을 건 전쟁을 하게 되면 보조를 맞출 수밖에 없기 때문이다. 폭군을 나쁘게 평가하는 것과 나라를 지키는 것을 나누어 생각하는 것이다. 나아가 폭군이라고 하더라도 군주로서 정통성을 지니고 있다면 정책 하나하나를 반대하는 데 부담이 크다. 참다 참다 못해 최후에 폭군을 자리에서 내쫓을 수 있지만 그 이전에 매사에 불복종 운동을 할 수는 없다. 흔쾌히 동조하는 것이 아니라 마지못해 소극적으로 호응하는 것이다.

하지만 리더가 이것도 저것도 아닌 중간치여서는 안 된다. 또 누가 하는 게 좋아 보인다고 해서 마구잡이로 모방하는 흉내쟁이여서도 안 된다. 또 방금 이랬다가 조금 뒤에 손바닥처럼 뒤집고 저랬다 하는 변덕쟁이여서도 안 된다. 『대학』에서는 백성이 동조하지 않는다고 했지만 실상 어떻게 해야 할지를 모르는 것이다. 리더가 자신이 무엇을 하고자 하는지 분명해야 인재도 주위 사람도 어떻게 움직일지 계획할 수 있다.

앞으로는 뒷짐 지고 턱짓으로 이래라 저래라 하는 리더보다 브리핑하고 질의응답하는 리더가 대세가 될 것이다. 뒷짐형 리더는 일을 진행하다가 느닷없이 "이게 아닌데!"라며 방향을 선회하거나 "이번엔 확실하죠?"라는 물음에 모호하게 대답해놓고 나중에 "누가 이렇게 하랬어?"라고 반문한다. 어떤 인재가 뒷짐형과 공조하려고 하겠는가! 애플의 스티브 잡스가 신제품 설명회에 직접 나섰던 것처럼 리더가 자신이 가는 방향과 가치를 직접 브리핑하여 주위의 호응을 이끌어내면 수많은 중간 단계를 줄일 수 있다. '無諸己而後非諸人'하는 소통의 리더라면 인재만이 아니라 소비자와도 보조를 잘 맞출 것이다.

> **리더가 무엇을 하고자 하는지 분명해야**
> **주위 사람도 어떻게 움직일지 계획할 수 있다.**

타인의 재능을 내 것처럼 반기다

29日

인정

인지유기약기유지人之有技若己有之 | **10장**

입문 _____ 우리나라 기업 간 거래에서 장기적으로 개선할 관행이 있다. 하나의 기업이 모든 기술을 가지고 모든 제품을 만들 수가 없다. 당연히 다른 기업으로부터 필요한 부품을 구매해야 한다. 내가 필요한 것을 다른 기업으로부터 구하고 다른 기업은 나에게 제품을 파니 서로 좋은 일이다. 하지만 양자의 관계가 대기업과 중소기업, 중소기업과 영세기업의 거래일 때 상황이 달라진다. 대기업은 중소기업으로부터 도움을 받는다고 생각하기보다 '내가 네 것을 팔아주니 네가 나에게 신세를 진다'고 생각한다.

이 때문에 대기업은 거래 관계를 끊겠다는 것을 빌미로 중소기업에 원천 기술과, 그와 관련된 정보를 제공하라고 요구한다. 중소기업은 대기업의 요구를 들어주지 않으면 당장 거래가 끊겨 유동성 위기가 오니 거부하기가 쉽지 않다. 그러나 이 요구를 들어주더라도 얼마 있지 않아 거래가 끊어질 것이다. 자신들이 부품을 만들 수 있으니 더 이상 외부에서 살 이유가 없는 것이다. 공정거래위원회에서 '기술 탈취'를 적발하고 처벌하지만 이러한 관행은 워낙 뿌리가 깊어 쉽게 없어지지 않고 있다.

이는 기업이 독점의 이득만 생각하고 협업의 미덕을 고려하지 않는 후진적 욕망이다. 공존하면 상대가 지금보다 더 좋은 기술을 개발할 수 있고 그 부품으로 제품을 만들면 나는 그 덕에 한 단계 더 올라설 수 있다. 따라서 내가 상대의 기술을 빼앗는 것은 나를 발전시킬 수 있는 길을 스스로 막아버리는 것이다. 이러한 관계는 리더가 인재를 모셔서 운용하는 방식에도 적용될 수 있다. 관계를 어떻게 설정하느냐에 따라 사람 사이가 협력과 발전의 원동력이 될 수도 있고 과도한 경쟁과 공멸의 원인이 될 수도 있다.

승당 _____ 「진서」에 의하면 "가령 강직한 인물은 진실하고 한결같아 보이고 별다른 특별한 재능이 없더라도 마음이 넓어 다른 사람을 포용할 듯해. 이 사람은 주위에 누군가 재능을 가지고 있으면 마치 자신이 그걸 가진 듯하고, 좋은 말을 하면 온 마음으로 좋아하며 마치 자신의 입에서 나온 듯 한다네. 이는 다른 사람을 잘 포용하므로 우리 자손과 백성을 잘 보존할 터이니 아마 주위에 보탬(이로움)이 되리라. 반면에 어떤 이는 주위에 누군가 재능을 가지고 있으면 강샘하고 깎아내리며 미워하고, 좋은 말을 하면 어깃장을 부려서 서로 소통이 되지 않게 한다네. 이는 다른 사람을 포용하지 못하므로 우리 자손과 백성을 보존하지 못할 터이니 주위에 위태로우리라!"

秦誓曰, "若有一个臣, 斷斷兮, 無他技, 其心休休焉, 其如
진서왈, "약유일개신, 단단혜, 무타기, 기심휴휴언, 기여

有容焉. 人之有技, 若己有之. 人之彦聖, 其心好之, 不啻若
유용언. 인지유기, 약기유지. 인지언성, 기심호지, 불시약

自其口出. 寔能容之, 以能保我子孫黎民. 尙亦有利哉. 人
자기구출. 식능용지, 이능보아자손려민. 상역유리재. 인

之有技, 媢疾以惡之. 人之彦聖, 而違之, 俾不通. 寔不能
지유기, 모질이오지. 인지언성, 이위지, 비불통. 식불능

容, 以不能保我子孫黎民. 亦曰殆哉!"
용, 이불능보아자손려민. 역왈태재!"

입실 _____ 진서秦誓는 『서경』「주서周書」의 편명으로, 진秦나라 목공穆公이 맹세하는 내용과 관련된다. 목공은 정나라 내부 세력과 결탁하여 정나라를 차지하려고 했다. 세 명의 장수는 목공의 명령으로 정나라로 진격했으나 정나라를 구원하려는 진晉나라와 싸우다 패배했다. 세 장수가 진나라의 포로로 잡혔다가 풀려나 본국으로 돌아오자 목공은 그들과 맹세하며 이 글을 지었다.

개介는 개個와 같이 양사로 보기도 하고, 개介처럼 '강직하다, 바르고 곧다'라는 의미를 포함하는 '경개耿介하다'라는 뜻으로 보기도 한다. 단단斷斷은 진실하고 한결같은 모양, 확실하여 한 치의 의심이 없는 모양을 나타내는 의태어이다. 혜兮는 어조사로 뜻이 없다. 기技는 '기예, 재능'이라는 뜻이다. 언彦은 학식과 재능을 갖춘 훌륭한 사람을 가리킨다. 성聖은 '통달하다, 훤하다'라는 뜻이다. 문맥으로 보면 '언성彦聖'은 다음에 나오는 '자신의 입에서 나온다'는 '자기구출自其口出' 구절과 호응해야 한다. 이 때문에 정약용은 『대학공의』에서 언성은 '사람이 가진 성품, 능력'이 아니라 '좋은 말'이 되어야 한다고 보았다(이광호 외, 280).

시啻는 '뿐, 다만 ~뿐만 아니라'라는 뜻이다. 식寔은 이, '참으로, 진실로'라는 뜻이다. 여黎는 '많다, 검다'를 뜻한다. 여민黎民은 생산활동에 종사하는 일반 평민을 가리킨다. 백성百姓도 일반 평민으로 쓰이지만 원의는 성을 가진 귀족이다. 상尙은 희망을 나타내는 어조사로 쓰인다. 모媚는 '강샘하다, 시기하다, 쏘아보다'라는 뜻이다. 위違는 '어기다, 어긋나다'라는 뜻이다. 비俾는 '하여금, 시키다'라는 뜻이다.

여언 _____ 「진서」는 리더와 인재가 능력도 능력이지만 인성을 갖춰야 한다는 말을 하고 있다. 리더가 인성을 갖추지 못하거나 인성을 갖추지 못한 인재를 모아놓으면 발전하기는커녕 재앙이 생길 수 있다. 그것이 바로 목공이 두 가지 사례로 나누어 맹세하는 초점이다. 남의 재능을 내 것처럼 여겨서 포용할 수 있다면 국가를 위기에서 구하여 발전으로 나아가게 할 수 있다. 반면 남의 재능을 시기하고 질투하면 소통도 되지 않을 뿐만 아니라 국가의 재앙이 될 수 있다. 전쟁에 나서서 지휘관이 협력하지 않고 각자가 독불장군처럼 군다면 적이 밖에 있을 뿐만 아니라 안에도 있는 셈이다. 목공은 장수끼리 상대가 가진 능력을 인정하고 전체로 끌어안을 수 있는 포용력의 중요성을 역설하고 있다.

동양의 건축 조경에 '차경借景' 개념을 눈여겨볼 만하다. 집을 짓고 정원을 꾸미면서 그 안에 모든 요소를 넣기는 힘들다. 그렇게 하려면 엄청난 면적의 대지가 필요하기 때문이다. 이때 이웃집과 주위의 경관에 있는 요소를 억지로 내 정원에 넣을 필요가 없다. 즉 나는 꼭 가꾸고 싶은 조경만 하고 나머지는 주위의 요소들을 내 것처럼 여기라고 제안하는 것이다. 이웃집에 잘 자란 대나무가 있는데 굳이 내 집에 심을 필요가 없고 주위에 큰 강이 흐르는데 내 집에 큰 연못을 팔 필요가 없다.

이처럼 인재는 남이 가진 것에만 주목하여 질투하지 말고 각자가 가진 것에 주목하여 공존하고, 리더는 인재가 협력하여 시너지 효과를 내도록 통합의 리더십을 발휘해야 한다. '人之有技, 若己有之'의 리더십이다. 이렇게 하려면 리더도 인재도 당장 눈앞의 이해관계에 집중하지 말고 주위 사람이 가진 능력을 하나로 통합할 수 있도록 넓고 멀리 보는 시야를 가져야 한다.

약자를 돌보면 사람이 등 돌리지 않는다

휼고불배恤孤不倍 | 10장

입문 _____ 리더와 인재는 최소한의 도덕의식을 가지고 있을까? 다른 말로 표현해서 리더와 인재는 인성을 갖추고 있을까? 인용문을 보면 『대학』에서는 리더와 인재가 인성을 갖추도록 요구할 뿐만 아니라 주위에 모범을 보여야 한다고 역설하고 있다. 이러한 사고의 밑바닥에는 리더와 인재가 모범을 보이지 않는다면 사회에 도덕의식이 약화 또는 악화되리라는 전제를 깔고 있다.

이러한 전제는 "윗물이 맑아야 아랫물이 맑다"는 우리말 속담과 일맥상통한다. 윗사람이 모범을 보이면 아랫사람이 그걸 모방하여 사회의 도덕의식이 전체적으로 강화되리라는 기대를 나타낸 것이다. 사실 이 점은 세심하게 독해해야 한다. 윗사람의 모범을 강조한다고 해서 아랫사람의 자발성을 부정하는 것이 아니다.

"윗사람이 모범을 보여야 한다"나 "윗사람이 모범을 보여야 아랫사람이 따라한다"는 말은 윗사람이 권력을 가졌으니 아랫사람은 모든 책임에서 면제된다는 말이 아니라, 윗사람이 제대로 된 인성을 꼭 갖춰야 한다고 요구하는 것이다. 즉 윗사람은 권력을 가졌다는 측면만이 아니라 인성을 갖춰야 한다는 점을 새롭게 상기시키고 있다.

한편 윗사람이 아랫사람에게 모범을 보이기도 하지만 아랫사람이 윗사람에게 영향을 끼치기도 한다. 중국의 역대 효자 스물네 명을 모아놓은 『이십사효二十四孝』에는 순임금과 같은 왕의 이야기도 있지만 관료와 평민 남녀의 이야기도 함께 나온다. 왕도 평민도 이 책을 보며 효도를 해야겠다는 생각을 하게 된다. 이렇게 보면 왕과 백성은 도덕적으로 일방적 관계가 아니라 상호 영향과 상호작용의 관계라고 할 수 있다.

승당 _____ 이른바 천하를 공평하게 하는 것은 각각의 나라(지역)를 어떻게 다스리느냐에 달려 있다. 윗사람(리더)이 늙은이를 늙은이로 공경하면 백성들도 자극받아 효도를 잘하게 되고, 윗사람이 어른을 어른으로 존경하면 백성들도 자극받아 공경을 잘하게 되고, 윗사람이 고아 등 사회적 약자를 구제하면 백성들도 자극받아 서로 주위의 아픔에 등 돌리지 않는다. 이 때문에 군자는 자신을 바탕으로 이웃을 헤아리는 혈구지도를 따른다.

所謂平天下, 在治其國者. 上老老而民興孝, 上長長而民興
소위평천하, 재치기국자. 상노노이민흥효, 상장장이민흥

弟, 上恤孤而民不倍. 是以, 君子有絜矩之道也.
제, 상휼고이민불배. 시이, 군자유혈구지도야.

입실 _____ 평平은 '다스리다, 평평하다'라는 뜻이다. 흥興은 '일으
키다, 감발시키다'라는 뜻이다. 휼恤은 '근심하다, 돌보다, 돕다'라
는 뜻이다. 고孤는 '외롭다'는 뜻으로 여기서는 부모가 없는 아이를
가리킨다. 아울러 범위를 넓혀서 사회적 약자를 가리킨다. 배倍는
'등지다, 저버리다'를 뜻하는 배背, 배倍와 같은 뜻이다. 등지는 대
상을 두고 논란이 많은데 여기서는 백성들이 어울려 지내는 주위
사람끼리 어려움이 생기더라도 등지지 않는다는 맥락으로 풀이한
다. 향약의 4대 강목 중의 하나인 '환난상휼患難相恤'과 의미상 상통
한다.

'노노老老'와 '장장長長'처럼 인륜의 명사가 반복될 경우 두 가지
해석이 있다. 하나는 공자가 정명正名을 말하는 "부부父父, 자자子子"
처럼 '부모는 부모답게, 자식은 자식답게 살다(『논어』「안연」)'로 번
역하는 경우이다. 다른 하나는 맹자가 서恕를 설명하는 "노오노이
급인지노老吾老以及人之老, 유오유이급인지유幼吾幼以及人之幼"처럼 '내
집의 늙은이를 늙은이로 모시고 이웃집의 늙은이에게로 넓히고,
내 집의 아이를 아이로 돌보고 이웃집의 아이에게로 넓힌다(『맹자』
「양혜왕」상)'로 번역하는 경우이다. 여기서는 후자의 용례로 옮긴다.

여언 _____ 오늘날 사람이 꼭 거창한 일을 하지 않더라도 주위 사람들에게 의도하지 않더라도 좋은 영향력 또는 선한 영향력을 끼치면 바람직하다고 본다. 선한 영향력은 다양한 방식으로 일어난다. 2004년에 배우 김혜자는 『꽃으로도 때리지 말라』에서 국제 구호 현장에서 느낀 점을 글로 표현해 그 어떠한 말보다 구호의 절박함을 호소력 있게 전달했다. 근래에 아이돌 그룹의 팬들은 아이돌의 활동을 성원하면서 아이돌의 이름으로 기부 활동을 벌이기도 한다.

코로나19가 대구·경북 지역에서 폭발적으로 발생하여 검역, 간호, 치료, 이송 등 제반 분야에서 인력이 부족한 시기가 있었다. 이때 전국 각지에서 자원 봉사자들이 대구·경북으로 모여들었다. 그들의 활동이 언론과 SNS를 통해 알려지면서 상황의 심각성을 공감하기도 했다. 선한 영향력은 '위에서 아래로'나 '아래에서 위로'와 같이 정해진 방향이 없다. 상황에 따라 이번에 앞선 사람이 다음에 뒤따르기도 하고 그 반대가 되기도 한다. 이렇게 선한 영향력이 동시다발적으로 종으로 횡으로 뻗어나간다.

리더와 인재 사이는 기본적으로 계약으로 맺어진다. 하지만 사람 사이는 계약으로만 설명되지 않는다. 사람이 우울하고 힘들거나 혼자서 해결하기 벅찬 상황에 있을 때 서로 자연스럽게 다가가면 '버려진다'는 느낌이 들지 않는다. 혼자가 아니라는 느낌은 사람이 힘든 국면을 이겨낼 수 있는 유무형의 힘이 된다. '恤孤不倍'처럼 어려울 때 친구가 진정한 친구인 것이다. 이 때문에 현대사회에서 공감 능력이 새삼 주목을 받고 있다. 공감 능력이 없으면 사람이 옆에 있어도 벽처럼 느껴질 뿐이다. 이렇게 보면 전인권의 〈걱정하지 말아요 그대〉 노래처럼 예술가적 감수성이 사람 사이를 조율하는 길이 될 수 있다.

혼자가 아니라는 느낌은
힘든 국면을 이겨내도록 하는
힘이 된다.

7강

—

경제

돈을 버는 것은 사람을 구하는 일이다

大學

7강에서는 『대학』을 비롯하여 유학에서 경제와 관련한 논의를 살펴보고 자 한다. 경제는 경세제민經世濟民의 줄임말이다. 즉 세상을 경륜하고 백성 을 어려움에서 구제한다는 뜻이다. 유학자들은 개인의 도덕 역량을 키워 서 생활 세계를 이끌어가는 '수기안인修己安人'의 리더가 되고자 했다. 이 러한 방향 설정을 고려한다면 『대학』을 비롯하여 유학에서 경제 문제를 결코 소홀히 할 수가 없다.

리더와 공직자는 경제의 활성화를 위해 올바른 정책을 세워야 하고 비 리와 부패를 막기 위해 제도적 장치를 촘촘하게 마련해야 한다. 아울러 법과 규정 이전에, 리더와 공직자는 이해 충돌의 방지, 청렴의 의무가 왜 중요한지를 심각하게 고민해야 한다. 그렇지 않으면 리더와 고위 공직자 는 직위로 인해 취득한 정보를 불법적으로 이용할 수 있다. 이는 공동체 와 조직을 사유화할 뿐만 아니라 공정의 가치를 해친다는 점에서 문제가 된다. 이렇게 되면 공동체는 활력을 잃고 사람들은 절망하고 분노한다. 이러한 부정의 에너지를 긍정의 에너지로 바꾸려면 리더는 다음의 사항 에 주목해야 한다.

첫째, 리더는 자신이 다 쓸 수 없는 재화를 나눠서 사회에서 입지를 마 련하는 경우가 있는 반면, 할 것 안 할 것 가리지 않고 몸을 함부로 놀려서 재물을 마구 모으는 경우도 있다. 전자가 사랑의 리더라면, 후자는 몰인 정의 리더다. 『대학』에서는 리더가 재물로부터 거리를 두지 못하면 '가치 의 전도'를 모른 채 우월적 지위를 남용하는 비리와 타락의 주인공이 될 수 있다고 경고하고 있다.

둘째, 리더는 풍요한 공동체를 만들어야 한다. 이러한 방향이 구체화 되려면 적절한 원칙이 필요하다. 『대학』에서는 생산 인구가 소비 인구보다 많아야 하고, 근면하게 '노동'하고, 급하지 않은 토목과 건축 공사를 자제해야 한다고 제시하고 있다. 이는 특별할 것 없이 상식적이고 자연스러운 원칙이다. 역사적으로 보면 이를 어긴 자는 폭군이 되고 지킨 자는 명군이 되었다.

셋째, 리더는 사람들에게 지금보다 더 나은 삶을 가능하게 해야 한다. 리더는 공동체나 조직의 운영을 결정하는 중대한 역할을 하기 때문에 규정된 범위 안에서 막대한 권한을 가지고 있을 뿐만 아니라 공동체나 조직과 관련된 고급 정보를 언제든지 취득할 수 있다. 이때 리더는 자신에게 집중되어 있는 권한을 남용하지 않고, 인재와 재화를 적재적소에 배치하여 선한 영향력이 '공유'되도록 해야 한다.

넷째, 오늘날은 생산보다 소비가 문제다. 아무리 제품을 잘 만들더라도 판매되지 않으면 기업이 성장할 수가 없다. 반면 과거에는 소비보다 생산이 문제였다. 농업이 부의 근원이었지만 열심히 일한다고 해서 생산물이 급격하게 늘어나지 않았기 때문이다. 어려울 때 리더가 더 많은 재화를 소유하려고 하면 결국 세금을 비롯하여 각종 명목으로 백성들의 부를 약탈하는 수밖에 없다. 덕德은 그런 약탈을 억제하는 '가치'의 힘이었다.

다섯째, 오늘날 고위 공직자와 리더는 직무를 수행할 때 이해 충돌의 방지에 신경을 써야 한다. 미공개 정보를 활용하여 부당 이익을 본다면 이는 오늘날 핵심 가치인 공정을 해치게 된다. 『대학』에서 맹헌자孟獻子는 고위 공직자가 양돈과 영계 산업에 종사해서는 안 된다고 보았다. 이는 생계를 위한 백성들의 수입원에 나쁜 영향을 끼치기 때문이다. 사익보다 '도의'를 강조하는 맹헌자의 청렴 정신은 오늘날의 리더와 고위 공직자에게 귀감이 될 만하다.

재물을 탐하다가 몸을 망치다

이신발재 以身發財 | 10장

입문 _____ 부동산은 정부마다 해결하기 어려운 과제이다. 부동 산이 거주가 아니라 재산 증식의 수단으로 간주되기 때문이다. 저 축은 이자가 거의 없고 주식은 위험이 있는 만큼 부동산 투자는 짧 은 시간에 돈을 벌 수 있는 가장 확실한 방법으로 여겨진다. 사람들 은 똘똘한 집 한 채를 가지면 막대한 시세 차익을 남길 뿐만 아니 라 든든하고 확실한 노후 대비의 방법이 될 수 있다고 생각한다.

이러한 상황에서 고위 공직자가 다주택을 보유하거나 투자가 집중되는 지역에 주택을 보유하고 있으면 부동산 문제를 해결하 려는 정부의 입장이 곤란해진다. 이 때문에 청와대와 정부의 고위 공직자는 실제로 거주하는 주택을 제외하고 나머지를 팔아야 하는 상황에 내몰리기도 했다.

사실 다주택 보유 공직자라도 합법적으로 주택을 사고팔았을 수 있다. 고위 공직자가 다주택을 보유했다고 해서 법적으로 문제 삼을 수는 없다. 하지만 고위 공직자의 다주택 보유는 정부 정책을 믿지 못하게 만든다. 아울러 직무와 이해 충돌의 문제가 생길 수 있다. 고위 공직자는 국가 정책을 입안하고 집행하는 만큼 고급 정보를 다룬다. 고위 공직자가 직무상 취득한 정보로 재산을 증식한다면 일반 시민과 비교할 수 없는 우월적 지위를 남용하는 셈이다.

요즘 새삼스럽게 고위 공직자의 청렴 의무가 화제다. 『대학』에서도 리더가 재물을 나눌 줄 알아야지 모으려고 해서는 안 된다고 주장한다.

승당 _____ 사랑의 리더는 재물을 잘 써서 몸 둘 곳(입지)을 찾아내고 몰인정의 리더는 몸을 함부로 놀려서 재물을 마구 모은다.

仁者以財發身, 不仁者以身發財.
인자이재발신, 불인자이신발재.

입실 _____ 인仁은 『대학』에서만이 아니라 유학의 가장 핵심 개념이다. 인은 시대마다 의미가 다른데 가장 기본적인 의미는 사랑이다. 여기서 인자仁者는 인의 덕목을 존중하는 지도자를 가리키므로 '사랑의 리더'로 옮긴다. 반면 불인자不仁者는 인의 덕목과 상반

되는 경향의 지도자를 가리키므로 '몰인정의 리더'로 옮긴다.

이以는 특정한 의미를 갖지 않은 허사이지만 다양한 어감을 나타낸다. 일반적으로 이以 자 다음에 나오는 명사를 활용한다는 수단, 도구의 맥락으로 쓰인다. 예컨대 이재以財는 '재물을 수단으로 사용하다'라는 맥락이 된다. 이때 이以 자는 용用 자의 뜻과 겹친다.

발發은 '일어서다, 일으키다'라는 의미로 이전과 이후가 달라진다는 맥락인데 뒤에 호응하는 말에 따라 세심하게 옮길 필요가 있다. 발신發身은 '몸을 일으킨다'는 뜻으로 어떤 사람이 어려운 처지나 환경에서 벗어나 앞길이 훤히 트이는 경우를 가리킨다. 즉 '사람의 앞길이 창창하다, 출세하다, 인기를 얻다'라는 의미다. 발재發財는 사람이 재물을 모아서 큰 부자가 된다는 맥락이다.

여언 _____ 금융권의 월급이 왜 다른 분야의 직종에 비해서 높을까? 금융권에 있으면 늘 돈을 만진다. 마음먹기에 따라 딴마음을 품을 수 있다. 물론 부당 거래가 있으면 점검하고 제재할 수 있는 시스템이 있기 때문에 개인의 일탈이 쉽게 일어나지는 않는다. 그럼에도 불구하고 종종 뉴스에서 보도되듯이 금융권에 있으면 자신이 관리하는 화폐를 자신의 소유물로 만드는 비리를 저지를 가능성이 있다. 금융권 종사자는 주택 구매와 같이 많은 돈이 필요할 때 다른 직종보다 저리의 대출을 받을 수 있는데, 비리의 유혹을 느낄 수 있는 위기를 줄이려는 시도라고 할 수 있다.

금융권 종사자만이 아니라 고위 공직자도 일탈의 가능성이 적지 않다. 예컨대 고위 공직자는 택지 개발이나 도로 건설이 시행되기 전에 그와 관련된 정책 정보에 접근할 수 있기 때문에 미리 관련 정보를 입수하고 사전에 직접 토지를 매입하거나 친인척으로 하여금 토지를 매입하게 한다면 사업이 시행된 후에 막대한 이익을 얻을 수 있다. 이런 정보가 모두에게 공개된 것이라면 모를까, 고위 공직자가 직무상 취득한 정보를 이용해 재산을 증식하는 것은 부당한 일이다.

이전에도 고위 공직자의 이해 충돌에 대한 문제의식이 강했다(35조목 '이의위리' 참조). 근래에 이와 관련하여 규제의 필요성이 제기되면서 고위 공직자가 되면 보유 주식도 신탁하여 투자로부터 거리를 두게 만들었다. 이러한 상황 변화를 고려하면 『대학』은 아주 선진적인 방안을 내놓고 있다.

리더는 관계를 맺은 사람들의 문제를 해결하는 자리에 있다. 이런 측면에서 리더는 기본적으로 사랑의 미덕을 가진 사람이 되어야 한다. 이런 맥락에서 리더는 자신이 가진 권한으로 활용할 수 있는 자원을 여러 사람에게 나누는 역할을 해야 한다. 이로써 리더는 돈을 버는 것이 아니라 덕망을 버는 사람이 될 수 있다. 반면에 리더가 자신이 가진 권한을 남용하여 돈을 벌려고 하면 다른 사람들이 피해를 입는다. 그런 리더에게는 경쟁자가 있을 수가 없다. 제한된 정보를 가진 사람이 모든 정보를 장악한 리더를 결코 이길 수가 없기 때문이다. 땅 짚고 헤엄치는 격으로 돈을 버는 것이다. 그러나 우리는 간혹 뉴스에서 자리에서 쫓겨난, 비리의 정치 지도

자의 집이 온갖 패물이며 사치품으로 가득 찬 장면을 보곤 한다. 그렇게 악착같이 모았지만 결국 자기 것이 되지 못하고 자신은 조롱의 대상이 된다. '以身發財'의 주인공이 되는 것이다.

자본주의 사회에서 최고 경영자는 주식 배당과 월급 그리고 상여금에서 천문학적 금액을 수령한다. 그들이 경영에 기여한 가치를 고려한 배분이다. 최고 경영자가 기업의 이윤 창출에 기여한 몫이 인과적으로 입증된다면 고액의 배당도 아무런 문제가 없다. 하지만 기업이 적자 상태를 벗어나지 못하거나 막대한 손실을 입히는 결정을 내려놓고 규정에 따라 막대한 배당을 수령한다면 도덕적 해이라고 하지 않을 수가 없다. 이제 우리 사회는 지금 당장 큰돈을 버는 리더에 주목하기보다 역사에 남을 만한 리더를 많이 배출해야 하지 않을까?

리더는 재물을 모으기보다
나눌 줄 알아야 한다.

일하는 자가 많고 쓰는 자가 적다

생중식과生衆食寡 | 10장

입문 _____ 오늘날 언론과 서점 등에서 재테크는 아주 각광을 받는 분야이다. 도시 생활에 비용이 많이 들고 자녀 교육에도 목돈이 들어가며 노후 대비도 걱정이 되기 때문이다. 이로 인해 투자 대비 이윤이 높다고 하면 많은 자본이 그곳으로 몰려드는 양상을 보인다. 여유 자본을 그냥 놀리지 않고 더 많은 수익을 찾아서 국경마저 자유롭게 넘나든다. 자본가의 심성이 날로 그 기세를 더하고 있는 것이다.

『대학』에서도 재테크, 즉 생재生財를 말한다고 하면 믿을 사람이 드물 것이다. 뜻밖의 이야기이니까! 단, 『대학』만이 아니라 유학에서는 사익을 증대시키는 방법보다 복지와 공공선을 증진하기 위한 재화의 생산에 많은 관심을 보였다. 『대학』에서의 재테크는 무엇을 강조하는지 함께 살펴보기로 하자.

승당 _____ 재물 증식에는 중요한 원칙이 있다. 생산 활동 인구가 많고, 소비 활동 인구가 적으며, 생산과 제작은 신속하게 하고, 건축과 토목의 공사는 천천히 진행하면 재물이 항상 풍족할 것이다.

生財有大道. 生之者衆, 食之者寡, 爲之者疾, 用之者舒, 則
생재유대도. 생지자중, 식지자과, 위지자질, 용지자서, 즉

財恒足矣.
재항족의.

입실 _____ 위의 번역은 현대적인 의미로 옮긴 것이다. 통상 글자의 원의에 충실하면 다음처럼 옮길 수 있다. "재물을 생산하는 데에 큰 도가 있다. 생산하는 자가 많고 먹는 자가 적으며, 만드는 자는 빨리하고 쓰는 자는 느리게 하면 재물이 항상 풍족할 것이다." 양자의 번역에 대해 앞을 의역이라고 하고 그 다음을 직역이라고 한다. 나는 의역과 직역의 구분보다 의미가 전달되는 정확한 번역과 그렇지 않은 부정확한 번역으로 나눈다. 고전은 원문을 지금 사용하지 않는 고어투로 옮기는 것보다는 원의를 해치지 않는 선에서 현대의 사람들에게 의미가 잘 전달될 수 있는 언어와 문형으로 옮기는 것이 바람직하고 생각한다.

첫 번째 생生은 '낳다, 살다'가 기본 의미이지만 여기서는 '불리다, 불어나다'의 맥락이다. 두 번째 생은 '일하다, 생산하다'라는 뜻이다. 식食은 기본적으로 '먹다'라는 뜻이지만, '쓰다, 소비하다'라는 의미를 함축한다. 위爲는 '만들다, 작업하다'라는 뜻이다. 용用은 '사다, 사업하다'라는 뜻이다. '생'과 '위', '식'과 '용'은 의미상 같고 다른 지점이 있다. 공영달에 따르면 '생'은 농업과 양잠업에 종사하는 것이고, '위'는 백성들이 농업과 양잠업을 경영하는 것이다. '식'은 사치성 소비처럼 급하지 않고 쓸모가 없는 비용을 말하고, '용'은 군주가 건축과 토목 공사에 들어가는 비용을 말한다(이광호·전병수, 311).

식食과 용用의 차이는 분명하지만 생生과 위爲의 차이가 다소 불분명하다. 공영달의 풀이를 숙독해보면 '생'은 생산 활동에 종사하는 인구를 말하고, '위'는 백성들이 실제로 생산 활동에 종사하는 측면을 말한다. 나는 '위'가 공영달의 풀이에 더해 농업과 양잠업 등 생산에 필요한 도구를 만드는 제작을 포함한다고 생각한다.

여언 _____ 『대학』에서 재화를 증대하는 방법은 오늘날의 자본가 심성보다 상식에 바탕을 두고 있다. 첫째, 생산 인구가 소비 인구보다 많아야 한다. 재화의 생산에 종사하는 사람이 많으면 많을수록 생산물은 늘어나기 마련이다. 둘째, 생산한 재화를 절약해야 한다. 절약은 두 가지 방향으로 요청된다. 하나는 실용성이 없는 호화 사치품을 소비하지 않는 것이다. 다른 하나는 새로운 건축

물을 짓지 않고 토목 공사를 벌이지 않아 자원의 낭비를 막는 것이다. 셋째, 생산 활동에 때를 놓치지 않고 제때에 부지런하게 해야지 게을러서는 안 된다.

이렇게 보는 『대학』에서는, 자본의 투자는 상상조차 하지 못하고 생산 활동의 인구수, 절약, 근면을 재화 증대의 중요한 방법으로 보고 있다. 시대의 한계를 고려하면 지극히 자연스러운 방안이라고 할 수 있다. 생산 활동이 농업에 집중되는 만큼 농부의 수는 재화를 생산하고 증대시키는 핵심 중의 핵심이다. 당시에는 상업의 산업화를 억제하던 상황이라 부가가치를 창출할 수 있는 방법이 제한적일 수밖에 없었다. 이 때문에 이미 있는 재화를 최대한으로 아끼는 절약, 쉬지 않고 많은 노동력을 쏟아 붓는 근면이야말로 생재의 중요한 방법이었다.

어떤 리더가 걸핏하면 궁궐에 새로운 건물을 짓고 성곽 보수에 일반 백성들을 동원한다고 해보자. 백성이 부역에 동원되면 생산 활동에 종사하는 인구수도 줄어들고 농사에 집중할 수도 없다. 아울러 건물을 짓게 되면 부의 재분배와 재해 구조에 쓰일 재화를 소비하게 된다. 따라서 리더가 급하지도 않고 실효도 없는 사업을 벌이면 그나마 비축한 재화도 어느 순간에 사라지게 된다.

『대학』에서의 생재 논의는 유학에서 토지 문제로 구체화되었다. 맹자는 정전제井田制를 제안하며 나라가 농민에게 농사지을 토지를 제공하고 공전의 노역으로 세금을 대신하도록 했다. 정井 자에 네모를 두르면 囲 꼴이 되는데, 가운데 네모가 공전이고 이를 둘러싼 여덟 곳이 사전이다. 즉 여덟 사람에게 토지를 주고 가운데 공전을 경작하여 그 수확물을 세금으로 내도록 했던 것이다. 정전제가 실행되면 '생지자중生之者衆'과 '위지자질爲之者疾'을 이루게 된다.

그러나 그 뒤에도 토지가 귀족과 유력세가에게 집중되고 소농이 소작농으로 전락하거나 세금을 부담하지 못하고 야반도주하는 일이 늘어나자, 동중서 등은 토지 소유 상한제에 해당하는 한전제限田制를 주장했다. 이는 모두 『대학』에서 말하는 '生衆食寡'의 생재 원칙을 구현하려는 시도로 볼 수 있다.

오늘날 생재의 근원은 농업에 한정되지 않고 제조업, IT산업 등 다양하다. 분야가 다양하지만 일자리가 줄어들어 실업 문제가 사회 현안이 되고 있다. 『대학』에서 말하는 생재 원칙이 구현되지 않는 것이다. 고용이 줄어 '生之者衆'이 '生之者寡'가 되고 실업이 늘어 '食之者寡'가 '食之者衆'이 되고 있다. 그 결과 '재항족의財恒足矣'가 아니라 '재항부족의財恒不足矣'가 되고 있다.

> 급하지도 않고 실효도 없는 사업을 벌이면
> 비축한 재화가 한순간에 사라진다.

재물을 나누면 사람이 모인다

재산민취 財散民聚 | 10장

입문 _____ 오늘날 세금은 돈으로 낸다. 세금을 마련하는 일이 걱정이지 세금을 내는 방법 때문에 걱정하지는 않는다. 세금을 돈으로 내기 이전에는 사정이 달랐다. 쌀로 세금을 낸다면 이루 말할 수 없는 험난한 과정을 거쳐야 했다. 쌀을 세금으로 내는 것으로 끝나지 않고, 쌀을 납부 장소로 옮기고 다시 운송 수단에 싣고 육로나 해로로 이동하고 다시 쌀을 정부 창고로 옮겨서 보관해야 한다. 참으로 복잡하기 그지없는 과정을 거쳐야 했다.

역설적으로 세금 때문에 많은 분야가 발전했다. 세금 납부를 확인하느라 회계장부가 생겨나고, 운송하느라 도로와 뱃길이 생겨나고, 보관하느라 창고업이 발달했다고 할 정도이다. 하긴 수나라의 경우 강남의 세금을 북쪽으로 옮기느라 운하까지 팠으니 할 말을 다했다고 할 수 있다.

사실 왕을 비롯한 위정자는 32조목의 분류에 따르면 생지자生之者가 아니라 식지자食之者에 가깝고, 위지자爲之者가 아니라 용지자用之者에 가깝다. 이 때문에 맹자와 같은 시대에 활약한 농가는 현민병경론賢民竝耕論, 즉 치자를 포함하여 현자와 백성이 구별 없이 농사를 지어야 한다고 주장했다. 따지고 보면 치자는 놀고먹는 유한계층이므로 정무를 보고 나서 직접 농사를 지어야 한다는 논법이다. 맹자가 이 이야기를 듣고 깜짝 놀랐다. 그는 농가의 주장에 대해 농부가 자신의 연장을 직접 만들어서 사용하느냐고 반문했다. 농부가 농기구를 만들지 않는다면 결국 장인의 도움을 받게 된다. 따라서 직접 농사를 짓지 않지만 정치를 하는 치자도 존재할 수 있다. 맹자는 이렇게 분업의 필요성을 역설하며 현민병경론을 반박했다.

세금, 부의 집중, 부익부 빈익빈의 문제는 역사적으로 오랜 연원을 가지고 있다. 『대학』의 지은이는 왜 재물의 취산 문제를 이야기할까?

승당 _____ 이 때문에 재물이 한 곳에 모이면 백성이 흩어지고, 재물이 여러 곳으로 흩어지면 백성이 모인다.

是故, 財聚則民散, 財散則民聚.
시고, 재취즉민산. 재산즉민취.

입실 _____ 취聚는 '모이다, 모여들다, 모으다'라는 뜻으로 의미상 다음의 산散과 반대된다. 산散은 '흩다, 흩어지다'라는 뜻이다. 취는 독점, 독과점의 맥락이라면 산은 분산, 공유의 맥락이다.

'즉則' 자 앞의 '취'와 '산'은 '즉' 자 뒤의 '산'과 '취'랑 기본적인 의미를 공유하지만 어감이 미묘하게 다르다. '즉' 자 앞의 '취'는 재물이 군주 한 사람에 집중된다는 어감을 나타내고, '산'은 재물이 적재적소에 안배된다는 어감을 나타낸다. '즉' 자 뒤의 '산'은 다른 곳으로 떠나간다는 어감을 나타내고, '취'는 다른 곳의 사람이 찾아온다는 어감을 나타낸다.

이러한 어감을 살려서 다음처럼 번역할 수 있다. "재물이 군주에게 집중되면 백성은 살길을 찾아 뿔뿔이 흩어지고, 재물이 필요한 곳으로 분산되면 백성이 할 일을 찾아 하나씩 모여든다." 이 번역은 앞의 번역보다 의미가 훨씬 명백하게 전달된다. 이처럼 같은 글자라 하더라도 문맥에 따라 미묘하게 차이를 보인다. 이러한 미묘한 차이를 읽어내지 못하면 언어 유희로만 느껴지거나 무슨 취지를 전달하는지 분명하게 다가오지 않는다.

여언 _____ 인용문의 내용을 잘 보여주는 일화가 있다. 공자의 사상을 알려면 『논어』를 읽으면 되지만 그의 일대기를 알려면 판화 또는 만화 형식으로 된 『공자성적도』를 보면 된다. 『공자성적도』는 공자의 탄생에서부터 성장, 활약상 그리고 죽음과 사후 추모 등 다양한 이야기로 구성되어 있다. 그 안에 나오는 「태산문정

泰山問政」은 공자가 태산을 지나다 길에서 우는 여인을 만난 이야기이다.

이야기의 줄거리는 이렇다. 공자가 제자 자로와 길을 가다 태산을 지날 즈음에 길가에서 울고 있는 여인을 만났다. 공자가 자로더러 여인이 왜 우는지 알아보게 했다. 자로가 여인을 만나 우는 연유를 물었다. 여인의 말에 따르면, 깊숙한 태산에 살다가 시아버지가 호랑이에게 물려 죽었고 남편도 물려 죽었는데, 최근에 아들마저 물려 죽으니 하도 기가 막혀서 울고 있다고 했다.

이야기를 듣고서 공자는 여인에게 애도를 표했지만 한 가지 의문이 들었다. '시아버지나 남편에게 불행한 일이 일어났을 때 산을 내려갔으면 아들을 잃는 비극은 생기지 않았을까?' 하는 의문이 들었던 것이다. 여인은 자신도 산이 위험하다는 걸 알지만 산 아래 마을에 살면 세금이 호랑이보다 더 무섭다는 대답을 했다. 이로써 '가정맹호苛政猛虎'라는 고사가 생겨났다.

농사는 인간의 노력만으로 충분하지 않고 햇볕과 비 등 자연의 도움이 크게 필요하다. 이러한 사정을 감안하지 않고 세금 납부만을 독촉하면 백성은 태산의 여인처럼 마을을 등지게 된다. 명나라를 세운 주원장도 살던 마을에 전염병이 돌아 부모가 죽은 뒤 유리걸식한 때가 있었다. 주원장의 이야기는 절에 잠깐 몸을 맡겼다가 농민 반군에 합류해 군사적 재능을 발휘하며 천자까지 되는 해피엔딩으로 끝나지만, 그것은 극소수에 해당되는 일이고 절대 다수는 유리걸식하다 길에서 죽고 산에서 화전을 일구는 새드 엔딩의 주인공이었다.

　이런 맥락에서 보면 인용문은 단순한 내용을 담고 있지만 나라의 존재 이유에까지 이어질 수 있다. 세금이 부의 재분배나 복지를 목적으로 쓰여야 백성이 기꺼이 공동체의 일원이 되지, 그렇지 않을 경우 '내가 왜?'라는 의문을 던지게 된다. 자연재해가 나면 구호 물품을 보내고 코로나19 사태와 같은 재난 상황에서 경기가 어려워지면 각종 지원 제도를 실시하는데, 이도 '재산민취'의 일환이라고 할 수 있다.

　과거에는 왕 또는 세도가가 탐욕을 부려 부를 독과점하고자 했다. 오늘날은 기업이 반독과점의 대상으로서 규제를 받는다. 시장에 절대적 지배자가 있으면 새로운 경쟁자가 들어서지 못하여 활력을 잃을 수 있기 때문이다. 경쟁해야 하는 환경 때문에 기업은 버는 일에만 골몰하지 않고 공동의 문제를 해결하는 사회적 책임을 지려고 한다. 이런 기업은 소비자의 사랑을 받아 백년 기업이 될 수 있다. 이도 '財散民聚'의 결과이다.

> **버는 일에만 골몰하지 않고
> 공동의 문제를 해결하려는 기업이
> 백년 기업이 된다.**

덕망이 우선, 재물은 그다음

덕본재말德本財末 | 10장

입문 _____ 삶에서 무엇이 중요할까? 모든 사람이 돈이라고 생각할지 모른다. 하지만 사람마다 상황마다 답이 다르다. 난치병이 걸린 사람은 치료제가 있다면 돈은 얼마든지 줄 터이니 치료제를 달라고 할 것이다. 생명이 중요하기 때문이다. 바쁜 도시의 삶을 정리하고 귀농 또는 귀촌한 사람에게 생활에 불편한 게 없느냐고 물어보면, 쫓기지 않고 여유롭고 한적하게 사는 게 중요하지 아쉬울 게 뭐가 있느냐고 대답한다. 여유가 중요하기 때문이다. 사고 싶은 것 다 사고 먹고 싶은 것 다 먹으며 이를 SNS에 올리는 '플렉스flex한' 삶을 살려면 돈이 중요하다.

　『대학』에서는 삶의 다양한 방향을 덕과 재, 즉 명덕(덕망)과 재물

또는 도덕과 돈으로 압축하여 이야기를 풀어간다. 결론부터 말하면 돈보다 도덕이 중요하다고 말한다. 이에 대해 여러 가지 반론이 나올 수 있다. "사대부나 양반은 먹고살 만한 웬만한 재산이 있으니까 그런 소리를 하지, 하루 벌어 하루 살고 뼈 빠지게 일해도 남는 게 없으면 저럴 소리를 할까?" "세상 물정을 몰라서 그렇지. 사람의 재물욕이 얼마나 강한데!" 『대학』을 비롯해서 유학에서는 왜 덕이 중요하다고 하는지 살펴보기로 하자.

승당 _____ 명덕(덕망)은 일차적(근본)이고 재물은 부차적(말단)이다. 근본을 밖에 두고 말단을 안에 두면 이익을 밝히는 백성들이 힘을 약탈에 쓸 것이다.

德者本也, 財者末也. 外本內末, 爭民施奪.
덕자본야, 재자말야. 외본내말, 쟁민시탈.

입실 _____ 외外와 내內는 맥락상 각각 '경시하다'와 '중시하다'라는 뜻으로 쓰인다. 각각 안에 두는 것을 밖에 두고, 밖에 두는 것을 안에 둔다는 뜻으로 보이기 때문이다. 중요한 것은 집안에 들이고 나머지는 집밖에 두는 시골의 살림을 생각하면 쉽게 이해할 듯하다. 공영달은 외外를 '멀리하다'는 뜻의 소疏로, 내內를 '가까이하다'라는 뜻의 친親으로 풀이하고 있다(이광호·전병수, 301).

여언 _____ 먼저 유학에서는 사람의 재물욕이 얼마나 강렬한지 모르지도 않고 무시하지도 않는다. 주희는 이 구절을 풀이하면서 "재물이란 사람이 누구나 똑같이 바라는 대상이다(蓋財者, 人之所同欲)"라고 말했다. 주희는 사람의 재물 욕심을 모르는 것이 아니라 너무나도 정확하게 알고 있다. 그의 말을 좀 더 들어보자.

> 내가 재물을 원하면 다른 사람도 원한다는 점을 헤아리지 못하고 내가 독차지하려고 하면 사람들이 서로 들고일어나 더 가지려고 다투고 가진 사람에게서 빼앗으려고 한다(不能絜矩, 而欲專之, 則民亦起, 而爭奪矣).

주희의 설명을 들으면 그럴 듯하여 저절로 고개를 끄덕이게 된다. 하지만 이 설명이 재물보다 명덕(덕망)을 중시하자는 주장과 어떻게 연결되는지 분명하지 않다. 두 주장 사이에 연결되는 내용이 없어서 논지가 비약하는 느낌이다.

주희의 논리는 이렇다. 사람들은 모두 재물을 소유하려고 한다. 이것 자체는 부정할 수 없는 사실이다. 재물을 마구 쓰더라도 재물이 계속 생긴다면 모를까 소비에는 결국 한계가 있다. 한계가 있는 상황에서 사람들이 너도나도 재물을 더 많이 갖겠다고 할 텐데, 어떤 사람이 자기가 다 가지겠다거나 제일 많이 가지겠다고 하면 어떻게 될까? 『대학』의 원문에 나오듯이 이익을 두고 싸우는 사람, 즉 쟁민爭民이 등장할 것이고, 주희의 풀이에 나오듯이 사람들끼리 치고받는 쟁탈의 상황이 생길 것이다. 상속을 두고 형제자매가 싸우는 흔한 이야기를 떠올리면 충분히 이해할 만하다.

그렇다면 어떻게 해야 할까? 공동체의 구성원이 서로 가져갈 수 있는 몫을 규정으로 정할 수도 있고, 한 사람이 가장 많이 가져갈 수 있는 한도를 정할 수도 있다. 전자가 오늘날 상속법의 내용이고, 후자는 반독점법의 내용이다. 이것만으로 충분할까? 주희는 고민 끝에 사람이 재물보다 명덕(덕망)에 초점을 두어야 한다고 주장했다. 이렇게 보면 명덕(덕망)은 결국 재물로 향하는 노골적인 욕망을 통제할 수 있는 힘이다. 명덕(덕망)이 부재하다면 아무리 촘촘한 규정이 있다고 하더라도 재물로 향하는, 사람의 욕망을 완전히 규제할 수 없다.

재물로 향한 욕망이 그토록 강렬한 것일까? 오늘날은 생산보다 소비가 문제지만 과거는 소비보다 생산이 문제였다. 생산력이 낮은 단계였으므로 사람이 뭔가를 가지려고 해도 그 대상이 적었다. 이때 누군가 지금 정해진 몫보다 더 많이 가지려고 하면 더 많이 생산하는 수밖에 없다. 이때 근면이 답일 수 있다. 하지만 저생산 사회에서는 자기 착취에 가까울 정도로 아무리 노동을 열심히 일한다고 해도 재물을 크게 모을 수 없다. 나머지 손쉬운 방법이 있긴 있다. 바로 약탈이다. 내가 원하는 것을 누군가 이미 가지고 있다면 그것을 뺏으면 그만이다. 그렇다고 자신이 가진 것을 순순히 뺏길 사람은 없다. 여기서 재물을 두고 피 말리는 투쟁이 시작되는 것이다.

저생산 사회에서 약탈 경제로 나아가지 않으려면 재물로 향하는, 인간의 노골적인 욕망을 가라앉히는 방법밖에 없다. 피 끓는 청춘이 서로 힘자랑하며 실제로 치고받다가 서로 다치고 몸이 엉망이 될 때까지 승부가 나지 않으면 "우리 그만 싸우자"라고 휴전을 제안하는 상황을 생각해보자. 싸워봤자 좋은 일이 없다는 걸 파악하면 서로를 인정하면 그만이다. 이렇게 보면 명덕(덕망)을 중시해야 한다는 주장은 세상 물정을 모르는 사람의 괜한 소리가 아니라, 세상 물정을 제대로 알아서 이성적인 사회를 만들려는 사람의 진심어린 제안이라 할 수 있다. '德本財末'의 의미가 결코 간단하지 않다.

더 많이 가지려고 싸워봤자
좋은 일 없다.

도의가 진정한 이득이다

이의위리以義爲利 | 10장

입문 _____ 34조목의 '덕본재말德本財末'에서 명덕(덕망)과 재물의
관계를 논의했다면 여기서는 이익(사익)과 도의의 관계를 말하고
있다. 의義는 덕과 통하고 리利는 재와 상통하므로 같은 이야기를
다른 방법으로 다룬다고 할 수 있다. 중요한 내용은 반복될 수밖에
없고, 단순 반복되면 식상하므로 다른 비슷한 개념을 사용하는 것
이다. 19조목의 '혈구지도'에서 말한 '부침개 전법'을 떠올리면 좋
겠다.

그리고 또 하나 더. 31조목의 '이신발재以身發財'에서 공직자의 직
무와 이해 충돌의 이야기를 했다. 『대학』에서 이해 충돌의 문제를
얼마나 진지하게 인식하고 있고 또 세세하게 규정하고 있는지를

확인할 수 있다. 이를 통해 리더와 공직자가 더 높은 자리로 갈수록 왜 그들에게 더 높은 수준의 '청렴'을 의무로 요구해야 하는지 공감할 수 있을 것이다.

승당 _____ 맹헌자가 말했다. "처음으로 대부가 되어 말 네 필을 기르면 양계와 양돈업을 생각하지 않고, 상례와 제사에 얼음을 쓰는 집안(경대부)은 소와 양을 목축하지 않고, 수레 백 대를 가용하는 집안(경대부)은 세금을 가혹하게 긁어모으는 세리를 키우지 않는다. 옆에 취렴의 세리를 두느니 도둑질하는 관리를 두는 편이 낫다." 이는 국정 운영에서 사익을 이익으로 여기지 않고 도의를 이익으로 여겨야 한다는 점을 말한다.

> 孟獻子曰, "畜馬乘, 不察於鷄豚. 伐氷之家, 不畜牛羊. 百
> 맹헌자왈, "흑마승, 불찰어계돈. 벌빙지가, 불흑우양. 백
>
> 乘之家, 不畜聚斂之臣. 與其有聚斂之臣, 寧有盜臣." 此謂
> 승지가, 불흑취렴지신. 여기유취렴지신, 녕유도신." 차위
>
> 國. 不以利爲利, 以義爲利也.
> 국, 불이리위리, 이의위리야.

입실 _____ 맹헌자는 노나라 대부 중손멸仲孫蔑을 가리킨다. 畜은 '가축, 쌓다, 모으다'라는 뜻이면 '축'으로, '기르다'라는 뜻이면 '흑'으로 읽는다. 흑마승畜馬乘은 사士가 대부로 승진한 뒤에 누리는 신

분의 상징이다. 사는 두 필의 말이 끌고 검은 칠을 한 수레를 타는 반면에, 대부는 말 네 필이 끄는 수레를 타고 다닐 수 있기 때문이다(이광호·전병수, 315). 찰察은 '살피다'라는 뜻으로 많이 쓰이지만 여기서는 '돌보다, 관리하다, 키우다'의 맥락이다. 벌빙지가伐氷之家는 경대부 이상을 가리키는데, 상사와 제사에 얼음을 사용하는 집안을 가리킨다. 백승지가百乘之家 역시 경대부 이상으로, 수레 백 대를 가용할 수 있으며 제후로부터 분봉받은 채지采地를 가지고 있다.

닭과 돼지, 소와 양을 키우는 일은 백성들이 직접 길러서 돈을 버는 직종이다. 대부가 권력을 앞세워 사람을 써서 가축을 키운다면 백성들은 수입원이 줄어들 수밖에 없다. 요즘 빵집처럼 중소기업 적합 업종을 지정해 대기업이 그 업종에 신규 참여나 확장을 하지 못하게 제한하는 법의 취지는 맹헌자의 말과 일맥상통한다고 할 수 있다.

'여기與其 a 녕寧 b'는 'a라기보다 차라리 b', 'a보다 b가 낫다'는 의미를 나타내는 관용적 표현이다. 취렴지신聚斂之臣은 '모으다'의 취聚, '거두다, 긁어모으다'의 렴斂을 합친 말로, 세금을 마구잡이로 거두어들이는 관리를 가리킨다. 즉 세금을 부과하고 징수하는 관리인 세리稅吏를 가리킨다. 세리가 예수의 설법에도 자주 부정적인 인물의 사례로 나오듯이 취렴지신도 어디서도 환영받지 못하는 인물이다. 세리는 규정대로 세금을 거두어야 하니 처지가 딱한 사람들로부터 원망을 들을 수밖에 없다.

여기서 취렴지신은 규정대로만이 아니라 그 이상으로 세금을 거두어들인다는 맥락이다. 도신盜臣은 지위를 남용하여 공금을 착복하는 등 비리를 저지르는 관리를 가리킨다. '녕유도신寧有盜臣'을 자칫 도신을 긍정하는 맥락으로 오해할 수 있다. 그러나 이는 일종의 반어법으로, 도신은 공물을 훔치는 피해를 주지만 취렴지신은 많은 백성에게 고통을 주므로 차라리 도신이 낫다는 말일 뿐이다.

여언 _____ 아무리 시대가 바뀌었다고 하지만 맹헌자의 발언은 여전히 빛을 발한다. 그만큼 맹헌자의 사고는 시대를 초월할 정도로 보편적이며 선진적이다. 리더와 공직자가 지위를 남용하여 사익을 추구할 것이 아니라 청렴해야 한다는 점을 일깨워준다. 또 나라가 백성들의 생명을 지켜야지 그들을 대상으로 돈벌이해서는 안 된다는 점을 명확히 밝히고 있다.

법령이 정비되어 있고 시민사회와 언론의 감시가 살아있지만 취렴지신이 나타날 가능성은 여전히 남아 있다. 고위 공직자를 사칭한 범죄, 공직자의 직권 남용, 리더의 비리는 사라지지 않고 잊힐 만하면 사건이 생긴다. 청와대 직원을 사칭하여 청탁을 받거나 의원 신분으로 감사권을 남용하여 자녀의 채용을 의뢰한다거나 일일이 헤아릴 수가 없다. 일종의 인적 네트워킹을 활용한 각종 '찬스'의 사례라고 할 수 있다.

이러한 사례가 왜 나쁜가? 첫째, 국가를 비롯하여 자신이 소속한 조직을 사유화하기 때문이다. 공직자와 리더는 직무 수행에 상응하는 급여를 받는다. 직무상 알게 된 정보로 재산을 증식하는 것은 다른 사람에게 돌아갈 몫을 중간에서 가로채는 것이다. 이 때문에 맹헌자는 '以義爲利'를 굳게 지키기 위해 대부가 되면 양돈, 양계의 일에 신경 쓰면 안 된다고 요구했던 것이다.

둘째, 누구나 노력하면 바라는 것을 이룰 수 있다는 상식과 공정의 가치를 저버리기 때문이다. 다른 사람에게 없는 각종 '찬스'를 사용하게 되면 원하는 것을 빨리 얻을 수 있다. 하지만 그 찬스가 없어서 밤잠을 설쳐가며 공부하고 돈이 없어서 아르바이트를 하며 노력한 수많은 사람은 허탈함을 느끼게 된다. 실망은 분노로 쌓인다. 왕조 시절에는 이러한 공분이 주기적으로 농민 반란을 일으키는 원동력이 되었다. 현대에서 공분은 대규모의 시위, 지지율의 하락, 정권의 교체 등으로 표출된다. 리더와 공직자라면 자신이 도신은 아닌지, 취렴지신은 아닌지 자문자답해봐야 한다.

> 리더는 지위를 남용해
> 상식과 공정의 가치를
> 저버리는 일이 없도록
> 해야 한다.

통합

분열과 갈등을 넘어 협력과 공존으로

大學

8강에서는 리더가 발휘해야 할 통합의 가치를 살펴보고자 한다. 리더의 자리는 앞일까, 뒤일까? 과거에 리더는 뒤에 자리했다. 뒷자리에 앉아서 앞을 향해 이래라 저래라 하며 지시했다. 간혹 앞의 사람이 마음에 들지 않는다면 뒤에서 큰소리를 내곤 했다. 특별한 상황이 생기지 않는 한 리더는 결코 앞으로 나서지 않았다. 누가 찾아올라치면 여러 사람이 리더를 뺑 둘러싸고 접근을 막았다. 내부 사람도 리더의 얼굴을 직접 봤다는 경우가 드물었다. 리더의 얼굴을 보았다는 게 화제가 될 정도였다.

요즘의 리더는 동료들 앞에서 방향을 설명하고 이견을 청취하고 조정한다. 기자나 고객 등 앞에 나서서 제품의 특징을 브리핑하는 등 홍보에 열을 올린다. 이러다 보니 리더가 아이돌 그룹의 스타에 못지않은 인기를 누리는 경우도 많다. 이런 리더의 대표적 선두 주자가 스티브 잡스라고 할 수 있다. 청바지에 폴라티를 입고서 신제품의 기능을 직접 시연하기도 하고 시대를 향해 자신의 주장을 펼치기도 했다.

리더가 역할을 수행하는 방법이 달라지고 있다. 리더가 뒤에서 점잖게 앉아 있던 시대가 지나가고 리더가 대중 앞에 직접 나서서 설명하고 홍보하여 제품의 신뢰도를 끌어올리고 있다. 특히 지금까지 없었던 새로운 분야라면 리더의 역할이 더더욱 중요하다.

이제 리더는 조직이나 공동체의 일부가 아니라 전체를 대표해야 한다. 정치인이라면 선거에서 이겼을 때 자신을 지지한 유권자만이 아니라 지지하지 않은 유권자의 의향도 챙길 줄 알아야 한다. 선거로 진영이 나뉘어 격렬하게 경쟁했다고 하더라도 선거가 끝나면 모두가 함께 가야 할 사람들이기 때문이다.

이러한 당연한 요구에도 불구하고 리더는 전체보다 부분을 보고 소통하는 경우가 적지 않다. 통합보다 분열의 리더십을 발휘하는 것이다. 나는 이를 '골목대장 놀이'라고 부른다. 골목대장에게는 크게 따지는 사람도 없고 흥분해서 대드는 사람도 없다. 이러니 여기저기에서 분열을 조장하는 골목대장 놀이를 하기는 의외로 쉽다. 반면 통합의 리더는 온갖 반대와 격렬한 항의를 만나며, 사소한 잘못도 다 알려져서 언론이며 시민단체에서 시정을 요구받는다. 골목대장은 영향력이 다한 옛 리더처럼 숨어서 큰소리를 친다. 『대학』에서는 광장에서 만나는 통합의 리더십을 어떻게 말하고 있는지 살펴보기로 하자.

첫째, 리더는 앞에 나서는 만큼 '주시'하는 눈과 귀가 많다는 것을 인지해야 한다. 정제되지 않고 하고 싶은 말을 그대로 했다가는 오너 리스크의 주인공이 된다. 앞에 서는 자리는 영광도 누리지만 감시를 피할 수 없다.

둘째, 리더는 조직과 공동체를 대표하는 자리에 있으므로 자연히 세상의 '각광'을 받게 된다. 이러한 관심에 도취하면 세상이 나를 따라온다는 착각을 하게 된다. 착각은 추락을 부르는 지름길이다.

셋째, 리더는 자신을 지지하든 지지하지 않든 하나로 통합하여 내부를 '화목'한 상태로 이끌어가야 한다. 이 화목은 긍정의 에너지로 발전을 일구는 동력이 된다.

넷째, 리더는 자신과 같은 것만 아니라 다른 것도 '포용'할 줄 알아야한다. 다름에서 나의 장단점을 비춰볼 수 있다. 같음에 둘러싸이는 순간행복은 짧아지고 그 행복이 불행으로 바뀌게 된다.

다섯째, 리더는 성과로 늘어나는 지표보다 사람(인재)을 아껴야 한다. 사람은 리더와 함께 보이지 않는 미래를 열어가는 '보물'이다. 지표에 눈이 어두워지면 사람이 하나둘씩 떠나게 된다.

입문 _____ 코로나19가 기승을 부릴 때 부산에서 교회 수련회에 갔던 일행 중에 공교롭게 남녀가 감염된 적이 있다. 이 사건이 보도되자 '신천지 신도'라느니 '불륜'이라느니 하는 내용의 댓글이 삽시간에 인터넷을 도배했다. 숙소는 호텔도 아니고 소규모 MT에 자주 사용하는 콘도이며 두 사람은 '신천지 교인'도 아니었다. 지방자치단체가 나서서 댓글이 사실이 아니라고 말해도 이에 대해 또 악성 댓글이 달리는 실정이었다.

이와 같은 내용의 기사를 보고 오늘날 사회적으로 큰 문제가 되는 인터넷의 악성 댓글 문제가 바로 떠올랐다. 특히 연예인 관련 기사에는 입에 담지도 못하고 눈으로 보기도 부담스러운 악성 댓글이 달린다. 자신을 향해 한 사람이 아니라 수많은 사람이 악성 댓글을 쏟아내면 웬만한 사람은 버티기가 어렵다. 부정적인 악성 댓글에 대해 자신을 지킬 만한 '두터운 자아'가 없으면 상처받기가 쉽다. 상처가 깊어지면 우울증으로 가고 우울증이 깊어지면 안타깝게도 극단적인 선택에 이르기도 한다. 이 때문에 포털 사이트는 스포츠와 연예 기사에 댓글을 달지 못하게 하는 정책을 실시하게 되었다.

기사에서 말하는 "열 사람의 눈과 열 사람의 손"을 인터넷에서 수많은 사람이 다는 악성 댓글로 바꿔놓으면 '엄嚴'이라는 글자의 의미를 여실히 이해할 수 있다. 아니 살 떨릴 정도로 생생하게 다가올 것이다.

승당 _____ 증자가 말했다. "열 사람의 눈이 지켜보고 열 사람의 손이 가리키는 듯하니 참으로 두렵구나!"

曾子曰, "十目所視, 十手所指, 其嚴乎!"
증자왈, "십목소시, 십수소지, 기엄호!"

입실 _____ 증자曾子는 공자의 제자로, 이름은 증삼曾參이다. 『대학』의 지은이로 간주되기도 한다. 공영달에 따르면 십十은 열 명의 사람을 가리킨다. 십목十目과 십수十手는 모두 열 사람의 눈과 손을 가리킨다(이광호·전병수, 258). 이렇게 보면 십十과 목目 사이에 인사자가 생략된 꼴이다. 십을 눈과 손에 초점을 두면 다섯 명을 가리킨다. 이렇게 보면 십十과 목目 사이에 개個 자가 생략된 꼴이다. 핵심은 구체적인 사람 수보다 리더의 일거수일투족을 감시하는 사람이 많다는 데에 있다.

시視는 '보다, 지켜보다'라는 뜻이고, 지指는 '손가락, 가리키다'라는 뜻이다. 둘 다 리더가 주위 사람들의 감시에 노출되어 있다는 맥락을 나타낸다. 기其는 어조사로 뜻이 없지만 '두려워할 수밖에 없다'는 어감을 나타낸다. 한문 해석에서 이러한 허사의 어감을 잘 살리면 어세와 의미를 명확하게 파악할 수 있다.

여언 _____ 누군가 금연과 다이어트를 선언했다고 해보자. 그 사실을 어떻게 확인할 수 있을까? 금연을 하겠다고 한 사람이 담배를 피우지 않고, 몸에서 담배 냄새가 나지 않고, 담배를 사지 않는다면 금연한다고 할 수 있다. 살을 뺀다고 한 사람이 운동을 열심히 하고, 식이요법을 하고, 평소에 먹던 고칼로리의 음식과 음료를 먹지 않는다면 다이어트를 한다고 할 수 있다. 즉 주위 사람들이 약속한 사람의 행동을 관찰하면 그 사실성을 확인할 수 있다.

누군가 착하게 살기로 했다고 선언했다고 해보자. 그 사실을 어떻게 알 수 있을까? 금연이나 다이어트와 마찬가지로 주위 사람이 지켜보면 그 사람이 그렇게 사는지 여부를 판가름할 수 있다. 거짓말을 한다거나 약속을 어긴다거나 책임을 회피하는 언행을 한다면 우리는 그 사람에게 "착하게 살기로 해놓고 왜 그러는 거야?"라고 의문을 제기할 수 있다. 이렇게 주위 사람이 내가 무엇을 하는지 지켜보고 있다고 의식하게 되면 우리는 자신이 하기로 한 약속을 돌아보면서 그것을 어기지 못한다.

유일신 문화에서는 신이 사람의 일거수일투족을 다 지켜보고 있다고 믿는다. 신이 지켜본다고 의식하면 신과의 약속을 어기는 언행을 하기가 어렵다. 아울러 사람이 죽으면 신 앞에 나아가서 영혼 심판을 받는다고 믿는다. 약속을 지켰다면 천당에 가서 영생을 살 수 있고, 어겼다면 지옥에 떨어져 속죄의 시간을 보내야 한다. 우리가 영혼 심판에서 신을 속일 수 있다고 생각한다면 살았을 적에 한 나쁜 짓을 숨기려고 할 터이다. 하지만 우리는 신을 절대로 속일 수 없고 신은 우리가 한 것을 속속들이 다 알고 있다.

유일신 문화의 신을 『대학』에서 말하는 "열 사람의 눈과 열 사람의 손"에 일치시킬 수 없지만, 대응해볼 수는 있다. 『대학』에는 유일신 문화가 없기 때문에 신을 대신하는 감시자가 필요하다. 『대학』에서는 그 감시자를 "열 사람의 눈과 열 사람의 손"으로 표현하는 것이다. 그렇다면 사실 "열 사람의 눈과 열 사람의 손"에서 '열'이라는 숫자는 글자 그대로의 의미가 아니다. 세상에서 우리를 지켜보는 모든 사람이라고 할 수 있다.

유학에서 사람이 착하게 살도록 규제하기 위한 방법이 더 필요하다. "열 사람의 눈과 열 사람의 손"은 우리가 다른 사람과 어울리는 공적 공간에 있을 때 해당되는 방법이다. 만약 우리를 지켜보는 사람이 없는 사적 공간일 때 "열 사람의 눈과 열 사람의 손"의 방법은 소용이 없다.

마음의 뜻은 표정으로 드러나고 행위로 나타나면 다른 사람도 확인할 수 있다. 이때 마음의 뜻이 표정이나 언행의 표현과 과연 같은지 다른지 어떻게 알 수 있을까? 배우나 사기꾼처럼 마음을 잘 감추거나 태연하게 뜻과 언행을 달리할 수 있다면 실제로 속마음은 검은데도 표정과 언행은 하얗게 드러날 수 있다. 이때 성의誠意가 바로 이 문제를 푸는 열쇠이다.

성의는 자신에게 진실한지 끊임없이 되묻는 것이다. 자신에게 진실하지 못하면 착하게 살겠다고 해놓고 얼마 가지 못해 포기할 것이다. 한두 번의 물음은 그냥 넘어갈지 몰라도 지속적으로 물으면 허위와 진실을 뒤섞을 수가 없다. 자신에게 되묻는 것도 '十目所視'만큼 두렵지 않겠는가?

자신에게 진실한지
끊임없이 되묻다 보면
진실된 자신만 남는다.

사람들이 모두 그대를 쳐다본다네

민구이첨民具爾瞻 | 10장

입문 _____ 우리나라에서 공인公人의 의미가 확실하지 않다. 특히
'연예인이 공인인가?'라는 말에서 더욱더 그러하다. 사전에 따르면
'공인'은 공적인 일에 종사하는 사람이라고 한다. 이렇게 보면 공
무원, 군인 등 아주 한정된 사람만이 공인이라고 할 수 있다. 그래
서 우리는 공인의 활동에 대해 정보 공개를 요구할 수 있다. 국민
의 생활과 관련되는 만큼 비밀로 할 게 아니라 국가 안보와 관련된
사유가 아니라면 공개하여 시시비비를 가리자는 것이다.
　'공인'은 정치인, 시민활동가, 연예인, 프로스포츠 선수 등을 대
상으로 쓰이기도 한다. 이들은 대중매체에 자주 등장하여 일반 사
람에게 널리 알려진 인물이기도 하고 대중의 인기를 얻기 위해 활

동하는 특성을 가지고 있다. 이들은 대중의 사랑을 받는다고 하더라도 엄밀한 의미로 공인은 아니므로 정보 공개의 대상이 되지 않는다. 그러나 현실에서는 언론은 물론 팬도 연예인 등의 사생활을 집요하게 추적하여 SNS에 알린다. 유명세의 한 단면이라고 하기에는 참으로 가혹하다고 할 정도이다.

이처럼 대중에게 공인으로 인식되면 언제 어디서든 들이대는 카메라의 시선을 받는다. 이렇게 찍힌 동영상이 공개·공유되는 순간 당사자는 더욱더 유명하게 될 수도 있지만, 좋지 않은 일일 경우 제대로 해명도 못하고 하루아침에 나락으로 떨어질 수도 있다. 인용문에는 태사 윤씨가 공인으로 예시되고 있다.

승당 _____ 『시경』에 의하면 "깎아지른 듯한 저 남산이여, 바위가 우뚝 솟았구나! 환히 빛나는 태사 윤씨여, 백성들이 모두 그대를 바라본다네." 나라를 운영하는 사람은 모든 일에 신경 쓰지 않으면 안 된다. 어느 쪽으로 치우쳐서 원칙을 잃으면 천하의 백성들이 들고일어나 죄를 물어 죽임을 당하게 될 것이다.

詩云, "節彼南山, 維石巖巖! 赫赫師尹, 民具爾瞻." 有國
시운, "절피남산, 유석암암! 혁혁사윤, 민구이첨." 유국

者, 不可以不愼. 辟, 則爲天下僇矣.
자, 불가이불신. 벽, 즉위천하륙의.

입실 _____ 시詩는 「소아 절남산節南山」에 나오는 구절이다. 절節은 깎아지른 듯 높다는 뜻이다. 피彼는 시인과 거리가 멀다는 맥락으로 쓰인다. 암암巖巖은 높고 험하게 우뚝 솟은 모양을 나타내는 의태어로, 사윤의 지위가 높다는 점을 암시하고 있다. 혁赫은 빛나는 모양을 나타내는 의태어이다. 그의 옷이며 장신구며 멀리서 보면 실제로 빛이 나서 다른 사람과 구별된다는 점을 말한다.

사윤師尹은 주나라 태사 윤씨를 가리키는데 천자의 대신으로 정사를 맡았다. 구具는 '모두'라는 뜻으로 구俱와 같다. 이爾는 당신, 그대를 가리키는 지시대명사이다. 문법적으로는 '첨이瞻爾'가 되어야 하지만 운율을 맞추느라 '이첨'으로 순서가 도치되었다. 첨瞻은 '바라보다, 우러러보다'라는 뜻이다. 신愼은 '삼가다, 조심하다'라는 뜻이다.

벽辟은 '치우치다, 기울어지다'라는 뜻이다. 륙僇은 '죽이다, 욕보이다'라는 뜻이다. 주희는 '륙'을 몸이 죽임을 당하고 나라가 망하는 '신시국망身弒國亡'으로 풀이한다(성백효, 43). 천하륙天下僇은 왕이라면 왕조의 멸망을 가져온 마지막 군주를 가리키고, 세도가라면 부정부패로 실각하여 부관참시를 당한 간신을 가리킨다.

여언 _____ 태사 윤씨에 대해서는 많이 알려지지 않았다. 공영달에 따르면 그는 주나라 유왕幽王이 임명한 사람이다(이광호·전병수, 299). 유왕은 견융犬戎의 침략을 받아 살해되었다. 이로써 서주 시대가 막을 내리고 유왕의 아들 평왕이 호경을 떠나 낙양으로 수도를 옮겼다. 이를 '동주 시대의 시작' 또는 '춘추전국시대의 시작'이라고 부른다.

유왕이 그렇게 훌륭한 군주가 아니었다면 백성들이 태사 윤씨에게 거는 기대가 컸으리라. 유왕의 총애를 받는 만큼 유왕을 잘 설득하여 망국으로 치닫지 않게 만들어 주리라고 생각했으리라. 시는 이러한 기대를 담아 태사 윤씨를 남산의 바위에 비유하여 한껏 치켜세우고 있다.

그러나 이러한 묘사는 칭찬만으로 볼 수가 없다. 당신이 남산의 바위처럼 우뚝 솟아 있지만 그만큼 만인의 눈이 집중되고 있다는 말이다. 이 눈은 선망의 눈망울이기도 하지만 감시의 눈초리이기도 하다. 36조목에서 말하는 '십목소시, 십수소지'이기도 하다. 즉 "우리가 두 눈 부릅뜨고 당신을 지켜보고 있으니 알아서 잘 처신하시오"라고 주문하는 것이다. 바위가 늘 정상의 그 자리에만 있지 않고 산자락 아래로 한없이 굴러떨어져서 사람들의 눈에서 사라질 수 있다는 말이다.

이렇게 보면 '民具爾瞻'은 참으로 무서운 말이다. 잘하면 환호하고 열광하지만 못하면 언제 그랬느냐는 듯이 싸늘하게 등을 돌리기 때문이다. 우리나라에서도 이런 사례를 어렵지 않게 찾아볼 수 있다. 대선 후보로 거론되다가도 어느 순간에 대중에게 완전히 잊히는 정치인이나 노래 한 곡으로 정점을 찍었다가 후속곡에서 좋은 반응을 받지 못하고 잊히는 가수 등 이루 헤아릴 수가 없을 정도이다.

『대학』의 지은이는 「소아 절남산」의 시를 인용하고서 공인이 어떻게 처신해야 하는가를 한마디로 정리하고 있다. "신愼하라!" 일상어로 말하면 '깝죽대지 마라, 설치지 마라, 까불지 마라'라는 뜻이다. 달리 말하면 자신의 입지를 자각하고서 무엇을 어떻게 해야 할지 깊이 생각하여 이성적으로 처신하라는 뜻이다. 연예인이 갑자기 인기를 얻다 보면 세상 사람이 모두 자신을 알아보는 듯하여 왕이 된 듯한 느낌이 들 수 있다. 정치인이 대중의 사랑을 받다 보면 자신이 무슨 말을 해도 기사화가 되니 세상이 자신을 중심으로 도는 느낌을 받을 수 있다. 이건 신이 아니다.

이어서 『대학』의 지은이는 "벽辟하지 마라!"고 요구하고 있다. '벽'은 감정의 중심을 잡지 못하고 버럭 하고 화풀이하거나 사고의 중심을 잃어 총애하는 사람에게만 혜택을 주는 것을 말한다. 『대학』의 지은이는 '愼' 해야 하는데 '愼' 하지 않고, '辟' 하지 말아야 하는데 '辟' 하면 '僇'의 결과가 기다리고 있다고 준엄하게 경고하고 있다. 이 경고를 진지하게 듣지 않으면 어떻게 되는지 역사가 증언하고 있다.

> 만인의 눈이 집중되고 있는 만큼
> 깊이 생각하여 잘 처신하시오.

닦고 가지런하게 하고
다스리고 공평하게 하라

수제치평修齊治平 | 경1장

입문 _____ 『대학』의 기본 얼개는 삼강령과 팔조목이다. 삼강령
은 3강 14조목의 '재명명덕'에서 살펴보았고 팔조목 중 격물은
5강 24조목의 '활연관통'에서 살펴보았다. 여기서는 수신修身 · 제
가齊家 · 치국治國 · 평천하平天下를 화목의 관점에서 살펴보고자 한다.

언론에 가끔 기업의 후계 구도나 상속 문제를 둘러싸고 "형제의
난이 일어났다"는 보도가 나온다. '난'이 반란 또는 내전을 의미한
다는 점을 고려하면 그 표현이 과연 타당한지 의문이 든다. 갈등의
양상이 치열하기에 전쟁같다고 비유할 수 있지만 형제 당사자 사
이의 대립을 무장하고 살상을 일삼는 전쟁과 동일하다고 할 수 없
기 때문이다. 조선 초기에 개국에 참여했던 태종이 왕위에 오르기

위해 벌였던 피비린내 나는 '내전'을 떠올리면 더더욱 의문이 든다.

하지만 요즘 기업이 국내만이 아니라 국외에서도 영업을 한다는 점을 고려하면 경제 영토는 이전 정치 영토보다 범위가 더 넓었으면 넓었지 결코 좁다고 할 수 없다. 이러한 면에서 새로운 '형제의 난'이나 '가족의 분란'은 개인과 집안의 문제에 한정되지 않고 세계와 연결된 기업의 운명을 뒤흔들 수가 있다. 최고의 권력 앞에 부모도 형제자매도 눈에 들어오지 않았듯이 막대한 부 앞에서도 마찬가지라고 할 수 있다. 옛날의 피비린내 나는 내전이 지루한 법정 공방으로 바뀌었을 뿐이다.

특정 지역과 나라 안에서 활동하던 과거와 달리, 정부는 물론이고 기업, 대학, 시민 단체 등이 모두 세계를 무대로 영역을 넓히고 있다. 이러한 상황에서 리더가 주위와 어떻게 어울리고 어떻게 보조를 맞춰야 하는지는 지극히 중요한 사안이 되었다. 『대학』의 팔조목 중에서 '나'를 기점으로 영역을 세계로 확장해가는 맥락을 살펴보고자 한다.

승당 _____ 일이 생긴 다음에 선악을 알게 되고, 선악을 알게 된 다음에 뜻이 진실해지고, 뜻이 진실해진 다음에 마음이 올바르게 되고, 마음에 올바르게 된 다음에 몸이 닦이게 되고, 몸이 닦인 다음에 집안이 가지런해지고, 집안이 가지런해진 다음에 나라가 다스려지고, 나라가 다스려진 다음에 천하가 공평해진다.

物格而后知至, 知至而后意誠, 意誠而后心正, 心正而后身
물격이후지지, 지지이후의성, 의성이후심정, 심정이후신

修, 身修而后家齊, 家齊而后國治, 國治而后天下平.
수, 신수이후가제, 가제이후국치, 국치이후천하평.

입실 _____ 물격物格에 대해 다양한 해석이 가능하다. 공영달은
"일이 생긴 다음에 선악의 소재를 알게 된다"고 보고(이광호·전병수,
254), 주희는 "사물의 도리를 완전히 다 밝혀내 마음의 지혜가 온전
히 다 드러나다"로 본다(성백효, 25). 리理는 『대학』보다 후기에 등장
한 철학 개념이자 사유 체계이므로 공영달의 풀이에 따라 원문을
옮긴다.

여언 _____ 역사적으로 보면 사람의 활동 단위는 줄어드는 추세
를 보인다. 원시시대에는 사람이 종족과 씨족 단위로 활동했다. 거
대한 자연에 맞서 개인은 무기력할 뿐이었다. 사냥도 채집도 개인
활동이 아니라 단체 활동으로 가능했다. 이때 개인은 종족 속에서
는 안전했지만, 종족 밖에서는 생명이 위태로웠다.
  인류의 지혜가 늘어나면서 사람의 활동 단위가 대가족 단위로
분화되고, 다시 가족 단위로 분화되었다. 이로부터 사람과 사람 사
이는 직접적 관계와 그렇지 않은 관계로 구분되었다. 이전 종족 단
위에서 혈연적 유대는 사회를 운영하는 중요한 요소가 아니었다.
혈연은 종족의 번식을 이어갈 뿐 가족을 이루지 못했다. 그러나 대

가족제에 들어서면서 사람은 종족의 일원이자 가족의 일원으로서, 이중으로 소속되었다. 이로써 가족 구성원의 관계는 가족에게 영향을 주고 다시 종족에게 영향을 끼치게 되었다.

중앙 집권의 관료 국가가 등장하자 세금, 부역 등이 가족 단위로 개인에게 부과되었다. 이로써 개인이 등장했다. 하지만 아직 가족의 울타리를 완전히 벗어나 독립적인 존재로 활동할 바탕은 없었다. 특히 이때 가족은 결혼을 통해 새로운 구성원을 수용하고, 관직을 통해 정치적으로 세력을 키울 수 있었다. 즉 개인은 결혼, 관직 등을 통해 가족 단위의 정치적·경제적 역량을 키울 수가 있었다. 반대로 개인이 가족 안에서와 사회에서 역할을 어떻게 수행하느냐에 따라 정치적·경제적으로 몰락할 수도 있었다.

이러한 상황에서 독립적 개인이 아니라, 가족 안의 개인이 자신에게 주어진 역할을 잘 하느냐 아니냐가 개인적으로나 사회적으로나 중요한 의제로 등장하게 되었다. 이로써 『대학』의 팔조목에 나오는 '수신 → 제가 → 치국 → 평천하' 사이의 인과적 연관성을 강조하게 된 것이다. 수신이 개인의 문제로만 끝나지 않고 가家·국國·천하天下의 문제로 연쇄적으로 영향을 끼친다. 마찬가지로 제가齊家도 집안의 문제로만 끝나지 않고 국·천하의 문제로 추가적으로 영향을 끼친다. '修齊治平'이 서로 이어져 있는 셈이다.

『대학』의 지은이는 이러한 연쇄적 관계를 포착하고서 그것을 팔조목의 고리로 엮어낸 것이다. 대단한 발견이자 창안이라고 하지 않을 수가 없다. 오늘날 코로나19로 인해 사람과 사람 사이가 이어져 있다는 사실을 새삼스럽게 실감하고 있다. 나와 전혀 상관 없다고 생각했지만 지표 환자가 있는 동선과 겹치면 누구나 감염자가 될 수 있다. 이런 측면에서 감염병 예방 수칙을 지키느냐 여부는 개인의 건강에 한정되지 않고 지역·국가·세계 시민의 건강, 나아가 정치·경제와 긴밀히 상관된다. 이런 측면에서 보면 우리 사회는 각 분야에서 선한 영향력을 넓히는 사람들 덕분에 탈 없이 굴러가는 것이다.

개인의 선한 영향력은
지역, 나라, 세계에
연쇄적으로 영향을 끼친다.

명덕을 간직하면
함께하는 사람이 생긴다

유덕유인有德有人 | 10장

입문 _____ 자영업을 시작하면 사람이 찾아줄지 걱정이다. 손님을 기다리는 시간은 잔인할 정도로 빨리 간다. 요즘에는 SNS로 홍보가 되면 손님의 발길이 더 잦아지기도 하지만, 사업이 다 그렇다. 개업했지만 세상에 자신을 알아주는 사람은 없다. 유관 업체를 돌아다니며 홍보해도 사무실로 돌아오면 주문을 기다리는 시간은 힘들다. 온라인 거래가 활성화된 요즘이나 전화벨이 울리기를 학수고대했던 이전이나 마찬가지다.

비결이 따로 없다. 음식이면 맛이 있어야 하고, 상품이면 질이 좋아야 한다. 기본을 지키지 않고 사람이 찾기를 바라는 것은 불가능한 일이 일어나기를 바라는 것이다. 선출직에 나서는 정치인도 다를 바가 없다. 인지도가 있으면 사람들이 거리에서 알아보겠지만, 그렇지 않으면 거리에 나서서 자신을 홍보해야 한다. 그 모습이 마치 광야에서 목청껏 소리를 외치는 신세와 같다. 진정성이 공유되면 유권자도 마음을 열 것이다.

예나 지금이나 리더는 주위 사람이 마음의 문을 열도록 해야 한다. 주위 사람이 마음의 문을 열지 않으면 리더가 제 역할을 할 수가 없다. 혼자서는 아무것도 할 수 없기 때문이다. 어떻게 하면 사람 마음의 문을 열 수 있을까? 『대학』에서는 덕에 주목해서 이야기를 이끌어간다.

승당 _____ 이 때문에 군자는 가장 먼저 명덕(덕망)에 신경 써야 한다. 명덕(덕망)을 간직하면 함께하는(따르는) 사람이 생기고, 따르는 사람이 생기면 다스리는 땅이 생기고, 다스리는 땅이 생기면 쓸 재물이 생기고, 쓸 재물이 생기면 도울 사업이 생긴다.

是故, 君子先愼乎德. 有德此有人, 有人此有土, 有土此有
시고, 군자선신호덕. 유덕차유인, 유인차유토, 유토차유

財, 有財此有用.
재, 유재차유용.

입실 _____ 신愼은 '삼가다, 조심하다'라는 뜻이다. 같은 뜻이더라도 신愼이 호응하는 말에 따라 어감과 초점이 조금씩 다르다. 예

234

컨대 '신기독(9강 42조목 '무자기야'와 43 조목 '성중형외' 참조)'은 사람이 혼자 있을 때 일탈하지 않도록 스스로 통제하는 맥락을 나타낸다. 즉 사람이 외부의 상황과 자극에 무너지지 않도록 경계하는 것이다. 한편 '신호덕愼乎德'은 자신이 간직하고 있는 명덕을 잃지 않도록 주의하는 것이다. 주의하지 않으면 가볍게 취급하게 되고 가볍게 취급하면 어디에 있는지 모르게 된다. 이와 같이 '신'은 맥락에 따라서 '경계'와 '주의'라는 다른 초점을 나타낸다. 이를 다 살피면 원문 읽기가 재미있어진다. 이것은 한문 고전만이 아니라 어떤 책을 읽을 때도 마찬가지다.

유有는 가장 기본적으로 '있다, 가지다, 소유하다'라는 뜻을 나타낸다. 하지만 '유'도 맥락에 따라 어감을 살려야지 천편일률식으로 '있다'로 옮기면 의미가 분명하게 전달되지 않는다. 나는 이런 천편일률식 번역을 '천자문식 번역투'라고 부른다. 우리가 한자를 읽을 때 '하늘 천, 따 지'라고 외우니까 천天 자만 보면 하늘이라고 하고 지地 자만 보면 땅이라고 옮기는 것이다. 여기서 유有는 '생기다, 나타나다, 늘어나다, 불어나다'라는 맥락으로 쓰인다.

여언 _____ 지누선의 션은 루게릭병 환우 돕기 희망콘서트를 열기도 하고 루게릭요양병원 착공을 목표로 운동을 통해 기부 활동도 한다. 루게릭병은 운동신경세포가 점차 소멸되어가는 난치성 희귀 질환으로 널리 알려져 있다. 개인이 병의 고통을 온전히 짊어지기 힘든 만큼 공동체의 관심이 필요하다. 션이 그 활동에 앞장섬으로써 다른 사람의 참여를 이끌어내고 있다.

제주도에 사는 노부부가 하나에 100원을 받는 빈 병 1만 9262 개를 모아 2017년부터 매년 기부를 한다는 뉴스를 보았다. 빈 병을 모으면서 아팠던 몸도 차츰 좋아지고 있고, 이웃들도 병을 모아 두 사람에게 전달한다고 한다. 또 기부를 장려하기 위해 아이스 버킷 챌린지 행사를 한다. 다음 주자로 지명받은 사람들이 사양하지 않아 릴레이가 이어지며 목표액을 쌓아가는 것이다.

왜 다른 사람이 함께 참여하며 챌린지 행사가 이어지는 걸까? 개인의 돈벌이라면 그렇게 좋은 호응을 얻지 못했을 것이다. 도움이 필요한 곳에 빛을 밝히는 일이므로 누구도 주저하지 않고 동참하는 것이다. 이것이 바로 덕德이다. 지금 내가 이 자리에서 무엇을 해야 하는지 묻고, 동참하는 게 맞다고 하면 그렇게 하게 된다. 이러한 일련의 과정을 명덕과 덕망으로 풀이할 수 있다. 명덕이 있기에 무엇이 올바른지 알고, 덕망이 있기에 주위 사람의 참여를 끌어내는 것이다.

이런 맥락으로 인용문을 읽으면 앞의 번역문과 다른 새로운 번역문이 나올 수 있다. "삶의 리더는 먼저 내 안의 명덕을 잘 밝힌다. 명덕(덕망)을 간직하면 주위에 나의 제안에 동참하는 사람이 생기고, 지속적으로 사람들이 늘어나면 가치를 공유하는 세계가 생겨나고, 세계가 생겨나면 함께 가치를 실현할 수 있는 돈이 모이고, 돈이 모이면 애초의 목적에 따라 사용하면 된다." '有德有人'의 선이라면 결국 루게릭요양병원을 건립하게 될 것이다.

이러한 고전 독해는 기존의 고전 독해와 다르다. 기존의 고전 독해는 왕과 사대부처럼 특정한 계층의 치자를 중심에 놓는다. 과거에는 신분 사회라는 제약이 있었지만, 지금 우리는 자유민주주의 시대를 살고 있다. 따라서 고전을 특정인이 아니라 사람과 어울려 살아가는 일반 시민을 중심으로 재해석할 필요가 있다. 이렇게 되면 과거처럼 이상적인 지도자가 등장하는 맥락으로 인용문을 해석할 필요가 없다.

지누션의 션, 빈 병을 수집하여 기부하는 제주도의 노부부와 같은 일반 시민이 하고 있듯이 정치인도 지금 우리가 살고 있는 세상을 조금이라도 더 좋은 곳으로 만들기 위해 노력해야 한다. 그러한 정치인이 늘어나야 생활 정치가 실현되고 풀뿌리 민주주의가 현실화될 수 있다. 우리의 삶은 은전을 받아 해결하는 것이 아니라 스스로 가꾸어가야 그 어떠한 상황에서도 꿋꿋하게 앞날을 헤쳐 나갈 수 있기 때문이다.

> 도움이 필요한 곳에
> 빛을 밝히는 일에는
> 누구도 주저하지 않고
> 동참하게 된다.

재물보다 선인이 진정한 보물이다

유선이위보惟善以爲寶 | 10장

입문 _____ 요즘 광고나 방송에서 '플렉스'라는 말이 잘 쓰인다. '플렉스'라는 단어는 근육 운동을 하고서 팔을 접어 생기는 근육 자랑에 기원을 두고 있다. 이 힘자랑이 최근 소비와 문화 생활에서 일종의 과시적 소비로 의미가 확대되었다. 명품 소비도 일종의 플렉스라고 할 수 있다.

춘추전국시대에도 나라 사이의 경쟁이 장난이 아니었다. 이들은 자국이 다른 나라보다 무엇이 더 있고 더 많고 더 높다는 말로 상대의 기를 죽이려고 했다. 특히 사신이 오면 "너희 나라에 뭐가 있어?"라고 묻는 것이다. 자기 나라의 진귀한 것을 쭉 보여주고서 물음을 던져서 기를 죽이려는 의도라고 할 수 있다. 요즘 말로 '플렉스한다'고 할 수 있다.

초나라와 진나라 사람들은 당시의 '플렉스' 풍조에 대해 썩 탐탁하게 생각하지 않았다. 결국 힘자랑 아니면 돈 자랑 아닌가? 진정으로 중요한 것을 보지 못한다고 생각했기 때문이다. 그렇다면 그들은 진정으로 무엇이 보물이라고 생각했을까? 아니면 힘과 돈의 '플렉스'가 유치하다고 생각하고 그들만의 새로운 플렉스 놀이를 했다고 할 수도 있다.

승당 _____ 『초서』에 의하면 "초나라에는 보물이랄 게 없고 오직 선인을 보물로 삼는다." 구범에 의하면 "도망 다니는 사람, 즉 진 문공은 보물이랄 게 없고 오직 어버이 사랑을 보물로 삼으시오."

> 楚書曰, "楚國, 無以爲寶, 惟善以爲寶." 舅犯曰, "亡人,
> 초서왈, "초국, 무이위보, 유선이위보." 구범왈, "망인,
>
> 無以爲寶, 仁親, 以爲寶."
> 무이위보, 인친, 이위보."

입실 _____ 『초서楚書』는 초나라의 사적을 기록한 자료이다. 이 자료가 무엇인지와 관련해서 다양한 주장이 있다. 정현은 초나라 소왕昭王 시절의 자료로 보고, 주희는 『국어』 「초어楚語」로 본다(이광호·전병수, 277). 선인은 초나라 소왕 시절의 대부 관석보觀射父와 선왕宣王 시절의 장수 소해휼昭奚恤을 가리킨다. 다른 나라가 초나라를

상대로 나라의 보배가 무엇인지를 물었을 때 그 보배가 물건이 아니라 사람이라고 말한 고사를 가리킨다. 보寶는 '보배, 보물'을 가리킨다. 선善은 '선인'을 가리킨다.

구범舅犯은 진나라 문공의 외숙 호언狐偃이다. 망인亡人은 도망다니는 사람이라는 뜻으로, 구체적으로 진나라 문공을 가리킨다. 문공은 왕자 시절에 왕실 내분이 일어나 오랫동안 망명 생활을 하다가 귀국하여 제후가 되었고, 또 춘추시대의 패자가 되었다. 인친仁親에 대해 정현은 '인도(인의)를 가까이하다'로 보는 반면, 주희는 '어버이를 사랑하라'라는 뜻으로 본다. 나는 진나라가 왕실 내분으로 오랫동안 왕실 계승을 두고 갈등을 겪었던 만큼 주희의 풀이가 글의 맥락과 더 부합된다고 생각한다.

여언 _____ 사신으로 다른 나라에 가면 긴장하기 마련이다. 요즘처럼 인터넷이 없던 시절이라 모든 것이 낯설다. 아무리 경험이 많다고 하더라도 국경을 넘는 순간부터 낯설다. 특히 상대국의 도성에 이르고 조정을 예방할 때 긴장이 백 배가 된다. 사신의 말 한마디에 따라 사명을 완수할 수도 있고 그르칠 수도 있다. 완수하고 본국으로 돌아갈 길도 만만치 않은데, 실패하고서 본국으로 돌아가려고 하면 그 길이 얼마나 아득하고 힘겹게 느껴지겠는가?

이런 긴장된 상태로 상대국의 국왕과 대신을 만나면 일 대 다의 불리한 상황에 놓인다. 사신은 혼자 또는 소수의 일행과 함께 상대국의 기라성 같은 인재와 국왕에 맞서야 한다. 미리 사전 연습을 하며 어떤 질문을 받을지 어떻게 대답할지 시나리오를 짰다고 하더라도 상황이 어떻게 진행될지 누구도 알 수가 없다. 말 한마디마다 머리카락이 쭈뼛쭈뼛 서고 세포가 바싹바싹 긴장할 것이다.

이때 상대방이 전혀 예상하지 못한 질문을 던진다. 즉 자국의 문물 등 자랑하고 싶은 것을 보여주고서 "당신 나라에는 무슨 보물이 있는가?"라며 잽을 날린다. 머릿속에서 검색하다가 딱히 뭐라고 할지 대답이 떠오르지 않아 기회를 놓치게 되면 잽은 혹이 된다. 이런 문답에서는 생각할 시간을 충분히 주지 않기 때문에 질문이 나오자마자 바로 응수를 해야 한다. 순발력이 생명인 것이다.

여기서 대답을 제대로 못하면 한 수 접은 상태에서 다음 단계로 나아간다. 처음의 이 실패를 계속 의식하면 이후의 대화도 제대로 진행하기가 쉽지 않다. 사신의 임무를 망치는 것이다. 반면에 당신의 질문에 "우리는 이런 게 있습니다"라고 대답하면 이야기가 계속 이어지면서 대화의 분위기가 조금씩 부드러워진다. 나아가 상대의 질문이 대답할 가치가 없다는 방식으로 대응할 수도 있다. 이것이 바로 『대학』에 소개된 경우이다. 보물이 무엇이냐고 묻자 우리나라는 물건이 보물이 아니라 '惟善以爲寶'라고 했다는 맥락이다. 상대가 나를 기죽이려고 했다가 반대로 카운터펀치를 맞은 것이다. 이렇게 되면 상대가 오히려 당황해하고 사신이 주도권을 쥐게 된다.

왜 선인이 카운터펀치가 될 수 있었을까? 보물이 물건이라면 그 물건은 쟁취의 대상이다. 승자가 패자로부터 전리품으로 빼앗을 수도 있고 권력을 휘둘러 기증품으로 받을 수도 있다. 그러나 보물의 영원한 주인일 수는 없다. 또 다른 승자가 등장하면 그 보물은 다른 사람의 수중으로 옮겨갈 수 있기 때문이다. 대한제국이 망했을 때 경복궁의 건축 자재에서부터 국보급 보물이 얼마나 많이 일본 제국으로 옮겨졌는지를 생각해보면 보물 자랑이 얼마나 덧없는 것인지 알 수 있다.

반면에 선인은 당파도 없고 진영도 없다. 어찌할 수 없는 막가는 악인과 달리 선인의 존재는 언제 어디서나 빛이 난다. 선인은 국경마저 초월할 수 있다. 한 나라의 충신은 적대국에 위협적인 요소일 수 있지만, 충신이 적대국에 존재할 때도 그 가치가 유효하다. 왜 우리에게 그런 사람이 없는지 돌아볼 수 있기 때문이다. 따라서 물건을 보물로 생각하는 상대에게 "그건 진정한 보물이 될 수 없어!"라는 응수는 참으로 적실한 대응이라고 할 수 있다. 힘자랑으로 플렉스를 하려다가 "그건 아니지!"라는 응수에 뭐라고 대응할 수 없기 때문이다.

물건이 아니라
사람이 보물이다.

평정

마음이 바르면 몸으로 드러난다

大學

9강에서는 감정, 사고, 의지 등 정신 활동에서 평정을 유지하는 것의 의의를 살펴보고자 한다. 사람이 두 발로 서면 저절로 좌우 균형을 잡기 때문에 웬만해서는 기우뚱하지도 넘어지지도 않는다. 하지만 한 발을 드는 순간 서 있던 자리를 지키지 못하고 이리저리 뒤뚱거린다. 중심을 잡지 못해서 끊임없이 흔들리기 때문이다. 눈을 감으면 더더욱 제자리에 서 있기가 힘들다.

몸만 그런 것이 아니다. 정신도 그렇다. 사고가 극단으로 치달으면 누가 뭐라고 해도 귀담아듣지 않는다. 자신의 생각에 동조하면 옳다고 하고 그렇지 않으면 무조건 틀렸다고 반발하는 것이다. 생각이 같은 진영에 있을 때는 아무런 문제가 생기지 않고 편안하게 느낄 수 있다. 하지만 같은 진영에서 나와 혼자가 될 때나 더 큰 진영에 둘러싸이면 자신이 옳다고 생각하는 것은 소수 의견이 된다. 이때 자신을 돌아볼 수 있다. 그러나 그 기회를 놓치면 자기 목소리의 볼륨을 더 높이게 된다.

이렇게 사람이 진영 논리에 갇히면 객관적으로 통할 수 있는 가치를 찾을 수도 없고 그에 공감할 수도 없다. 갈등과 적대시만 있을 뿐이다. 『대학』에서는 정신의 균형 문제를 어떻게 다루는지 살펴보기로 하자.

첫째, 감정은 쉽게 한쪽으로 기울어지고, 그럴 경우 다른 쪽에 배타적인 태도를 보인다. 근대의 민족 감정은 화약고와 같다. 두 나라 사이에 아무런 문제가 없다가도 민족 감정을 건드리면 하루아침에 거리에 항의하는 사람이 가득 찰 정도로 뜨겁다. 과거나 현재나 감정은 자신을 허물어 버릴 수 있기 때문에 평정을 살피지 않을 수 없다.

둘째, 평정하려고 해서 저절로 평정해지지 않는다. 흥분한 사람에게 흥분하지 말라고 해도 먹혀들지 않는 것과 마찬가지다. 사람이 자신의

'진실' 앞에 마주 설 때 평정할 수 있는 바탕이 마련된다. 진실을 마주하면 이전에 흥분하고 분노하고 두려워했던 일들이 수그러든다. 진실 앞에 진실 아닌 모든 것은 기를 펼 수가 없다. 그것이 진실의 힘이다.

셋째, 사람이 진실을 마주한다고 해도 주위를 의식하면 주춤하게 된다. 자신이 진실하게 표현한 것이 다른 사람에게 그대로 전달이 될지 의심하기 때문이다. 누구나 경험할 만한 상황이다. 확신은 선물처럼 떨어지는 것이 아니라 자신이 진실을 그대로 드러낼 때 호응하는 것이다. 즉 내가 스스로에게 진실하고 그대로 살면 주위에 점차 나를 믿는 사람이 늘어난다. 진실과 현실이 '일치'한다는 것을 부단히 보여주는 수밖에 없다. 이때 보여준다는 것은 연기한다는 뜻이 아니라 지속적으로 표현한다는 맥락이다.

넷째, 자신에 대한 진실과 그 표현이 서서히 자리를 잡아가면 처음에 느꼈던 어색함은 사라진다. 진실하지 않은 나, 진실함을 표현하지 않은 나를 상상하기조차 어렵다. 진실한 언행이 이제 나의 삶에 자리를 잡은 것이고, 나는 그 자리에서 '평안'을 느끼게 된다. 이 평안은 자신뿐 아니라 자신을 둘러싼 사람들도 함께 느끼게 된다.

다섯째, 평정이 유지되면 다른 요인에 의해 흔들리지 않는다. 이때 진실성이 자연스럽게 관철된다. 하지만 때로는 싸워야 할 때도 있다. 나의 진실을 허위로 보거나 허위를 나에게 진실로 주장하는 경우가 있기 때문이다. 아닌 것에 대해서는 추호의 타협도 없이 '엄격함'을 잃지 않아야 한다.

마음을 다스린다는 것

분공호우忿恐好憂 | 7장

입문 _____ 살다 보면 뉴스에 나올 정도는 아니지만 술김에 '귀
여운' 사고를 치거나 괜한 물건에 화풀이하는 경우가 있다. 술이
깨고 나서 자신이 왜 그랬는지 제대로 인지하지도 못한다. 피해가
가벼우면 사과로 끝날 수 있지만, 심하게는 종종 뉴스에 보도되듯
이 술김, 홧김으로 인해 사람끼리 다툼이 생기기도 하고 길다가 괜
히 주차된 차량을 부수는 경우도 있다.

술을 많이 마시고 화가 심하게 나면 평소에 하리라고 상상할 수
없는 언행을 하는 수가 있다. 술을 마시지 않고 화가 나지 않으면
사람은 스스로 자신을 통제할 수 있다. 그러나 인사불성이 되도록
술에 취하거나 화가 꼭지에 다다르면 이성을 잃어서 자신을 통제

할 수 없다. 주위에서 말려도 전혀 귀담아듣지 않고 오히려 자신을 말린다고 화를 낸다.

다른 한편, 어두운 밤길을 갈 때 뒤에 발자국 소리가 들려오면 괜히 놀라거나 나를 따라온다고 오해하는 경우가 있다. 두려움 때문에 상황을 있는 대로 보지 못하고 과잉 반응을 하는 것이다. 『대학』의 지은이는 마음이 평정심을 잃고 공정하게 사태를 바라보지 못하는 원인으로 화, 두려움, 즐거움, 걱정, 네 가지 상황을 실례로 들고 있다. 좀 더 깊이 들어가서 논의해보자.

승당 _____ 몸의 수양이 마음 바로잡기에 달려 있다는 말은 이렇다. 심신이 화난 상태에 있으면 올바름을 지킬 수 없고, 두려운 상태에 있으면 올바름을 지킬 수 없고, 즐거운 상태에 있으면 올바름을 지킬 수 없고, 걱정하는 상태에 있으면 올바름을 지킬 수 없다.

所謂修身, 在正其心者. 身有所忿懥, 則不得其正, 有所恐
소위수신, 재정기심자. 신유소분치, 즉부득기정, 유소공

懼, 則不得其正, 有所好樂, 則不得其正, 有所憂患, 則不得
구, 즉부득기정, 유소호요, 즉부득기정, 유소우환, 즉부득

其正.
기정.

입실 _____ 신유身有의 '신'에 대해 그대로 둬도 좋다는 입장과 바

꿔야 한다는 입장이 있다. 정자程子는 신身을 심心으로 고쳐야 이하의 내용과 잘 호응한다고 보았다. 정약용은 『대학공의』에서 신과 심이 묘합妙合의 관계에 있으므로 글자를 고칠 필요가 없다고 보았다(이광호 외, 188). 3강 15조목의 '수신위본修身爲本'도 함께 보면 좋겠다.

분忿은 '성내다, 원망하다'라는 뜻이다. 치懥는 '성내다, 화내다, 원망하다'라는 뜻이다. 득得은 '얻다'가 기본 의미이지만 '적정한 정도를 지키지 못한다'는 맥락이다. 이처럼 득을 기본 의미대로 기계적으로 옮기지 않고 현대의 언어 감각에 어울리는 적실한 의미를 찾도록 노력해야 한다. 정正은 대부분 '올바름, 바름' 등으로 옮기지만 여기서는 '공정하다'로 옮긴다. 이 정正은 10강 46조목의 '막지기자지악莫知其子之惡'에 나오는 '불공정하다(편벽하다)'의 벽辟과 반대된다.

공恐은 '두려워하다, 무서워하다'라는 뜻이다. 구懼는 공恐과 마찬가지로 '두려워하다, 걱정하다'라는 뜻이다. 樂는 '좋아하다'라는 뜻으로 쓰이므로 '요'로 읽는다. 우憂는 '걱정하다, 근심하다'라는 뜻이다. 환患은 우憂와 마찬가지로 '걱정하다, 앓다, 병들다'라는 뜻이다.

여언 _____ 일상에서 술의 힘이 무섭듯이 『대학』의 지은이가 실례로 들고 있는 분치忿懥·공구恐懼·호요好樂·우환憂患의 힘도 무섭다. 사람이 화난 상태가 되면 화난 상황에 집중하면서 주위의 다른 상황을 전혀 고려하지 않는다. 상대의 말을 자기 식으로만 받아들여서 꼬투리를 잡기 일쑤다. 평정을 잃으니 평소 하지 않던 행동을 할 수가 있다. 주로 폭력적 성향이 강하게 드러난다.

두려움도 만만치 않다. "자라 보고 놀란 가슴 솥뚜껑 보고 놀란다"는 말처럼, 특히 사람이나 물건으로 인해 나쁜 사건을 겪었을 경우 이전의 경험이 연상되면 제대로 서 있을 수도 없을 정도로 두려움에 휩싸인다. 울음을 터뜨리기도 하고 고함을 지르기도 한다. 주로 자신을 방어하는 성향이 강하게 드러난다.

즐거움은 문제를 일으키지 않을 듯하지만 결코 다른 경우에 비해 만만치 않다. 고3 학생이 수능이 끝난 기쁨에 제 세상을 만난 듯이 흥분해 벌어지는 사건·사고가 적지 않다. 즐거움은 자신을 도취하게 만들어 주변 상황을 제대로 인지하지 못하게 한다. 특히 제가 즐거우면 세상이 전부 즐겁다고 생각하여 상례를 치른 이웃의 감정을 다치게 하기도 한다. 월드컵이나 올림픽, 세계선수권대회에서 우승하거나 선전하여 좋은 성적을 거두었을 때 온 도시가 열광과 광란의 현장으로 변할 때도 마찬가지다.

걱정은 세상을 비관적으로 보게 만든다. 지금의 상황을 최악의 사례로 과도하게 해석하고 그로부터 벗어날 수 없다고 생각한다. 이때 평소 소통하던 사람과 대화하면 평정을 되찾을 수 있지만, 그렇지 못하면 우울증으로 진전될 수 있다.

리더가 '忿恐好憂'의 감정에서 평정을 지키지 못하면 어떤 일이 벌어지지 않더라도 그 자체가 사고라고 할 수 있다. 정보를 삐딱하게 바라보고 상황을 주관적으로 해석하기 때문에 뭔가를 추진하면 100퍼센트 실패하여 큰 손실을 초래할 수 있기 때문이다. 리더는 감정에 몸을 맡길 것이 아니라 자신이 어떤 감정의 상태에 있는지 살필 줄 알아야 한다. 감정이 앞서 말한 네 가지 상황에 있다면 여유를 가질 필요가 있다. 있던 장소를 떠나 편한 곳으로 가거나 할 일도 속도를 늦추고 약속도 뒤로 미루어서 사고의 가능성을 줄여야 한다. 문제가 생길 줄 뻔히 알면서 일을 그대로 진행하는 것만큼 어리석은 것이 없다.

우리는 아직도 간혹 뉴스를 통해 "대통령 진노", "회장 크게 질책" 등의 표현을 본다. 기사 제목을 자극적으로 뽑아 뉴스를 많이 팔려는 상업주의의 의도가 들어가 있을 수 있다. 언론사의 양식에도 문제가 있지만, 천박한 사고가 더 문제다. 정말 진노했다면 대통령도 당사자도 문제 상황을 차분히 논의하지 못한다. 그런 일이 뉴스가 된다는 게 웃기지 않는가? 차라리 이견의 내용과 불만족의 소재를 밝혀서 더 합리적인 논의가 진행되도록 제목을 뽑아야 하지 않을까?

감정에 몸을 맡길 것이 아니라
자신의 감정을 살필 줄 알아야 한다.

250

자신을 속이지 마라

42日

진실

무자기야毋自欺也 | 6장

입문 _____ 퇴근하고 집에 들어서면 대부분 외출복을 벗고 편안한 옷으로 갈아입는다. 그리고 소파에 풍덩 뛰어든다. 세상에서 가장 편한 자세를 취한다. 남이 보지 않고 남을 의식하지 않아도 되기 때문이다. 그래서 여행지처럼 아무도 나를 모르는 낯선 곳에서 낭만적 사랑을 꿈꾸는 것이 드라마나 영화의 단골 주제가 된다. 이처럼 사람은 놓이는 상황과 조건에 따라 평소와 다른 사람이 될 수 있다. 반면 『대학』에서는 내가 여럿과 어울리든 홀로 있든 언제나 자신을 통제하라고 제안한다. 이에 대해 그렇게 살면 무슨 재미가 있느냐고 반문할 수도 있지만, 『대학』은 리더에게 자신을 온전히 통제하는 인격의 아름다움을 포기할 거냐고 묻는다.

승당 _____ 이른바 뜻의 진실은 스스로 자신을 속이지 않는 것이다. 누가 시키지 않더라도 마치 나쁜 냄새가 나면 싫어하여 코를 막고 아름다운 사람이 지나가면 좋아서 쳐다보는 것과 같다. 이를 '스스로 만족한다'고 말한다. 그러므로 군자는 반드시 홀로 있을 때 삼가야 한다.

> 所謂誠其意者, 毋自欺也. 如惡惡臭, 如好好色, 此之謂
> 소 위 성 기 의 자 , 무 자 기 야 . 여 오 악 취 , 여 호 호 색 , 차 지 위
>
> '自謙'. 故君子必愼其獨也.
> '자 겸 '. 고 군 자 필 신 기 독 야 .

입실 _____ 무毋는 '무엇을 하지 말라'는 금지사로 쓰인다. 기欺는 '속이다, 거짓'이라는 뜻이다. 겸謙은 '공손하다, 겸손하다'라는 뜻인데 여기서는 '만족하다, 흡족하다'를 뜻하는 겸慊의 뜻으로 쓰인다. 이러한 풀이를 '성훈聲訓'이라 한다. 한자는 음(소리)도 비슷하면 뜻도 통하는 경우가 있다. 謙과 慊은 음이 같으니 서로 다른 글자로 바꿔서 풀이하는 것이다. 신愼은 '삼가다, 조심하다'라는 뜻인데 '스스로를 통제하다, 경계하다'라는 맥락으로 쓰인다.

여언 _____ 인용문은 그리 길지 않지만 문맥이 잘 연결되지 않고 뚝뚝 끊어지는 느낌이다. 크게 세 부분으로 나눠서 이야기해보자.
  첫 부분은 '무자기야毋自欺也'까지이다. 보통 성誠 자가 나오면 대

가나 초보나 모두 '성실하다'로 옮긴다. 이는 사전을 찾으면 '성'의 가장 기본적인 의미로 나오기 때문이다. 나는 이를 '천자문식 번역투'라고 명명한다. 이는 '천자문식 번역투'다. 이러한 번역이 완전히 틀렸다고 할 수는 없지만 문맥에 가장 적실한가 하는 의문을 제기할 수 있다.

'무자기毋自欺'는 사람이 자신을 속이지 않는다는 뜻이다. 그렇다면 성誠은 '성실하다'보다 '진실하다'에 더 어울린다. '성실하다'는 지속과 일관에 초점이 있다면 '진실하다'는 사실과 허위에 초점이 있다. 이처럼 맥락을 따지지 않고 성 자가 나오기만 하면 덮어놓고 '성실하다'로 옮기면 문장의 의미를 100퍼센트 온전히 전달하기가 어렵다. 첫 번째 부분은 '성의誠意'의 의미를 간략하게 정의내리고 있다.

두 번째는 '자겸自謙'까지이다. 먼저 두 번째 부분이 앞의 첫 번째 부분과 어떻게 연결되는지 석연치 않다. 말이 연결되는 듯하다가도 뭔가 잘 연결되지 않는 느낌이 든다. 먼저 악취惡臭와 호색好色에 대한 반응을 살펴보자. 우리는 아침에 출근하다가 분뇨차를 만나면 코를 막고 빨리 지나거나 길을 바꿔 다른 곳으로 돌아간다. 코로 나쁜 냄새를 맡자마자 그 냄새로부터 멀리 떨어지려는 반응을 보이는 것이다. 냄새와 반응 사이에 다른 어떤 것이 끼어들지 않는다. 이것이 바로 '무자기毋自欺'의 사례다.

다음으로 아름다움에 대한 반응을 살펴보자. 우리가 공원에 나갔다가 아름다운 사람을 보면 누가 시키지 않더라도 흘긋 쳐다보게 된다. 그 사람을 한 번이라도 더 보려고 할 수도 있다. 단, 요즘에는 상대방이 불쾌감을 느낄 정도로 쳐다보면 본의와 달리 문제가 될 수 있다. 아름다움을 예쁜 꽃으로 바꿔서 생각해볼 수도 있다. 아름다움(꽃)과 반응 사이에 다른 어떤 것이 끼어들지 않는다. 이것도 바로 '무자기'의 사례로 볼 수 있다.

'자겸自謙'은 어떻게 이해해야 할까? 냄새 나는 곳을 지날 때 우리는 다 지날 때까지 힘겹게 숨을 참는다. 냄새 나는 곳을 지나거나 돌아나오면 그때서야 참았던 숨을 한꺼번에 내쉰다. 그리고 냄새가 더 이상 나지 않으면 안도의 한숨을 쉰다. 안도의 한숨은 자신이 한 대응에 만족하는 것이다. 이것이 자겸이다. 예쁜 꽃을 보는 것도 마찬가지다. 꽃을 보는 순간 마음이 기뻐 스마트폰으로 사진을 찍는다. 사진으로 남겨서 그곳을 떠나더라도 또 보기 위해서다. 이것도 자겸이다. 이렇게 보면 '오악취惡惡臭'와 '호호색好好色'이 자신을 속이지 않는 '무자기毋自欺'의 사례이기도 하고 '자신에게 만족감을 주는 활동'이라는 의미이기도 하다.

마지막으로 세 번째 부분은 '무자기야'가 가장 어려운 상황과 과제를 제시하고 있다. 우리는 8강 36조목의 '십목소시十目所視'와 37조목의 '민구이첨民具爾瞻'에서 설명했듯이 주위에 사람이 자신을 보고 있다고 의식하면 함부로 행동하지 못한다. 다른 사람이 자신을 관찰하고 있으므로 언행을 조심하는 것이다. 그렇다면 혼자 있을 때는 어떨까? 보는 사람이 없으니까 얼마든지 편하게 행동할 수 있다. 또 무슨 나쁜 일을 해놓고 하지 않았다고 할 수도 있다.

이는 범인이 자신을 취조하는 경찰에게 증거가 없다는 것을 눈치 챌 경우 범행을 부인하는 상황을 떠올리면 쉽게 이해할 수 있을 것이다.

'신기독愼其獨'은 '누가 너를 보지 있지 않지만 네가 너를 보고 있다'고 말하고 있다. 보는 사람이 없다고 할 게 아니라, 보는 사람이 없을 수가 없다는 것이다. 신愼은 사람이 혼자 있을 때에도 허물어지지 않고 자신을 지키도록 경계하고 통제하는 활동을 가리킨다. 우리는 뭔가 이상한 생각을 했다가도 "그건 안 돼!"라고 혼잣말을 하면서 고개를 가로저을 수가 있다. 이러한 과정이 '신'이라고 할 수 있다.

이렇게 보면 인용문은 '毋自欺也'부터 '愼其獨也'까지 서로 긴밀하게 연결되어 있다고 할 수 있다. 먼저 성의를 정의하고 다음에 성의의 사례를 제시하고 마지막으로 성의의 난점을 어떻게 극복할지를 말하고 있다. 빈틈없이 잘 짜인 뜨개질한 옷처럼 논리적으로 허점 없이 잘 연결된 문장이라고 할 수 있다.

혼자 있을 때에도
함부로 행동하지 말라.

<table>
<tr><td>43日
일치</td><td># 진실한 마음은 겉으로 드러난다

성중형외誠中形外 | 6장</td></tr>
</table>

입문 _____ '신기독愼其獨'은 42조목의 '무지기야毋自欺也'에도 나오
는데 43조목에도 나온다. '신기독'이 『대학』을 비롯하여 유학의 핵
심 문제를 건드리고 있기 때문이다. 42조목의 '무자기야'가 '신기
독'을 매개로 '성중형외誠中形外'의 논의로 확장되고 있다. 사람이 자
신을 속이지 않으면 그 사실은 개인의 양심 문제로 전개되지 않고
반드시 밖으로 드러나서 다른 사람도 확인할 수 있다는 방향으로
논의된다.

　유학에서는 마음을 자신을 제외하고 누구도 접근할 수 없고 그
것을 공개하라고 요구할 수 없는 신성한 곳으로 보지 않는다. 양
심의 자유로 나아가지 않는다. 마음은 진실하기만 하면 몸을 통해

밖으로 드러난다고 한다. 표리부동이 아니라 표리일체를 말하고 있다.

이러한 논리에 따르면, 마음조차도 속일 수 있다고 생각하지만 결코 그럴 수가 없다. 사람, 특히 소인은 마음에 사적인 것을 담아 누구도 볼 수 없도록 하려고 하겠지만 결국 실패할 수밖에 없다. 아이가 걸어 다닐 나이가 되면 숨바꼭질을 잘 한다. 이때 아이는 손으로 자신의 눈을 가리면 다른 사람이 자신을 보지 못한다고 생각한다. 더 자라서는 커튼 속에 있으면 자기가 어디론가 사라진다고 생각한다. 아이는 자신이 잘 숨었다고 생각하지만 어른에게는 아이가 실제로 어디 있는지 훤히 보인다.

소인이 생각하는 마음이 아이들의 숨바꼭질과 꼭 닮았다. 소인도 절대로 드러나지 않도록 마음속에 많은 것을 숨기고자 하지만 실패할 수밖에 없다. 마음이라는 것이 원래 유리처럼 투명하기 때문이다. 소인의 시도가 실패할 수밖에 없는 이유를 들여다보도록 하자.

승당 _____ 소인은 홀로 편안하게 지낼 때 착하지 않은 짓을 서슴없이 하여 못하는 일이 없다. 소인은 군자를 만나면 겸연쩍은 듯이 자신의 착하지 않은 짓을 가리고 자신의 착한 짓을 드러내 보이려 한다. 주위 사람이 나를 살펴보는 것이 마치 자신의 속살을 들여다보듯 할 터인데, 그렇게 연기한다고 무슨 보탬이 되겠는가? 이를 마음이 진실하면 겉으로 그대로 드러난다고 한다. 그러므로 군자는 반드시 홀로 있을 때도 삼가야 한다.

小人閒居, 爲不善, 無所不至. 見君子而后, 厭然揜其不善,
소인한거, 위불선, 무소부지. 견군자이후, 암연엄기불선,

而著其善. 人之視己, 如見其肺肝, 然則何益矣? 此謂 '誠於
이저기선. 인지시기, 여견기폐간, 연즉하익의? 차위 '성어

中, 形於外', 故君子必愼其獨也.
중, 형어외', 고군자필신기독야.

입실 _____ 한閒은 '한가하다, 조용하다, 느긋하다'는 뜻으로 한閑
으로 쓰기도 하다. 한거閒居는 '일 없이 집에 한가히 있다'는 뜻으로
오늘날의 사생활에 가깝다. 위爲는 '행위하다'라는 뜻이다. 厭은 '싫
다'로 쓰이면 '염'으로 읽고 '겸연쩍다'로 쓰이면 '암'으로 읽는다.
암厭은 연然과 결합하여 부사로 쓰인다. 엄揜은 '가리다, 속이다'라
는 뜻이다. 저著는 '드러내다, 나타나다'라는 뜻이다. 폐간肺肝은 장
기인 폐와 간을 가리킨다. 폐와 간은 몸속에 있으니 볼 수 없다. '견
폐간見肺肝'은 속에 있는 장기까지 속일 수 없다는 맥락을 나타낸다.
형形은 '몸, 꼴'의 뜻으로 많이 쓰이지만 여기서는 '드러나다, 나타
나다'라는 뜻이다.

여언 _____ 군자는 이미 혼자 있을 때도 스스로 통제할 줄 알고
또 스스로 속이지 않는다. 반면 소인은 군자와 다를 수 있다. 그래

258

서 『대학』의 지은이는 소인에서 이야기를 풀어간다. 이때 소인을 악인으로 볼 필요는 없다. 주희는 소인을 이상한 사람으로 봐서는 안 된다고 말한다. 소인은 "선을 마땅히 해야 하고 악을 마땅히 없애야 한다는 점을 모르는 게 아니고, 다만 힘을 실제로 쓰지 못하여 지금의 상태에 놓여 있을 뿐이다(非不知善之當爲, 與惡之當去也. 但不能實用其力以至此耳)."

소인이 위선거악爲善去惡, 즉 선의 실천과 악의 제거라는 도덕적 과제를 완수하지 못하다 보니 군자를 보면 자신의 상태를 숨기려고 한다. 하지만 숨기기 작업은 실패로 끝날 수밖에 없다. 인용문에서는 그 이유를 두 가지로 설명하고 있다.

첫째, 주위 사람들이 나를 쳐다볼 때, 보는 것은 나의 겉모습에 한정되지 않기 때문이다. 나를 쳐다보면 그 시선은 겉모습을 뚫고서 폐와 간으로 뚫고 들어간다. 주위 사람들이 나를 모를 듯하지만 실제로는 나의 몸과 마음을 훤히 꿰뚫고 있는 것이다.

둘째, 주위 사람이 나의 속마음을 꿰뚫어볼 수 있기 때문이다. 주위 사람이 독심술이 있어서 나의 속마음을 읽는 것이 아니다. 사람의 마음이 진실하면 그게 겉으로 그대로 드러나는 것이다. 진실하게 좋아하면 아무리 감추려고 해도 좋아하는 걸 숨길 수가 없다. 미워하는 것도 마찬가지다. 이를 본다면 그 사람이 어떤 사람인 줄을 알게 되는 것이다.

소인은 못하는 것을 숨기고자 하지만 영원히 숨길 수 없으니 숨기려는 시도를 그만둘 수밖에 없다. 달리 말하면 소인은 제대로 하지도 못하면서 하는 척하는 연기를 그만두는 것이다. 연기를 그만두는 것은 결국 군자처럼 진실함과 진정성을 갖는 것이다. 소인이 군자로 바뀌는 것이다.

이때 군자는 3강 42조목의 '무자기야毋自欺也'에서와 마찬가지로 '신기독愼其獨'에 참여하게 된다. 소인이 혼자 있을 때도 자신을 통제하게 된다면 주위 사람과 어울릴 때에도 이전처럼 연기를 하지 않고 진실하게 살 수 있다. 결국 마음의 진실성이 초점이다. 이 마음의 진실성은 바로 14조목의 '재명명덕在明明德'에 나오는 명덕이 어두워지지 않게 끊임없이 밝히는 활동, 즉 '誠中形外'로 이어지게 된다.

마음은 결코
속일 수가 없다.

44日

평안

너그러운 마음이 편안한 몸을 만든다

심광체반心廣體胖 | **6장**

입문 _____ 나는 돌아가신 할머니랑 함께 생활하면서 늘 듣는 말이 많았다. 그중에 하나가 "사람이 나쁜 짓을 하고서 두 다리를 쭉 뻗고 잠을 자지 못한다"는 말이다. 나보고 착하게 살라는 말을 우회적으로 하신 말씀이리라. 할머니가 평생 살면서 체득한 삶의 지혜였다.

젊을 때는 이 말의 뜻을 깊이 새기지 못했다. 하지만 사회생활을 하면서 뭔가 걱정이 있을 때랑 길게 끌던 일을 끝냈을 때랑 자는 모습이 다르다는 걸 자각했다. 모습만 다른 게 아니라 자고 나서 개운한 정도도 달랐다. 앞의 경우는 잠을 자도 잔 것 같지가 않고 몸이 늘 찌뿌듯하게 느껴졌다. 뒤의 경우는 몸이 쭉 풀리고 날

아갈 듯이 가벼웠다. 이렇게 차이를 느끼면서 할머니의 말이 예사
롭게 느껴지지 않았다.

　잊고 있던 할머니의 말씀을 『대학』을 읽다가 다시 소환하게 되
었다. '심광체반心廣體胖'을 보면서 딱 하니 무릎을 쳤다. '할머니께
서 하신 말씀이 바로 여기에 있구나!'라고 감탄했다.

승당 ＿＿＿＿ 부는 집안을 윤택하게 하고 덕은 자신의 몸(삶)을 윤
택하게 한다. 덕이 있으면 마음이 넓어지고 몸이 편안해진다. 그러
므로 군자는 반드시 자신의 뜻을 진실하게 해야 한다.

　富潤屋, 德潤身, 心廣體胖, 故君子必誠其意.
　부 윤 옥 ,　덕 윤 신 ,　심 광 체 반 ,　고 군 자 필 성 기 의 .

입실 ＿＿＿＿ 윤潤은 '젖다, 적시다, 빛나게 하다'라는 뜻이다. 윤옥
潤屋과 윤신潤身에는 같은 윤 자가 쓰였지만 그 어감이 조금 다르다.
'윤옥'은 집에 값나가는 보물을 사들이고 비싼 자재로 집을 화려하
게 꾸미는 작업을 나타낸다. '윤신'은 사람의 일거수일투족이 모두
덕에 따라 일어나니 몸이 긴장하지 않고 편안하고, 어색하지 않고
자연스럽고, 억지스럽지 않고 진심이 묻어나는 특성을 보인다는
의미다. 덕은 온몸을 적셔서 환히 빛이 나게 한다. 자신감이 넘치
고 긍정의 에너지가 충만하니 그런 사람을 보면 누구나 기분이 좋
아지고 편안해진다. '윤신'을 울룩불룩한 근육을 만드는 보디빌딩

으로 오해해서는 안 된다.

광廣은 '넓다, 넓히다'라는 뜻이다. 체體는 '몸, 신체'로, 마음과 대비되는 측면을 가리킨다. 반胖은 갈비살, 고기 조각을 나타내기도 하지만 여기서는 '편안하다, 너그럽다'는 뜻으로 쓰인다. 마음에 한 점의 부끄러움이 없으니 저절로 더없이 넓어지고 너그러워지며 몸이 활짝 펴지고 편안해진다.

여언 _____ 동양철학에서는 유달리 마음과 몸이 연결되어 있다는 점을 역설한다. 마음 가는 곳에 몸이 가고, 마음이 편해야 몸도 편하다. "마음 따로 몸 따로" 생각하는 문화권에서는 이러한 동양철학의 심신 관계를 이해하기가 쉽지 않을 것이다. 마음이 몸에 명령하고 몸은 명령을 수행한다고 생각하니 양자가 상호 작용하는 과정을 받아들이기가 어려운 것이다.

『대학』의 지은이는 윤潤 자로 이야기를 풀어나간다. 이 '윤'은 윤택하게 한다는 뜻이다. 윤택은 사전적으로 두 가지 의미를 가지고 있다. 첫째, 눈에 들어오는 맵시나 빛깔이 부드럽고 번지르르함이고 둘째, 살림이 여유가 있음이다. 이 의미를 바탕으로 부가 집을, 덕이 몸을 윤택하게 한다는 맥락을 이야기해보자.

부는 살림에 여유를 가져오므로 평소에 할 수 없었던 일을 가능하게 한다. 예컨대 인테리어를 바꾸는 공사를 하여 집안을 장식하는 일이다. 집 장식은 분명 나나 주위 사람들이 보기에 좋다. 생활을 안락하게 하므로 기분이 좋아지고 행복감이 든다. 부가 하는 역할은 딱 여기까지이다.

덕은 집안을 장식하게 할 수 없다. 하지만 덕은 사람 자체를 가꿀 수 있다. 식물이 영양분으로 성장하듯이 사람은 덕으로 자신을 성찰하고 자신을 성장시킬 수 있다. 왜냐하면 덕이 내가 어디로 나아가고 무엇을 해야 하는지 지시하고 있기 때문이다.

덕에 따른 삶은 시간과 성숙도에 따라 양상이 다르다. 우리가 새로운 연장을 쓰면 손에 익지 않아 어설프게 일하듯이, 덕도 처음에는 나와 완전히 일치 또는 일체가 되지 않아 겉도는 느낌이 든다. 스포츠와 예술에서 반복이 숙련을 낳고 숙련이 자유를 가져오듯이, 덕에 따른 삶도 되풀이할수록 일체감이 더욱더 강화된다. 궁극적으로 나와 덕은 더 이상 떨어질래야 떨어질 수가 없는 관계가 된다. 이것은 사람의 성장이자 성숙이다.

성숙된 사람은 걱정이 없다. 덕의 방향으로 가기로 한 만큼 다른 곳을 기웃거리지 않는다. 기웃거리지 않으니 덕을 다른 삶, 즉 부의 추구와 비교하지도 않는다. 덕에 따른 삶에 푹 젖어 있기 때문이다. 덕에 젖어 있다는 것은 나와 덕의 밀착도가 한없이 강하고 분리가 불가능하다는 것을 나타낸다.

부를 좇는 사람은 벌어들이는 만큼이나 늘 잃을까 봐 노심초사하게 된다. 이렇게 노심초사하면 '입문'에서 말했듯이 두 다리 쭉 뻗고 자기가 쉽지 않다. 부스럭거리는 소리에도 잠이 깨고 찾아오는 사람을 의심부터 하게 된다. 반면 덕에 집중하는 사람은 걱정할 일도 다툴 일도 없다. 오히려 덕은 나와 주위 사람을 묶어주는 역할을 한다. 덕에 따른 삶은 나의 적이 줄어드는 과정이기도 하다. 적이 없는 삶이 평온하고 안전할 수밖에 없다. '심광체반'은 세상의 안정과 평화 그리고 나의 여유와 안심을 나타낸다. 할머니의 말씀처럼 두 다리 쭉 뻗고 잘 수 있으니 뭐가 문제가 되겠는가?

2001년 영월 창령사 터에서 오백 나한상이 발굴되었다. 이미 국립춘천박물관과 국립중앙박물관 등에서 전시된 적이 있다. 하나도 같은 표정이 없다. 조는 모습, 숨은 모습, 웃는 모습 ……. 근심 걱정이 없으니 이런 표정 저런 표정이 자연스럽게 나올 수 있다. 이러한 다양한 표정의 나한상은 '心廣體胖'을 여실하게 나타내고 있다. 전시회가 있으면 꼭 찾아가보시기 바란다. 푸근함을 느끼리라.

사람이 나쁜 짓을 하고서
두 다리를 쭉 뻗고
잠을 자지 못한다.

사랑의 리더만 사람을 미워할 수 있다

유인인위능오인唯仁人爲能惡人 | 10장

입문 _____ 사람과 어울리다 보면 주는 것 없이 싫은 사람이 있고 받는 것 없이 좋은 사람이 있다. 서로 뭔가 안 맞는 느낌이 들거나 왠지 모르게 호감이 갈 수 있다. 이러한 반응이 사적인 관계에서 일어날 때는 뭐라고 할 수가 없다. 외부에서 개인의 영역에 개입할 수 없기 때문이다.

공인이라면 주관적인 반감과 호감으로 사람을 대우할 수 없다. 리더라면 더더욱 공적 가치와 시스템에 따라야 한다. 2002년 월드컵에서 우리나라가 4강에 오른 사건은 월드컵 역사상 신화를 썼다는 평가를 받았다. 이때 감독은 우리나라가 아니라 네덜란드의 히딩크였다. 국가 대표 팀의 감독으로 외국인을 채용했을 때 처음에

반신반의했다. 외국인이 국가 대표 팀의 사정을 속속들이 잘 몰라서 선수 장악이나 전략 전술에서 약점이 나오지 않을까 염려했다.

히딩크 감독은 선수를 기용할 때 학연과 지연 등을 고려하지 않고 오로지 실력과 컨디션을 중시했다. 운동장에서 선후배를 가리지 않고 이름을 부르게 했다. 그 결과 국가 대표 팀 선수들은 잘하면 기회가 주어진다는 생각으로 더 열심히 뛰어 좋은 성과를 낼 수 있었다. 이렇게 보면 히딩크는 한국 사회의 각종 인연 등에 무지한 덕분에 오히려 선수를 공정하게 관리할 수 있었던 것이다.

우리나라의 박항서 감독도 베트남 대표 팀을 만나 각종 대회에서 최초의 성과를 거두어 신화를 썼다고 평가받고 있다. 그도 히딩크와 마찬가지로 현지 언어도 모르고 베트남 사회의 문화도 잘 몰랐지만 끊임없이 소통하고 철저하게 선수를 실력에 따라 기용하여 좋은 성과를 낸 것이다.

이처럼 리더는 개인적 인연, 얽히고설킨 인간관계, 기존의 명망 등에 사로잡히지 않고 개별 영역에서 중요한 것을 중요하게 취급해야 한다. 여기서 객관적 기준이 공정하게 작동할 때 함께하는 사람들의 에너지를 제대로 끌어낼 수가 있는 것이다.

승당 _____ 오직 사랑의 화신(리더)만이 시기하고 질투하는 사람을 추방하고 유배 보내 네 방향의 변방으로 내쫓아 세계의 중심에 함께 살지 못하게 할 수 있다. 이는 오직 사랑의 화신(리더)만이 주위 사람을 제대로 사랑할 수 있고 제대로 미워할 수 있다고 한다.

唯仁人, 放流之, 迸諸四夷, 不與同中國. 此謂 "唯仁人, 爲
유인인, 방류지, 병저사이, 불여동중국. 차위 "유인인, 위

能愛人, 能惡人."
능애인, 능오인."

입실 _____ 유唯는 '오직 ~뿐만'이라는 식으로 배제의 맥락을 나
타낸다. 인인仁人은 받기보다 주고, 배제하기보다 포용하고, 타인의
고통에 둔감하기보다 공감하는 특성을 가지고 있다. 사랑이 인인仁
人의 가장 기본적인 의미이므로 '사랑의 리더'로 옮기고자 한다(7강
31조목 '이신발재' 참조). 방放은 '내치다, 쫓아내다, 추방하다'라는 뜻
이다. 유流는 '내치다, 귀양 보내다'라는 뜻이다. 병迸은 '물리치다,
달아나다'라는 뜻이다.

　사이四夷와 중국中國은 의미상 대응 관계에 있다. 중국은 오늘날
'중화인민공화국'의 약칭으로, 나라 이름 '중국'과 다르다. 『대학』
에서 '중국'은 주나라 종족들이 살던 중심 지역을 가리킨다. '사이'
는 그 중심 지역을 둘러싼 네 지역의 이민족을 가리킨다. 女는 '계
집 녀'가 아니라 '여자 녀'라고 한다. 계집이 성차별적 의미를 전달
하기 때문이다. '사이'도 '오랑캐'라고 옮기지 말자. 당시 중국 사람
은 선진적이고 문명화된 세계에 사는 반면에 주변 나라에 사는 사
람은 후진적이고 야만의 세계에 산다는 우월 의식을 반영하고 있
기 때문이다. '오랑캐'라는 말이 이러한 종족 차별적 의미를 담고
있으므로 '이민족' 정도로 옮기려고 한다.

여언 ＿＿＿ 사랑의 리더는 주위 사람과 어떻게 어울릴까? 아니면 질문을 '사랑의 리더는 악인을 어떻게 대우할까?'로 바꿔서 생각해보자. 예수는 "원수를 사랑하라"고 말했고 노자는 "은덕으로 원망에 대응하라(以德報怨)"고 말했다. 사람의 입장에서 보면 원수는 함께할 수 없는 적이지만 신의 입장에서 보면 보호받아야 할 약한 사람이다. 사람의 입장에서 보면 은덕과 원망은 거리가 아주 멀지만 도道의 입장에서 보면 큰 차이가 없기 때문이다.

하지만 공자는 예수나 노자와 달랐다. 선과 악은 각각 상응하는 대우를 받아야 하므로 선인과 악인은 결코 동렬에 설 수가 없는 것이다. 선인은 성취한 만큼 우대를 받아야 하고, 악인은 저지른 만큼 처벌을 받아야 한다. 그래야 공동체에 악인이 줄어들고 선인이 늘어난다고 생각하기 때문이다.

사랑의 리더도 악인을 무한히 포용하거나 스스로 회개할 때까지 기다리지 않는다. 악인은 악에 대해 응분의 책임을 져야 한다. 그래서 『대학』의 인인仁人은 공자와 비슷하게 악인을 대우한다. 먼저 악인을 공동체에서 추방하여 다른 사람과 쉽게 어울리지 못하게 한다. 이는 악인이 응분의 처벌을 받아야 한다는 당위일 뿐 아니라 주위 사람들에게 나쁜 영향을 끼치지 못하도록 하는 조치로 보인다.

다음으로 인인은 선인과 악인을 다르게 대우한다. 사랑의 리더는 선인을 사랑하고 악인을 미워한다. 이는 사람들로 하여금 선인과 악인의 상이한 대우를 보고 악인이 되지 않고 선인이 되도록 권고하는 맥락이라고 할 수 있다. 이 때문에 '唯仁人爲能愛人'과 '唯

仁人爲能惡人'이 한 점의 의혹을 사지 않도록 명백하고 공정해야
한다.

그렇다면 이처럼 사랑의 리더가 선과 악을 선명하게 나누고 선
인과 악인을 다르게 평가할 때 사람들이 그대로 수용하는 이유는
무엇일까? 그것은 선입견이 아니라 평정에서 내린 결정이기 때문
이다. 무지로 선과 악을 혼동하지 않고, 개인적인 인연으로 선인과
악인을 자의적으로 대우하지 않는 것이다. 누가 봐도 합리적이므
로 사랑의 리더가 추방, 유배, 축출 등 배제의 조치를 취하더라도
다들 수긍하는 것이다. 『대학』은 포상과 처벌의 평가가 왜 엄정해
야 하는지 그 이유를 뚜렷하게 보여주고 있다.

이는 오늘날 우리 사회가 진영 논리에 갇혀서 객관적 진리를 존
중하지 않는 상황과 크게 대비된다. 경쟁은 있지만 승복은 없고, 갈
등이 깊어 협업에 낯설다. 객관적 규칙의 엄격성을 돌아볼 때이다.

선인은 성취한 만큼
우대를 받아야 하고,
악인은 저지른 만큼
처벌을 받아야 한다.

270

10강

공정

치우치지 않으며 동등하고 편안하게

大學

10강에서는 리더가 한 세계를 퇴보가 아니라 발전으로 이끌어가려면 공정의 리더십을 발휘해야 한다는 점을 살펴보려고 한다. 과거 권위주의의 문화에서는 모든 정보가 의사 결정권자 한 곳으로 집중되었다. 나머지 사람은 그 정보에 접근할 수도 없고 결정 과정에도 쉽게 참여할 수가 없었다. 결정은 공표만 될 뿐이지 어떤 과정과 절차로 이루어졌는지 베일에 싸여 있었다. 기록이 있는지조차 알 수 없었다.

이러한 의사 결정은 왕조 시대의 결정 구조보다도 후퇴한 측면이 있다. 왕조라고 하지만 왕은 전제적 지도자와 거리가 멀었다. 왕은 조정 대신과 함께 국정을 의논하고 또 그들에게 견제받았으며, 그 과정은 모두 기록으로 남겨졌다. 이를 통해 최선의 의사 결정이 이루어졌다. 물론 왕조 시대의 의사 결정 구조가 현실적으로 꼭 이렇게 작동했느냐고 하면 의문의 여지가 있을 수 있지만 기본적으로 그랬다.

근래에는 정부와 기업만이 아니라 웬만한 단체는 모두 정보를 공개한다. 정부의 기록은 당장 공개가 어렵다 해도 일정 유예 기간 뒤에 공개하도록 되어 있다. 기업도 이사회를 통해 결정하고 그 과정을 기록으로 남기도록 되어 있다. 따라서 지금 당장 또는 얼마 뒤에 의사 결정이 절차적 합리성을 따랐는지 아니면 특정 정실에 의해 이루어졌는지 어느 정도 검증이 가능해졌다.

이런 맥락에서 '공정'이 사회적으로 주목을 받는 화두로 등장하게 되었다. 공정은 어디에도 치우치지 않고 누구에게도 기울어지지 않는 동등한 기회와 접근을 보장하는 가치이다. 리더가 아는 사람이라고 해서, 유력가의 추천을 받았다고 해서 학연과 지연에 얽매여 결정을 내린다면 이는 처음부터 어떤 사람에게는 불리하고 어떤 사람에게는 유리한 게임이 될 수밖에 없다. 그러면 공정하리라고 믿고 오랜 시간을 들여서 준비한 사람들은 엄청난 실망, 배반감, 허무를 느끼게 된다. 『대학』에서 공정의 가치를 세우기 위해 무엇을 강조하는지 살펴보자.

첫째, 리더가 공정을 위해 가장 피해야 할 사항이 바로 '편애'이다. 편애는 이미 한쪽으로 기울어진 의사 결정이다. 편애는 주위에서 무슨 말을 하더라도 듣지도 않을 정도로 강한 부정적 힘을 가지고 있다. 편애는 장점만 보고 단점에는 눈을 감는다는 점에서 경계해야 할 항목이다.

둘째, 리더는 자신을 둘러싼 환경과 생태계가 끊임없이 바뀌기 때문에 늘 '탐구'하는 자세를 가져야 한다. 누구보다도 먼저 변화의 흐름을 읽고 그 흐름에 대응하는 방안을 짜는 노력을 해야 한다. 혼자 다 하지 못하므로 함께하는 기구와 조직을 만들어야 한다.

셋째, 의사 결정은 신속·정확도 중요하지만 '숙고'의 시간만큼 중요한 것도 없다. 숙고는 실행 이후에 생겨날 문제를 미리 찾아내는 고도의 집중력을 말한다. 이 집중의 시간은 괴롭고 외로울 수 있지만 장단점을 촘촘하고 세밀하게 걸러내는 여과의 시간이기도 하다.

넷째, 리더는 의사 결정과 운영 단계의 모든 정신 활동에서 '균형'을 유지해야 한다. 균형 감각은 모든 것을 알지는 못하는 현실에서 아는 모든 것을 같은 지평에 놓고 바라볼 수 있는 힘을 길러준다. 균형 감각을 잃는 것은 한쪽으로 기울어진 운동장에 서 있는 것과 같다.

다섯째, 사람은 누구도 모든 것을 알 수는 없다. 다만 사람과 사람, 사람과 사물, 사람과 세계 사이의 '연결'된 고리를 찾으면 전체를 만날 수 있다. 그 고리는 보이지 않는 세계까지 보게 만들어준다.

제 자식의 나쁜 점을 모른다

막지기자지악莫知其子之惡 | 8장

입문 _____ 여러 사람이 음식점에 가서 주문해놓고 음식이 나오면 꼭 동료의 음식이 더 맛있어 보인다. 이를 보고서 나도 "저걸 시킬걸!" 하며 후회하는 사람도 있고, 한 숟가락만 먹을 수 있느냐는 사람도 있고, 간도 크게 아예 바꿔 먹자고 하는 사람도 있다. 이때 음식을 바꿔놓고 동료의 음식(원래 내가 주문한 음식)을 보면 그게 더 맛있어 보이지 않을까! 사람은 비행기를 만들어 하늘을 날고 우주선을 만들어 행성을 여행할 정도로 대단하지만, 음식 주문 앞에서는 한없이 작아진다.

음식 주문만 그런 것이 아니다. 인용문에서 예를 들고 있듯이 사람은 자기 자식의 좋은 점만 보지 나쁜 점을 보지 못한다. 물론 현실에서는 그 반대도 있다. 좋은 점은 보지 못하고 공부를 못하는 점만 보는 경우가 많으니까. 또 자기 집안의 농작물이 잘 자라는데도 다른 집에 비해 못하다고 생각하는 경우도 있다.

주희는 이러한 현상을 보고 자신의 생각을 덧붙였다. 역시 대가답다는 생각이 들 정도이다. 『대학』의 원문만큼이나 새겨볼 만하다.

사랑에 빠지면 밝지 못하고 이득을 탐하면 만족할 줄 모른다(溺愛者, 不明. 貪得者, 無厭).

승당 _____ 속담에 이런 말이 있다. "사람은 자기 자식의 나쁜 점을 알지 못하고 자기 집의 벼가 크게 자란 사실을 알지 못한다." 이는 몸을 수양하지 않으면 집안을 가지런하게 못 한다는 점을 말한다.

故諺有之, 曰, "人莫知其子之惡, 莫知其苗之碩." 此謂身
고언유지, 왈, "인막지기자지악, 막지기묘지석." 차위신

不修, 不可以齊其家.
불수, 불가이제기가.

입실 _____ 언諺은 '속담, 속어, 격언'을 뜻한다. 지금까지 주로 『대학』의 지은이는 『시경』, 『서경』에서 구절을 인용하고 자신의 생각을 덧보태는 방식으로 논지를 전개해왔다. 그런데 여기서는 드

물게 속담을 인용하고 있다. 속담은 말한 사람을 특칭할 수 없고 오랜 시간에 걸쳐 가다듬어져 입에 착 안기는 경우가 많다. 일종의 집단 지성이 발현된 예라고 할 수 있다.

왈曰은 '말하다, 이르다, 일컫다'라는 뜻이다. '왈'이 나오면 상투적으로 "~라고 말하다"는 식으로 번역한다. 실제로 그런 뜻으로 쓰이는 경우도 있지만 '왈'은 여기처럼 직접 인용을 나타내는 기호로 쓰일 때도 있다. 즉 '속담에 이런 말이 있다'고 하고, '왈'은 "무엇이다"라고 직접 인용을 연결한다. 여기서 '속담에 이런 말이 있다'고 해놓고 다시 "'무엇이다'라고 말한다"고 번역하면 구문이 참으로 어색해진다. 한문 번역에서 '천자문식 번역투'를 절제할 때가 되었다.

자子는 자식을 뜻한다. 습관적으로 '아들'로 옮기지 않도록 한다. 최근 몇몇 사람이 '자궁子宮'이 성차별적 단어이므로 '포궁胞宮'으로 바꿔 쓰자는 제안을 했다. 자궁의 '자'도 아들이 아니라 자식이라는 뜻이므로 그 자체가 성차별적이지 않다. 성차별적으로 보니까 성차별적 감수성이 느껴지는 것이다. 다른 예로 여자와 남자의 '자'도 아들이라는 뜻이 아니라 의자와 탁자의 '자'처럼 접미사로 쓰인 것이다.

악惡은 '단점, 나쁜 점'을 가리킨다. 묘苗는 '모, 벼, 싹'을 뜻한다. 석碩은 '크다, 가득하다, 단단하다'라는 뜻이다. 제齊는 '가지런하다, 갖추다, 바르다, 자르다, 엄숙하다, 힘쓰다'라는 뜻이다.

여언 _____ 사실 편애가 끝이 아니다. 왜 자신의 자식과 벼를 있는 대로 보지 못하는지 한 단계 더 들여다볼 필요가 있다. 「마태복음」에 "남의 눈 속에 있는 티는 보면서, 네 눈 속에 있는 들보는 깨닫지 못하느냐"고 하는데 『대학』의 원문과 비슷한 맥락이다. 이렇게 보면 동서양 모두 나의 것과 남의 것을 제대로 보는 어려움을 말하고 있다.

『대학』의 원문에 소개된 속담의 원뜻은 바로 자기 객관화에 있다. 다른 사람은 내가 아니고 나의 가족이 아니다. 따라서 「마태복음」처럼 다른 사람에게 사소한 잘못이나 하자가 있으면 눈에 잘 들어오지 않을 듯해도 용케 찾아낸다. 그리고 "왜 이렇게 하느냐?" 하고 타박하고 "왜 저렇게 하지 못하느냐?" 하고 질책한다.

그러나 자기 자신이 당사자가 되면 상황이 달라진다. 별다른 문제가 없는데 다른 사람들이 뭔가 큰일이 일어난 듯이 호들갑을 피운다고 생각한다. 『대학』에 소개된 속담대로 자신의 자식은 단점이 하나도 없고 자신의 곡식은 다른 사람의 곡식에 비해 잘 자라지 않는다고 본다. 사람은 자신, 제 자식, 제 소유물에 대해 객관화가 되지 않아 좋은 것은 나쁘게 보이고 나쁜 것은 좋게 보이는 것이다.

사람이 '莫知其子之惡'처럼 자기 객관화를 하지 못하고 편견과 선입관에 사로잡힌 상태에서 자기 자신을 넘어 집안을 관리하고 나아가 지역사회의 활동에 참여하면 어떻게 될까? 당연히 문제가 수두룩하게 일어날 수 있다. 먼저 집안에서도 자식과 친척들로부터 "왜 큰애만 오냐오냐하느냐?", "딸과 아들을 차별하느냐?", "왜 형제간 우애를 해치느냐?" 등의 소리를 들을 것이다. 지역사회에 나가면 문제가 생기지 않을 수가 없다. "왜 당신 가족들만 챙기느냐?", "다른 집 자식도 귀한 줄 알아야지?", "하는 일이 공정하지 않아!" 등의 소리를 듣게 될 것이다.

현대사회는 다른 어떤 가치보다 공정을 중시한다. 다들 노력하고 수준 차이가 크지 않으니, 절차상 조그마한 하자가 있거나 기준에 허점이 있다고 생각하면 당장 문제 제기를 한다. 청와대의 국민청원 게시판은 이제 가장 핫한 뉴스의 소스 중 하나가 되었다. 만인이 주시하는 만큼 게시된 문제가 공감을 얻으면 관심이 폭발적으로 증가한다. 청원에 올리기 전에는 개인의 문제나 의견이었던 것이 크게 호응을 얻으면 국민적 관심사가 된다. 공정은 내가 하고 싶거나 하기 싫다거나 하는 문제가 아니라 오늘날 살아가는 데 꼭 존중해야 할 가치가 되었다. 그렇게 하려면 내가 무슨 편견에 갇혀 공정을 해치고 있지는 않은지 살펴야 한다.

> 남의 눈 속에 있는 티는 보면서,
> 네 눈 속에 있는 들보는
> 깨닫지 못하느냐.

뜻을 진실하게 하고 일의 호응을 살피다

성의격물誠意格物 | 경1장

입문 ＿＿＿＿ 유학의 이상은 무엇일까? 온 세상에 유학의 나라, 즉 유국토儒國土를 세우는 것이다. 신라가 경주에 불교의 나라인 불국토佛國土를 세우려고 했던 점을 이해하면 조선이 유국토를 세우고자 했던 기획도 이해할 수 있을 것이다.

유학의 나라를 만들려면 어디에서 출발을 해야 할까? 기나긴 유학의 역사에서 학자들은 이 문제를 두고 논쟁을 벌여왔다. 주희와 이황은 격물格物에서 출발하자고 하고, 왕양명과 정약용은 성의誠意에서 출발하자고 한다. 이 둘의 차이가 도대체 무엇이길래 유학사에서 끊임없이 논쟁이 재연되었는지 살펴보고자 한다.

승당 _____ 옛날에 명덕을 온 세상에 두루 밝히고자 하면 먼저 나라를 다스리고, 나라를 다스리려면 먼저 집안을 가지런하게 하고, 집안을 가지런하게 하려면 먼저 몸을 닦고, 몸을 닦으려면 먼저 마음을 올바르게 하고, 마음을 올바르게 하려면 먼저 뜻을 진실하게 하고, 뜻을 진실하게 하려면 먼저 선악에 곡진曲盡해야 한다. 선악의 곡진은 일의 호응을 살피는 데에 달려 있다.

古之欲明明德於天下者, 先治其國. 欲治其國者, 先齊其家.
고지욕명명덕어천하자, 선치기국. 욕치기국자, 선제기가.

欲齊其家者, 先修其身. 欲修其身者, 先正其心. 欲正其心
욕제기가자, 선수기신. 욕수기신자, 선정기심. 욕정기심

者, 先誠其意. 欲誠其意者, 先致其知. 致知在格物.
자, 선성기의. 욕성기의자, 선치기지. 치지재격물.

입실 _____ 격물格物은 『대학』과 유학의 역사에 많은 논쟁을 불러일으켰다. 이 논쟁은 '격물 개념의 의미를 어떻게 확정하느냐'만이 아니라 '유학의 기초를 무엇으로 보느냐'와 관련해서 복잡하게 전개되었다. 격물의 의미와 관련해서 공영달은 정현의 주석을 수용하여 선악의 파악을 중시한다. 즉 치지致知는 '선악과 성패에 자세하고 간곡하다'는 뜻으로, 격물은 '사람이 경험하는 사건의 선악을 제대로 식별한다'는 뜻으로 보았다(이광호·전병수, 253~254).
　주희는 격格을 '다가가다, 나아가다'라는 뜻으로, 물物을 사태라

는 뜻으로 보고서, 격물을 '사태에 나아가 그 이치를 완전히 규명하다'로 풀이한다(성백효, 24~25). 주희는 세계의 사물과 사태가 각각 드러내고 실천해야 할 합당한 몫으로서 리理를 지니고 있다고 본다. 사람은 이 리를 밝혀야만 세계에서 제자리에 설 뿐만 아니라 사태마다 응당 해야 할 리를 실천하게 된다고 보았다. 이 때문에 주희는 주지주의主知主義의 특성을 드러낸다는 평가를 받는다.

인용문을 구문론으로 보면 두 가지 사항을 지적할 수 있다. 첫째, 『대학』의 팔조목이라고 하지만 처음에 평천하平天下가 보이지 않는다. 눈에 보이지 않는다고 해서 팔조목이 없다고 할 수 없다. '명명덕어천하明明德於天下'가 평천하를 대신한다고 할 수 있다. 양자가 의미상 연결되기 때문이다. 또 '명명덕어천하'는 삼강령과 팔조목을 잘 이어준다.

둘째, 전체적으로 연쇄법으로 구성되어 있지만 제일 마지막 구절이 파격적으로 되어 있다. '치지재격물致知在格物'은 앞의 연쇄법에 맞지 않는다. 제일 마지막 부분이라면 모를까, 그렇지 않으면 같은 형식으로 되어야 한다. 이에 따라 고치면 "욕치기지자欲致其知者, 선격기물先格其物"로 되어야 한다. 이처럼 구문이 형식적으로 통일되어 있지 않은 탓에 텍스트의 완전성을 의문시하곤 한다.

『대학』의 원문에서는 두 차례에 걸쳐 팔조목을 논의한다. 여기서는 수신修身의 전제가 되는 네 단계를 살펴보고자 한다. 평천하를 하려면 먼저 치국을 해야 한다는 식으로 논리를 전개하여 격물에 이른다. 즉 어순이 여기서는 '타동사+목적어 구문'으로 되어 있다.

8강 38조목의 '수제치평修齊治平'에서도 『대학』의 팔조목을 다루고 있는데, 거기서는 원문이 수신과 함께 그 이후의 세 단계를 살펴보고 있다. 38조목은 '주어+술어'의 구문으로 되어 있다. 이처럼 『대학』의 지은이는 어순을 바꿔서 서술하면서 독자로 하여금 같은 내용을 다각도로 생각해보게 한다. 앞서 말했듯이 '부침개 전법'의 글쓰기라고 할 수 있다(4강 19조목의 '혈구지도'와 7강 35조목 '이의위리' 참조).

여언 _____ 유학에서는 사람이 이 세상을 도덕적으로 살아갈 만한 지혜를 선천적으로 지니고 있다고 본다. 특히 이러한 사고는 맹자에 의해 제기되었고 주희 등에 의해 이론적으로 정교화되었다. 이러한 공통 기반에도 불구하고 왜 논쟁이 생기는 것일까?

주희는 사람이 세상에서 자신의 역할을 제대로 하려면 내가 서 있는 자리에서 무엇을 해야 할지 알아야 한다고 보았다. 사람이 세상을 도덕적으로 살아가려고 할 때 알아야 하는 앎의 총체인 '리理'가 있다고 하더라도 상황마다 그 리와 연결된 개별적인 리가 있다. 이 개별적인 리를 꾸준히 학습하다 보면 리가 전체적으로 연결된다. 이러한 학습을 빼놓으면 하늘에 빛나는 별처럼 투명한 지혜가 나를 이끌지 못하고 욕망, 기분 등이 나를 다른 곳으로 데려갈 수 있다. 이 때문에 주희는 팔조목 중에서 개별적인 리와 전체의 리를 탐구하는 격물格物을 출발점으로 두었다.

반면 왕양명은 사람이 도덕적으로 살아갈 만한 리를 이미 간직하고 있다고 본다는 점에서는 같지만, 그 리에 온전히 집중하느냐 아니면 건성으로 보느냐에 초점을 두었다. 정신을 딴 곳에 두면 눈 앞에 무엇이 있어도 무엇이 있는 줄을 모르는 것과 마찬가지다. 따라서 왕양명은 사람이 자신의 심성에 뿌리내리고 있는 선한 리에 오로지 집중하기만 한다면 아무런 문제가 생기지 않는다고 봤다. 이 때문에 그는 팔조목 중에서 성의誠意를 출발점으로 두었다.

두 진영의 차이는 맞고 틀리고의 문제가 아니라 사람과 세상을 바라보는 관점의 차이를 나타낸다. '誠意格物' 논쟁을 통해 사람은 자기 자신의 정체와 도덕적 삶의 가능성을 확인할 수 있을 것이다.

오로지 선한 리理에
집중하기만 한다면
아무런 문제가 생기지 않는다.

방향을 잡고 숙고하라

지정려득止定慮得 | 경1장

입문 _____ 드라마나 영화를 보면 주인공이 심각한 상황에 놓여서 의자에 앉아 두 손으로 머리를 움켜쥐고 마구 흔들며 고함을 지르는 장면이 나온다. 자신이 놓인 상황의 괴로움을 표현하기도 하고 무엇을 어떻게 해야 할지 모르겠다는 막막함을 표현하기도 한다. 그러다 다음 장면에 식탁 위와 아래에 술병이 뒹굴고 있는 장면이 나온다. 괴로움은 여전하고 아직도 방향을 잡지 못했다는 점을 보여준다. 이어 다음 장면에 주인공이 옷을 말끔하게 차려입고 외출 준비를 한다면 여전히 괴로울 수 있어도 지금 무엇을 어떻게 해야 할지 마음이 정해졌다는 신호로 읽을 수 있다.

무엇을 어떻게 해야 할지 고민하는 상황은 늘 괴롭다. 이러한 괴

로움을 차분하게 풀어가려면 어떻게 해야 할까? 『대학』의 지은이
는 지止에서 득得에 이르는 과정을 통해 그 해법을 제안하고 있다.
그 과정을 구체적으로 살펴보도록 하자.

승당 _____ 사람은 머물 곳(최고선)을 안 다음에 방향이 정해지고,
방향이 정해진 다음에 욕망이 가라앉고, 욕망이 가라앉은 다음에
삶이 고스란해지고, 삶이 고스란해진 다음에 생각이 꼼꼼해지고,
생각이 꼼꼼해진 다음에 할 일을 터득하게 된다.

知止而后, 有定, 定而后, 能靜, 靜而后, 能安, 安而后, 能
지지이후, 유정, 정이후, 능정, 정이후, 능안, 안이후, 능

慮, 慮而后, 能得.
려, 려이후, 능득.

입실 _____ 구문론으로 보면 인용문은 'ab, bc, cd'처럼 앞 구절과
뒤 구절이 서로 맞물려 논의가 전개되고 있다. 일종의 연쇄법이다.
연쇄법은 사고가 두 사태의 인과관계를 파악하는 특성이 있음을
나타낸다. 사고의 심리적 흐름을 일목요연하게 잘 보여주고 있다.
하지만 논의가 한 단어로 진행되고 있어 의미가 확실하지 않다. 각
각의 단어를 연관의 심리 현상과 관련지어 설명하면 다음과 같다.
　지止는 『대학』의 삼강령 중 최고의 선에 머무는 '지어지선止於至
善'의 맥락을 나타낸다. 즉 삶의 최고선이 어디에 있는지 안다는 뜻

이다. 정定은 마음이 방향을 잡으니 엉뚱한 곳을 기웃거리지 않는다는 맥락을 나타낸다. 정靜은 마음에 욕망이 들끓지 않으니 갑자기 뭘 한다든지 급하게 뭘 찾지 않는다는 맥락을 나타낸다. 안安은 사람이 안정을 찾으니 다른 사람이 보기에도 편안하고 생활이 시끌벅적하지 않다는 맥락을 나타낸다. 려慮는 할 일을 두고 생각이 주도면밀하여 빈틈을 두지 않는다는 맥락을 나타낸다. 득得은 구체적으로 무엇을 할지 합리적 선택을 한다는 맥락을 나타낸다.

여언 _____ 인용문은 사람이 도덕적 삶을 위해 보편에서 구체로 추상에서 구체로, 이론에서 실천으로 나아가는 과정을 보여주고 있다. 『대학』의 지은이가 사람의 머릿속에 들어가서 이성과 감정이 교차하는 흐름을 내비게이션으로 보여주는 듯하다. 참으로 생생하고 적실하게 보인다.

이 과정을 여행으로 설명해보자. 여행을 가기로 결정하는 것만으로 여행을 갈 수가 없다. 여행을 가기로 결정했다면 구체적으로 어느 장소에 갈 것인지 정해야 한다. 가보고 싶은 곳이 많으면 많을수록 여행을 떠날 수가 없다. 한정된 시간에 여러 곳을 다닐 수 없기 때문에 먼저 갈 곳이 바다인지 산인지, 목적이 휴양인지 답사인지 쇼핑인지 등 중요한 사항이 결정되어야 한다. 이것이 바로 지止의 단계이다.

어디로 갈지 목적지가 정해지면 사람은 다시 바다로 갈지 산으로 갈지를 두고 갈팡질팡하지 않는다. 주위에서 뭐라고 해도 "나는 이번에 어디로 갈 거야!"라고 자신의 결정을 뚜렷하게 말할 수 있다. 이것이 바로 정定의 단계이다. 마음을 굳히면 목적지와 관련된 정보를 수집하고 경험자에게 이것저것 물어보게 된다. 목적지와 상관없는 일에는 관심을 두지 않는다. 이것이 바로 정靜의 단계이다.

목적지도 정해지고 관련된 준비도 차근차근하다 보면 여행 갈 마음으로 들뜰 수 있다. 이 들뜬 상태는 여행에 대한 기대로 인한 행복감의 표출이다. 사람을 만나 웃음을 보이고 일에 짜증 내지 않는다. 여행 갈 생각으로 생활에 활력이 생긴다. 이것이 바로 안安의 단계이다. 한정된 시간에 만족스러운 여행을 하려면 여정을 잘 짜야 한다. 여유가 있고 안정감이 있으면 어느 것에도 휩쓸리지 않고 하나씩 빈틈없이 따져보게 된다. 이것이 바로 려慮의 단계이다. 이제 자신이 짠 여정을 들고 집을 나선다. 걸음에 조금의 망설임이 없다. 이것이 바로 득得의 단계이다.

이러한 과정은 사업을 할 때나 운동을 할 때도 얼마든지 응용할 수 있다. '지止 → 정定 → 정靜 → 안安 → 려慮 → 득得'의 여섯 단계를 숙지하고 있으면, 반대로 사람이 어떤 상황에서 어떻게 흔들리는지도 알 수가 있다. 지가 확립되지 않으면 목적과 의미를 몰라 끊임없이 고민하고 한 발짝도 앞으로 나아갈 수가 없다. 목적과 의미가 없으니 갈피를 잡지 못해 누가 물어도 얼버무릴 뿐이다. 그러니 마음은 걱정, 불안, 유혹 등으로 들끓는다. 탕을 끓이는 솥의 뚜껑이 들썩거리는 것과 같다. 여기에 이르면 사람이 혼이 나간 듯

멍해 보인다. 일을 하다가도 갑자기 흐름이 끊어지니 도무지 집중할 수가 없다. 이러니 무엇을 생각한다고 해도 덜렁거리고 준비할 것도 자주 놓치게 된다. 이쯤 되면 주위에서 "무슨 일이 있는 거 아냐?"라며 수군거리기 시작한다. 생각은 여전히 제자리를 맴돌 뿐이니 결정을 내리지 못한다.

사고의 과정에서 내가 어떤 단계가 있는지를 알아야 문제점을 해결할 수 있다. 『대학』의 '止定靜安慮得' 여섯 단계는 사람이 방향을 정하는 길만이 아니라 혼란의 상황에서 벗어날 수 있는 길도 제시하고 있다. 『대학』의 지은이도 얼마나 흔들렸는지 더 이상 흔들리지 않고자 자신을 위해 '정신의 내비게이션'을 설계한 것이다. 그것은 오늘의 나에게도 여전히 적실하고 유효하다.

여행을 가기로
결정하는 것만으로는
여행을 떠날 수 없다.

상대가 미울지라도
아름다움을 인정하다

오이지기미惡而知其美 | 8장

입문 _____ 감정은 사람을 움직이게 하는 힘이다. 감정은 일관되기 어렵고 시간에 따라 강도도 달라지고 지향도 정반대로 바뀔 수 있다. 공자에 따르면 사람은 누군가를 좋아하면 상대와 천년만년 살기를 바라다가, 미워하게 되면 당장 죽기를 바란다(愛之欲其生, 惡之欲其死. 旣欲其生, 又欲其死, 是惑也). 이처럼 오래 살기를 바라다가도 일찍 죽기를 바라니 공자는 감정의 정체를 알기가 어렵다고 보았다(『논어』「안연」).

한비자도 미소년 미자하彌子瑕에 대한 위나라 군주의 감정 변화를 이야기하고 있다. 군주가 미자하를 예뻐할 때 미자하는 어머니가 아프다는 소식을 듣고 군주의 수레를 타고 집으로 갔다. 당시에

임금의 수레를 허락 없이 타면 다리가 잘리는 벌을 받는 법이 있었다. 군주는 이 소식을 듣고서 미자하가 형벌을 무릅쓰고 수레를 탔으니 참으로 효자라고 칭찬했다. 그러나 얼마 뒤 미자하에 대한 관심이 줄어들자 과거의 일을 들먹이며 궁에서 내쫓았다(『한비자』「세난說難」).

이처럼 감정은 대상에 따라 균형을 잃고 이리저리 휘둘릴 수 있다. 좋으면 만사가 '오케이'가 되고 싫으면 만사가 '노'가 되는 것이다. 『대학』의 지은이는 사람이 공정을 잃을 수 있는 다섯 가지 상황을 살펴보고, 다시 개인적 호오好惡를 넘어 공정해야 한다고 주문하고 있다. 구체적인 내용으로 한걸음 더 들어가보자.

승당 _____ 이른바 집안의 가지런하기가 몸의 수양에 달려 있다는 말은 다음과 같다. 사람은 자신이 가까이하고 좋아하는 대상에 대해 공정할 수 없고, 자신이 하찮게 여기고 미워하는 대상에 대해 공정할 수 없고, 자신이 두려워하고 존경하는 대상에 대해 공정할 수 없고, 자신이 가엽고 불쌍하게 여기는 대상에 대해 공정할 수 없고, 자신이 깔보고 업신여기는 대상에 대해 공정할 수 없다. 그러므로 내가 좋아하면서 좋아하는 대상의 나쁜 점을 알고, 내가 미워하면서 미워하는 대상의 아름다운 점을 알아주는 경우는 세상에 드물다.

所謂齊其家, 在修其身者, 人, 之其所親愛而辟焉, 之其所
소위 제기가, 재수기신자, 인, 지기소친애이벽언, 지기소

賤惡而辟焉, 之其所畏敬而辟焉, 之其所哀矜而辟焉, 之其
천악이벽언, 지기소외경이벽언, 지기소애긍이벽언, 지기

所敖惰而辟焉. 故好而知其惡, 惡而知其美者, 天下鮮矣.
소오타이벽언. 고호이지기악, 오이지기미자, 천하선의.

입실 _____ 기其는 다른 용례에 따르면 불필요한 글자로 보인
다. 지之는 어조사 또는 동사로 보기도 하는데, 주희에 따라 어조
사 어於의 맥락으로 '어디에'라는 분야나 영역을 나타낸다고 본다
(성백효, 38). 벽辟에 대해 주희는 '치우치다, 기울다, 불공정하다'라
는 맥락으로 보고(성백효, 38), 판본에 따라 비譬로 된 곳이 있는데
정현과 공영달은 이에 따라 '비유하다'로 풀이한다(이광호·전병수,
268~269). 여기서는 편애를 넘어 균형을 유지하는 문제가 공정의
초점이므로 주희의 풀이에 따라 옮긴다.

　주희의 풀이에 따를 때 벽辟을 '편벽하다'로 풀이한다. '편벽하
다'는 한쪽으로 치우쳐 공정하지 못하다는 뜻이다. 하지만 '편벽하
다'는 일상적 구어가 아니라 문어여서 일반 사람에게 낯설다. 이
때문에 벽을 '편벽하다' 대신에 '불공정하다'로 풀이한다.

　천賤은 '신분이 낮다, 천하다, 천하게 여기다, 무시하다'라는 뜻
이다. 외畏는 '두려워하다, 무서워하다'라는 뜻이다. 긍矜은 '불쌍히
여기다, 아끼다'라는 뜻이다. 오敖는 '멋대로 놀다, 거만하다, 건방

지다'라는 뜻이다. 타惰는 '게으르다, 업신여기다'라는 뜻이다. 선鮮은 형용사로 '신선하다, 깨끗하다'라는 뜻을 나타내지만 여기서는 부사로 '드물다, 흔하지 않다'를 뜻한다.

여언 _____ 『대학』의 지은이는 사람이 공정을 잃을 수 있는 다섯 가지 감정의 대상을 하나씩 열거하고 있다.

첫째, 친애親愛는 가까이하고 좋아하는 대상을 가리킨다. 좋아하면 제대로 따져보지도 않고 무조건 긍정적으로 생각하기 쉽다. 나쁜 점을 살피지 못하니 균형을 잃었다고 할 수 있다.

둘째, 천오賤惡는 하찮게 여기고 미워하는 대상을 가리킨다. 미워하면 있는 대로 들여다보지 않고 무조건 부정적으로 생각하기 쉽다. 좋은 점을 놓칠 수 있으니 균형을 잃었다고 할 수 있다.

셋째, 외경畏敬은 두려워하고 존경하는 대상을 가리킨다. 상대가 자신보다 뛰어나다고 생각하면 주눅이 들어 기를 펴지 못한다. 뻔한 실수도 보지 못하거나 보더라도 제대로 이야기를 하지 못한다.

넷째, 애긍哀矜은 가엽고 불쌍하게 여기는 대상을 가리킨다. 상대가 자신보다 처지가 딱하다고 생각하면 섣불리 동정하려고 들지, 있는 대로 보지 못한다.

다섯째, 오타敖惰는 깔보고 업신여기는 대상을 가리킨다. 상대가 한참 뒤처진다고 생각하면 능력이 있더라도 속인다거나 능력이 있다는 사실을 인정하지 않으려고 한다.

이 모두 있는 것을 있는 대로 보지 못하니 균형을 잃었다고 할 수 있다. 이렇게 생각할 수 있을지 모른다. 앞서 말한 다섯 가지 감정의 대상에는 공정을 잃을 수 있지만 나머지는 다 잘할 수 있다고 큰소리를 치는 것이다. 그러나 사실 이 다섯 가지는 모든 것이다. 이 이외에 또 다른 것이 있을 수가 없다. 이 다섯 가지에서 사람이 균형을 잡지 못하는데 다른 어떤 것에서 균형을 잡을 수 있겠는가? 이렇게 감정의 균형이 무너지게 되면 있는 대로 보지 않고 보고 싶은 대로 보는 사실 왜곡의 현상이 일어나게 된다.

『대학』의 지은이는 사람이 겪을 수 있는 감정의 불균형을 다섯 가지로 열거하고 균형 상태로 돌아오기 위해 지켜야 할 원칙을 제시하고 있다. 사람이 사람을 좋아할 수 있지만 좋아하더라도 그 사람의 단점을 놓치지 말아야 한다. 또 사람이 사람을 미워할 수 있지만 미워하더라도 그 사람의 아름다움을 놓치지 말아야 한다. 사람이 사람을 좋아하고 미워하는 것을 두고 공적으로 이래야 저래야 할 수 없고 쉽게 통제할 수도 없다. 『대학』의 지은이는 그러한 감정의 특성을 인정하면서 '好而知其惡'과 '惡而知其美'에서 보이듯 감정의 균형을 지킬 수 있는 원칙을 제시하고 있는 것이다. 참으로 주도면밀하다.

> **감정이 대상에 따라 휘둘리지 않도록
> 그 균형을 잘 잡아야 한다.**

좋은 품성은 집안에서 길러진다

불출가이성교어국不出家而成教於國 | 9장

입문 _____ 문제는 인성이다. 내가 유학대학에 적을 두다 보니 만나는 사람마다 인성 교육의 중요성, 필요성 등을 당부한다. 특히 유학대학과 유학대학원을 대표하는 학장과 원장의 자리에 있다 보니 그러한 주문을 더 많이 듣는다.

인공지능AI 교육과 데이터과학이 화두가 되는 21세기에서 왜 인성 또는 인성 교육이 화두가 될까? 왜 국회까지 나서서 인성교육진흥법을 만들어 학교와 기관에서 인성 교육을 실시하자고 제안하는 걸까? 사회에서 일어나는 사건·사고가 사람 사이에서 존중되리라 기대하는 이상적 삶의 제도에 어긋나기 때문에 인성이 중요시되는 것이다.

계단을 오고갈 때 길을 비켜주지 않거나, 도로에서 차를 몰 때 신호를 넣지 않고 갑자기 방향을 튼다거나, 대중교통을 이용하면서 다른 사람의 불편을 아랑곳하지 않는다거나, 직장 생활에서 규칙을 존중하지 않는다거나, 공론장에서 맥락도 없이 혼자 튀는 발언을 한다거나, 단체 생활에서 개인의 바람을 끊임없이 요구한다거나 ……. 이러한 일이 비일비재하게 일어나다 보니 불편한 쪽과 대수롭지 않게 여기는 쪽으로 나뉘게 된다. 이전처럼 다른 사람의 스타일과 생활에 개입하는 것이 자연스럽지 않고 조심스럽다 보니 인성 교육의 필요성이 제기되는 것이다. 『대학』에서 인성 교육을 어떻게 말하고 있는지 살펴보도록 하자.

승당 _____ 이른바 나라를 다스리려면 반드시 먼저 집안을 가지런히 해야 한다는 이유는 이렇다. 집안사람을 가르치지 않고 주위(나라) 사람(백성)을 가르치는 경우는 없다. 군자는 집안을 다스리는 도리 너머로 나가지 않고 그것만으로도 나라에서 도리의 가르침을 정착시킬 수 있다. 예컨대 효도는 군주를 섬기는 바탕이고, 공경은 어른을 섬기는 바탕이고, 자애는 대중을 부리는 바탕이다.

所謂治國, 必先齊其家者, 其家不可敎, 而能敎人者無之.
소위 치국, 필선제기가자, 기가불가교, 이능교인자무지.

故君子, 不出家, 而成敎於國. 孝者, 所以事君也. 弟者, 所
고군자, 불출가, 이성교어국. 효자, 소이사군야. 제자, 소

以事長也. 慈者, 所以使衆也.
이사장야. 자자, 소이사중야.

입실 _____ 자慈는 '사랑하다, 사랑, 자비, 자애'를 뜻한다. 사使는 '부리다, 시키다'라는 뜻이다. 자者는 '사람, 것, 일' 등을 가리킨다. 여기서 자는 화제를 제시하는 문법적 기능을 한다. 중衆은 '많다, 무리, 백성'을 가리킨다.

여언 _____ '인성 교육'이라고 말하지만 사실 인성이 교육의 대상인지도 분명하지 않다. 예컨대 겸손이 사람이 가지면 좋은 품성이라고 하더라도 모두가 겸손하기를 바라며 특정한 방식으로 꼭 교육을 해야 할까?

오늘날 인성 교육은 붕어빵을 찍어내듯이 갖춰야 할 품성을 주입하는 방식으로 진행되어서는 안 된다. 인성 교육은 인류가 장구한 역사에서 걸러내서 정리한 보편 상식에도 맞고 현대사회의 핵심 키워드로 자리한 인권과도 잘 부합해야 한다. 이럴 때 인성 교육은 사람 사이의 불편함·어색함·당혹스러움을 덜어낼 수 있는 자원이 될 수 있을 것이다.

이런 맥락에서 『대학』의 원문을 살펴보자. 『대학』의 지은이는 먼저 팔조목에서 말했던 치국과 제가의 연계성을 지적한다. 나라를 다스리려면 집안에서 통용되는 가치가 먼저 확립되어야 한다는 주문이다. 이를 바탕으로 『대학』의 지은이는 집안에서 교육이 제대로 되지 않은 상태에서 집 밖의 사람에게 '이래야 한다, 저래야 한다'고 해봐야 먹혀들지 않는다고 진단한다.

『대학』의 지은이는 예의 '부침개 전법'을 활용하여 뒤집어 이야기를 한다. 집안에서 교육이 잘되면 나라 차원에서 걱정할 일이 없다는 것이다. 우리 시대의 말로 하면, 가정교육 또는 밥상머리 교육이 제대로 되면 사회에서 인성 교육을 따로 할 필요가 없다고 선언한다.

이러한 선언의 예시로 효孝, 제弟, 자慈를 든다. 이들은 원래 집 밖이 아니라 집안에서 통용되는 덕목이다. 효는 부모와 자식의 사이에서 자식이 부모에게 실천하는 덕목이고, 제는 연상과 연하의 관계에서 연하가 연상에게 실천하는 덕목이고, 자는 어버이와 자식의 사이에서 어버이가 자식에게 실천하는 덕목이다.

이 덕목이 집안에서 제대로 발휘되면 그것은 집 밖에서 각각 다른 대상에게로 확대되어 갈 수 있다. 어버이에 대한 효도는 군주에게로, 연상에 대한 공경은 어른에게로, 자식에게 대한 자애는 일반 대중에게로 넓혀갈 수 있다는 말이다.

'不出家而成教於國'은 집안에서 가정교육이 제2의 천성으로 자리 잡으면 집 밖의 비슷한 상황에서 저절로 발현된다는 취지를 밝히고 있다. 이러한 논법 자체는 별다른 문제가 없다. 인성은 이론만이 아니라 실천과 긴밀하게 연결되어 있다는 점이 중요하다. 인성이 집안에서 오랜 시간에 걸쳐 제2의 천성이 되었는데 집 밖에서 그와 상반된 성향이 표출되리라고 보기는 어렵다는 것이다.

오늘날 인성은 효도의 효, 공경의 제, 자애의 자, 세 가지만으로는 부족하다. 과거의 사회가 가족과 혈연 위주의 사회였다면 지금은 가족을 넘어 타인과 어울리는 글로벌 사회를 지향한다. 이러한 맥락에서 인성 교육은 타자의 존중, 평등과 공정의 가치, 차별적 언행의 지양, 인간 중심적 사고의 반성 등을 보충하지 않으면 안 된다. 물론 우리는 한 지역을 벗어나지 않고 살아갈 수 있지만 자연 자원이 부족한 나라는 끊임없이 다른 사람과 만나고 어울리며 대화하지 않을 수가 없다. 나만이 옳고 최고라는 생각은 더 이상 통하지 않는다. 다른 사람과 어울리며 협력하고 공존하는 지혜가 나를 더 큰 세계로 연결시켜줄 수 있다. 그렇지 않으면 골목만한 세계에 갇혀 자신을 최고로 여기는 "우물 안 개구리"를 벗어나지 못한다.

인성은 이론만이 아니라
실천과 긴밀하게 연결되어 있다.

성균관대학교 유학대학에는 양현재養賢齋라는 독특한 교육 기관이
있다. 양현재는 조선 시대 성균관에서 학자·관료를 양성하던 전통
을 잇고 있다. 장학금을 주고 정규 교과과정과 별도로 한문과 외국
어 교육을 실시한다. 이전에는 유학대학 학생들이 성균관의 동재
와 서재에 머무르며 공부도 하고 청소도 했다. 양현재에는 장학생
에 선발된 재생齋生, 다음 학기 선발을 목표로 미리 수업을 듣는 청
강생이 있다.

　나는 유학대학장이면서 동시에 양현재 전재典齋로 양현재 운영
을 6년간 총괄하게 되었다. 이때 『대학』을 읽었다. 주희의 『대학장
구』와 정약용의 『대학공의』, 『대학강의』 등을 두루 읽었다. 강독을

하기도 하고 성독聲讀을 하기도 했다. 그리고 제주에서 토요강독회의 회원들과『예기정의』중「대학」을 읽었다. 서로 인연이 닿아 다음을 이야기할 정도로 유익한 시간을 보냈다.

읽고 또 읽는 방법이 제일 좋다. 자주 읽다 보면 그치려고 해도 그 다음 구절이 저절로 입을 열게 만든다. 앞서 말한 인연으로『대학』을 읽고 읽으면서 그 의미를 조금씩 깊이 터득할 수 있었다. 그게 계기가 되어 생각을 정리하고 책으로 엮게 되었다. 양현재와 토요강독회에서 함께『대학』을 읽으며 이야기를 나눈 분들께 감사드린다.

사실 인생살이는 '고맙습니다' 또는 '감사합니다', '미안합니다', '사랑합니다' 이 세 말을 제 때에 적절하게 사용하면 충분하다. 그런데 그게 그렇게 잘 되지 않는다. 1700여 자의『대학』의 내용도 그러하다고 생각한다. 많은 말을 하려니 말이 꼬이고 사이가 복잡해진다. 오십 넘게 살았다고 해도 여전히 어리석고 모자라다. 그러지 않으려고 이렇게 생각을 정리하지만 여전히 미숙하고 부족하다. 함께 살아가는 주위 분들과 책으로 소통하는 모든 분에게 진심으로 고마움을 표한다.

마지막으로, 서두에 말했듯이 우리가 분량은 적지만 내용이 든든한『대학』대로 살아가면 좋을 텐데, 왜 그러지 못할까? '문자文字귀신'이란 말처럼 글자를 파고들어 뜻이 무엇일까 따지지만 정작 그 문자에 담긴 의미를 만나고 이야기하지 않기 때문이다. 깊이 만나지 않고 스쳐 지나가다 보니 본 적은 있지만 나와 상관이 없게 된다. 씹어 먹는 독서로 책을 이해하고 양식으로 삼아 심신을 살찌우면 『대학』을 비롯하여 모든 것이 자신의 길을 비춰줄 것이다.

가연을 이어가는 모든 분, 고맙습니다!

2020년 12월 수어재水魚齋에서

여여如如 신정근 삼가 씁니다

『주역周易』

『서경書經』

『시경詩經』

『성경』

『논어論語』

『노자老子』

『맹자孟子』

『순자荀子』

왕충, 『논형論衡』

곽거경 편, 『이십사효二十四孝』

왕양명, 『전습록傳習錄』

장응등, 『공자성적도孔子聖蹟圖』, 1592; 1904

영조 편, 『어제자성편御製自省編』, 1746

성백효 역주, 『대학 · 중용집주: 현토완역』, 전통문화연구회, 1991; 1992.

정현 주, 공영달 소, 이광호 · 전병수 역, 『역주 예기정의』, 전통문화연구회, 2014; 2015.

정약용, 이광호 외 10인 역, 『역주 대학공의 · 대학강의 · 소학지언 · 심경밀험』, 사암, 2016.

한국고전종합DB http://db.itkc.or.kr

김철호, 『언 다르고 어 다르다』, 돌베개, 2020.

동양고전학회 편, 『대학의 종합적 고찰』, 심산, 2013.

리보중, 이화승 역, 『조총과 장부: 경제 세계화 시대, 동아시아에서의 군사와 상업』, 글항아리, 2018.

서울역사편찬원 역, 『국역 경복궁영건일기』, 서울책방, 2019.

신정근, 『동양 철학의 유혹: 철학이 세상 이야기 속으로, 세상 이야기가 철학 속으로』, 이학사, 2002.

신정근, 『마흔, 논어를 읽어야 할 시간』, 21세기북스, 2019.

신정근, 『어느 철학자의 행복한 고생학』, 21세기북스, 2010.

신정근, 『오십, 중용이 필요한 시간』, 21세기북스, 2019.

우석훈, 『민주주의는 회사 문 앞에서 멈춘다』, 한겨레출판, 2018.

이강근, 『경복궁 중건 천 일의 기록』, 서울책방, 2019.

이종각, 『일본 난학의 개척자 스기타 겐파쿠』, 서해문집, 2013.

이현산, 『임진왜란과 이순신, 그 숨겨진 이야기』, 생각나눔, 2014.

임홍택, 『90년생이 온다』, 웨일북, 2018.

장젠중, 남광철 역, 『중국을 말한다 6: 끝없는 중흥의 길 서기 8년~220년(동한)』, 신원문화사, 2008.

최석기 · 강현진 편저, 『조선 시대 대학도설』, 보고사, 2012.

"가장 겸손하지 못한 가수가 30년 전 부른 노래", 《한겨레》 2020. 8. 14.

"같은 시간 같은 숙소 머물렀다고… 어느 날 불륜 커플이 됐다", 《동아일보》 2020. 8. 31.

"기술 탈취 · 단가 후려치기에 냉가슴 앓는 중소기업", 《노컷뉴스》 2020. 7. 31.

"'미안하다'며 폭행하던 아버지… 아들은 '성공'으로 용서했다", 《머니투데이》 2020. 8. 10.

"불편한 몸에도 빈병 모아 판 돈 기부한 70대 노부부", 《연합뉴스》 2017.10.18.

"션, 루게릭요양병원 건립 위해 또 기부", 《한국경제TV》 2019. 12. 24.

"소비자 기만 · 뒷돈 · 탈세… 유튜버 악용 심각", 《세계로컬타임즈》 2020. 8. 13.

"프랑스 마크롱 '레바논, 개혁하지 않으면 국제사회 지원 못받아'", 《연합뉴스》 2020. 9. 2.

"100원짜리 빈 병 1만 9천 개 모아 기부… 제주 김정선 · 배연임 부부", 《연합뉴스》 2020. 8. 29.

'오늘의 한 수' 체크리스트

확인	일자	표제어	표제어의 음	표제어의 뜻
☐	1日	視而不見	시이불견	봐도 눈에 들어오지 않는다
☐	2日	一言僨事	일언분사	한마디 말에 모든 것이 달렸다
☐	3日	悖入悖出	패입패출	부정한 재산은 연기처럼 사라진다
☐	4日	好人之所惡	호인지소오	다른 사람이 싫어하는 걸 좋아한다
☐	5日	災害並至	재해병지	천재와 인재는 함께 찾아온다
☐	6日	惟命不于常	유명불우상	정해진 운명은 없다
☐	7日	切磋琢磨	절차탁마	혁신은 나를 갈고닦는 것에서부터
☐	8日	日日新	일일신	나날이 새로워지다
☐	9日	緝熙敬止	집희경지	환히 빛나며 참되고 편안하다
☐	10日	其命維新	기명유신	주어진 운명을 새롭게 만들자
☐	11日	大人之學	대인지학	리더가 되는 배움
☐	12日	入德之門	입덕지문	덕의 세계로 들어가는 문
☐	13日	克明峻德	극명준덕	훌륭한 덕업을 닦고 쌓다

확인	일자	표제어	표제어의 음	표제어의 뜻
☐	14日	在明明德	재명명덕	밝은 덕을 끊임없이 밝히다
☐	15日	修身爲本	수신위본	마음을 단련하고 몸을 배양하라
☐	16日	驕泰失之	교태실지	오만과 사치로 모든 걸 잃다
☐	17日	民之所好好之	민지소호호지	사람들이 좋아하는 대로 따르다
☐	18日	使無訟乎	사무송호	걸핏하면 소송하다 큰코다친다
☐	19日	絜矩之道	혈구지도	내 마음을 헤아려 남을 대우한다
☐	20日	得衆得國	득중득국	민심을 얻으면 나라를 얻는다
☐	21日	本亂末治	본란말치	중심이 흐트러지면 주변도 헝클어진다
☐	22日	物有本末	물유본말	일의 중심과 주변을 나눠라
☐	23日	知其所止	지기소지	내가 있어야 할 자리를 알다
☐	24日	豁然貫通	활연관통	모든 것을 꿰뚫어보는 눈
☐	25日	未有學養子 而後稼者	미유학양자 이후가자	처음부터 부모인 사람은 없다
☐	26日	見賢不擧	견현불거	인재를 옆에 두고도 쓰지 않다

확인	일자	표제어	표제어의 음	표제어의 뜻
☐	27日	賢賢親親	현현친친	가까운 사람의 현명함을 발견하다
☐	28日	無諸己而 後非諸人	무저기이 후비저인	자신의 단점을 끊고 타인을 비판하다
☐	29日	人之有技 若己有之	인지유기 약기유지	타인의 재능을 내 것처럼 반기다
☐	30日	恤孤不倍	휼고불배	약자를 돌보면 사람이 등 돌리지 않는다
☐	31日	以身發財	이신발재	재물을 탐하다가 몸을 망치다
☐	32日	生衆食寡	생중식과	일하는 자가 많고 쓰는 자가 적다
☐	33日	財散民聚	재산민취	재물을 나누면 사람이 모인다
☐	34日	德本財末	덕본재말	덕망이 우선, 재물은 그다음
☐	35日	以義爲利	이의위리	도의가 진정한 이득이다
☐	36日	十目所視	십목소시	열 사람의 눈이 나를 향한다
☐	37日	民具爾瞻	민구이첨	사람들이 모두 그대를 쳐다본다네
☐	38日	修齊治平	수제치평	닦고 가지런하게 하고 다스리고 공평하게 하라

확인	일자	표제어	표제어의 음	표제어의 뜻
☐	39日	有德有人	유덕유인	명덕을 간직하면 함께하는 사람이 생긴다
☐	40日	惟善以爲寶	유선이위보	재물보다 선인이 진정한 보물이다
☐	41日	忿恐好憂	분공호우	마음을 다스린다는 것
☐	42日	毋自欺也	무자기야	자신을 속이지 마라
☐	43日	誠中形外	성중형외	진실한 마음은 겉으로 드러난다
☐	44日	心廣體胖	심광체반	너그러운 마음이 편안한 몸을 만든다
☐	45日	唯仁人爲能惡人	유인인위능오인	사랑의 리더만 사람을 미워할 수 있다
☐	46日	莫知其子之惡	막지기자지악	제 자식의 나쁜 점을 모른다
☐	47日	誠意格物	성의격물	뜻을 진실하게 하고 일의 호응을 살피다
☐	48日	止定慮得	지정려득	방향을 잡고 숙고하라
☐	49日	惡而知其美	오이지기미	상대가 미울지라도 아름다움을 인정하다
☐	50日	不出家而成教於國	불출가이성교어국	좋은 품성은 집안에서 길러진다

KI신서 9486

1일 1수, 대학에서 인생의 한 수를 배우다

1판 1쇄 인쇄 2020년 12월 10일
1판 1쇄 발행 2020년 12월 16일

지은이 신정근
펴낸이 김영곤
펴낸곳 ㈜북이십일 21세기북스
출판사업본부장 정지은
인생명강팀 윤홍 남영란
디자인 어나더페이퍼
마케팅팀 배상현 김윤희 이현진 김신우
영업팀 김수현 최명열
제작팀 이영민 권경민

출판등록 2000년 5월 6일 제406-2003-061호
주소 (10881) 경기도 파주시 회동길 201 (문발동)
대표전화 031-955-2100 **팩스** 031-955-2151 **이메일** book21@book21.co.kr

㈜북이십일 경계를 허무는 콘텐츠 리더

21세기북스 채널에서 도서 정보와 다양한 영상자료, 이벤트를 만나세요!
페이스북 facebook.com/jiinpill21 포스트 post.naver.com/21c_editors
인스타그램 instagram.com/jiinpill21 홈페이지 www.book21.com
유튜브 youtube.com/book21pub
서울대 가지 않아도 들을 수 있는 명강의! 〈서가명강〉
유튜브, 네이버 오디오클립, 팟빵, 팟캐스트, AI 스피커에서 '서가명강'을 검색해보세요!

ⓒ 신정근, 2020

ISBN 978-89-509-9329-0 04320
        978-89-509-8485-4 (세트)